La predicación y los predicadores

D. Martyn Lloyd-Jones

EDITORIAL PEREGRINO
LA EXCELENCIA DE LA PALABRA

La predicación y los predicadores

Publicado por Editorial Peregrino, S.L.
La Alazara, 19
13350 Moral de Calatrava (Ciudad Real) España
info@editorialperegrino.com
www.editorialperegrino.com

Publicado por primera vez por Hodder & Stoughton en 1971 bajo el título *Preaching and Preachers*

Primera edición en español (tapa dura): 2003
Segunda edición en español (rústica): 2010

Esta edición se publica con el patrocinio de:
Peter Allmand-Smith. Chelford House Christian Fellowship Trust

Traducción: Francisco Farrugia Sánchez y David Cánovas Williams
Revisión: Elena Flores Sanz
Diseño de la cubierta: José-Antonio Juliá Moreno

ISBN: 978-84-96562-55-4
D.L. CR 93-2015

Reimpresión especial para las iglesias en Cuba

Impreso en Cuba
Printed in Cuba

Índice

Prefacio

Cuando se me pidió dar una serie de conferencias a los estudiantes del *Westminster Theological Seminary* acerca de cualquier aspecto del ministerio que yo quisiera escoger, decidí que debía hablar sobre "La predicación y los predicadores". Muchas veces se me había pedido dar una, dos o tres conferencias sobre "la predicación expositiva". Siempre había respondido que eso era imposible, que un asunto como ese requería toda una serie de conferencias, porque no existía una fórmula mágica que alguien pudiera pasar a otros.

Además me sentía muy reticente de abordar un asunto tan importante y siempre me había dejado perplejo lo dispuestos que están ciertos jóvenes ministros a aconsejar a sus hermanos sobre la predicación y sobre asuntos pastorales. "Y para estas cosas ¿quién es suficiente?".

Aun ahora tengo mis reservas en cuanto a si debo publicar estas conferencias. Quizá esté justificado el hacerlo solamente porque lo que digo procede de una experiencia de cuarenta y cuatro años. Durante ese tiempo, además de predicar con regularidad en las dos iglesias de las que he sido pastor (once años y medio en el sur de Gales y treinta años en la iglesia *Westminster Chapel*, Londres), he viajado siempre mucho entre semana para predicar en otros sitios. Mientras estaba en el sur de Gales predicaba generalmente dos veces los martes y los jueves, y durante la mayor parte de mi tiempo en Londres estaba fuera los martes y los miércoles, tratando de llegar a casa, si era posible, el miércoles por la noche para poder preparar los tres sermones que había de predicar en *Westminster Chapel* durante el fin de semana.

Algo habré aprendido como resultado de ello; y ese es mi único derecho para intentar esta tarea.

A través de los años he leído muchos libros sobre la predicación. No puedo decir que haya aprendido mucho de ellos, pero he disfrutado mucho leyéndolos y a menudo me han resultado entretenidos; en mi opinión, los más anecdóticos fueron los mejores.

Mientras estuve preparando estas conferencias no consulté de nuevo ninguno de ellos. Creí que lo mejor que podía hacer era exponer mi postura y mi práctica en lo que valen.

Me he puesto como meta el ser práctico y he procurado tratar los diferentes problemas y asuntos que otros me han planteado en privado, los cuales también han sido debatidos en reuniones de ministros. En cualquier caso, y tal como aparece en muchos de los discursos, no me gusta en absoluto que este asunto sea tratado de forma teórica o abstracta.

Esta consideración también ha determinado el estilo. Hablaba con estudiantes que se preparaban para el ministerio (en un sentido pensando en voz alta con ellos), y este libro está dirigido a predicadores y a todos aquellos interesados en la predicación. Por tanto, no he intentado cambiar el estilo familiar e íntimo y, aparte de correcciones sin importancia, lo que ahora se publica es lo que realmente dije.

Mientras predico, raramente hago mención de mí mismo; pero aquí creí que ser impersonal sería un error. Hay, pues, bastantes elementos anecdóticos y personales. Confío en que ello será de ayuda como ejemplo práctico de los principios que he tratado de inculcar.

Puede que algunos pongan objeciones a mis afirmaciones dogmáticas; pero no me disculpo por ellas. Cada predicador debe creer firmemente en su propio método; y si yo no puedo convencer a todos de lo acertado del mío, al menos puedo estimularles a pensar y a considerar otras posibilidades. Puedo decir con sinceridad que no cruzaría la calle para oírme predicar a mí mismo, y los predicadores con los que me he gozado más eran de hecho muy diferentes en sus métodos y estilos. Pero mi tarea no es describirlos a ellos sino exponer lo que yo creo ser correcto; aunque sea imperfectamente, he puesto mis propios preceptos en práctica. Solamente espero que el resultado sea de alguna ayuda, y especialmente a los predicadores jóvenes, llamados a una importante labor, sobre todo en estos nefastos y malos tiempos. Con muchos otros, oro para que "el Señor de la mies envíe" a muchos grandes predicadores a proclamar "las inescrutables riquezas de Cristo".

Quisiera dar las gracias al profesor Clowney y a los miembros de la facultad del *Westminster Seminary*, así como a todos los estudiantes, por su amable acogida y por el ambiente tan estimulante en el que pronuncié estas conferencias durante seis semanas en la primavera de 1969.

Además debo dar las gracias a la Sra. E. Burney por transcribir las cintas grabadas de estas conferencias y pasar a máquina el manuscrito; y también, como siempre, a mi esposa, quien ha tenido que soportar mi predicación a lo largo de los años y con quien he examinado constantemente los distintos aspectos de este cautivador y vital asunto.

DR. M. LLOYD-JONES
Julio de 1971

Capítulo 1

La primacía de la predicación

¿Por qué estoy dispuesto a hablar y a disertar sobre la predicación? Hay unas cuantas razones. La predicación ha sido el trabajo de mi vida. He estado cuarenta y dos años en el ministerio y la mayor parte de mi trabajo ha sido predicar; no exclusivamente, pero sí la mayor parte. Es algo, además, sobre lo que he estado constantemente estudiando. Soy consciente de mi insuficiencia y de mis errores mientras trataba de predicar durante todos estos años; y ello ha llevado inevitablemente a mucho estudio y examen y a un interés general en todo este asunto. Pero, finalmente, mi razón para estar dispuesto a dar estas conferencias es que, para mí, el trabajo de predicar es el más grande y el más glorioso llamamiento al que alguien puede ser llamado jamás. Si hay que añadir aún algo más a eso, yo diría sin vacilación alguna que la necesidad más urgente en la Iglesia cristiana de hoy es una predicación fiel; y así como es la mayor y más urgente necesidad en la Iglesia, también es obviamente la mayor necesidad en el mundo.

Afirmar que es la más urgente necesidad lleva a la primera cuestión que hemos de tratar juntos: ¿Hay necesidad de predicar? ¿Hay lugar para la predicación en la Iglesia moderna y en el mundo moderno, o la predicación ha quedado pasada de moda? El hecho mismo de plantear tal pregunta y considerarla es, a mi parecer, el comentario más esclarecedor acerca del estado de la Iglesia en el tiempo presente. Percibo que esa es la principal explicación de la situación actual más o menos lamentable y de la ineficacia de la Iglesia cristiana en el mundo hoy. Toda esta cuestión de la necesidad de la predicación y el lugar de la predicación en el ministerio de la Iglesia se cuestiona en el tiempo presente, por lo que hemos de empezar con ello. A menudo, cuando se le pide a alguien que enseñe o hable sobre la predicación, se apresura inmediatamente a considerar los métodos, las formas, los medios y la mecánica. Creo que eso es bastante erróneo. Hemos de comenzar con los presupuestos, con el trasfondo y con los principios generales; porque, a menos que yo esté muy equivocado, el mayor problema surge del hecho de que la gente no tiene claro en sus mentes lo que realmente es la predicación. Por tanto, voy a tratar el asunto en general antes de descender a los pormenores de cualquier índole.

He aquí, por tanto, la gran pregunta: ¿Podemos justificar la predicación? ¿Hay realmente necesidad de predicación en el mundo moderno? Esto, como sabéis, forma parte de una cuestión más amplia. Estamos viviendo en una época en que no solo la predicación sino la Iglesia misma está siendo cuestionada. Estamos acostumbrados a oír aquello de "el cristianismo sin religión", que conlleva la idea que muchos tienen de que la Iglesia misma es el mayor obstáculo para la fe cristiana y, si lo que realmente queremos es ver a las personas convirtiéndose en cristianas y al mundo "cristianizarse" —tal como ellos dicen— hemos de librarnos de la Iglesia, porque la Iglesia ha llegado a ser un obstáculo que se erige entre la gente y la Verdad que es en Cristo Jesús.

Con gran parte de esta crítica que se hace a la Iglesia tenemos, por supuesto, que estar de acuerdo. Hay mucho en la Iglesia que está mal (tradicionalismo, formalismo, ausencia de vida, etc.) y sería frívolo y absolutamente necio negar esto. A menudo uno debe preguntarse realmente si ciertas congregaciones y comunidades de personas tienen algún derecho a llamarse iglesia. La Iglesia puede muy fácilmente degenerar y convertirse en una organización o aun, quizá, en un club social o algo parecido; por tanto, a menudo es necesario plantearse todo el asunto de la Iglesia misma. Sin embargo, ese no es el objetivo de estas conferencias y no vamos a tratar la naturaleza de la Iglesia como tal. Pero, como parte de la actitud general hacia la Iglesia, este asunto de la predicación surge obviamente de forma destacada; y ese sí es el asunto que he de tratar.

¿Cuál es la causa de la presente reacción contra la predicación? ¿Por qué ha caído la predicación de la posición que antes ocupaba en la vida de la Iglesia y en la estima de la gente? No se puede leer la historia de la Iglesia, aun haciéndolo por encima, sin notar que ha ocupado siempre una posición central y predominante en la vida de la misma, en particular en el protestantismo. ¿Por qué entonces este declive del lugar y del poder de la predicación? ¿Y por qué se cuestiona la necesidad misma de la predicación?

Yo dividiría mi respuesta a estas preguntas bajo dos apartados generales. En primer lugar, hay ciertas razones generales que deben tenerse en cuenta para esto, y después existen ciertas razones particulares en la Iglesia misma. Cuando digo "generales" me refiero a ciertas ideas populares que circulan por el mundo, fuera de la Iglesia. Permítaseme ilustrar lo que quiero decir. Al hacer esta reflexión, por ejemplo, en Gran Bretaña, generalmente me refiero a ello como el "baldwinismo". Para aquellos que no están familiarizados con este término, quiero explicar lo que significa. Hubo en Gran Bretaña, en los años veinte y treinta, un primer ministro llamado Stanley Baldwin. Este hombre —que era de tan poca importancia que su nombre no significa nada hoy día— tuvo, no obstante, un considerable efecto en el pensamiento de la gente en relación con el valor del discurso y de la oratoria en la vida de las personas. Llegó al poder y a su cargo después de una etapa de gobierno de coalición en Inglaterra dirigido y dominado por hombres tales como Lloyd George, Winston Churchill, Lord Birkenhead y otros de esa categoría. Ahora bien, estos hombres eran oradores, grandes oradores. Stanley Baldwin no tenía ese don, así que se dio cuenta de que, para tener éxito, era esencial desestimar el valor y la importancia de la palabra y de la oratoria. Estaba compitiendo con hombres que, además de brillantes, eran al mismo tiempo grandes oradores; por tanto, adoptó la postura de un inglés corriente, sencillo y honrado. Decía que él no era un gran orador y transmitía la idea de que, si un hombre es un gran hablador, el tal es alguien en quien no puedes confiar y que no es honrado. Ponía estas cosas en contraposición; y su costumbre era adoptar la pose de un inglés sencillo que no podía permitirse grandes vuelos de oratoria y de imaginación, sino que hacía declaraciones claras y sinceras.

Esta actitud hacia la oratoria y hacia el poder de la palabra se ha puesto definitivamente de moda, especialmente entre los políticos, en Gran Bretaña. ¡Pero ay! Yo creo que ha tenido también gran influencia en la Iglesia. Ha habido una nueva actitud hacia la oratoria, la elocuencia y la disertación digna de ese nombre. Es una actitud de desconfianza hacia el orador. Y, por supuesto, acompañando a esto y reforzando toda esta actitud, ha habido una nueva insistencia en el lugar de la lectura. El argumento que se emplea es que hoy día somos un pueblo más educado y con más cultura; que en el pasado la gente no leía por sí misma y dependía de los grandes disertadores, de los grandes oradores, pero que eso ya no es necesario porque ahora tenemos libros y bibliotecas, etc. Y además tenemos la radio y la televisión, que nos imparten conocimientos e información concerniente a la Verdad y llegan directamente a nuestros hogares. Yo creo que todo esto, en general, ha influido en la Iglesia y en la actitud de esta y del pueblo cristiano hacia la palabra hablada y la predicación como tal.

Ahora bien, yo no quiero ocupar mucho tiempo en refutar esta actitud general que es hostil a la predicación; simplemente me conformo con decir esto: es muy interesante notar que algunos de los más grandes hombres de acción que el mundo ha conocido han sido también grandes disertadores y grandes oradores. No creo que haya sido un accidente el hecho de que en Gran Bretaña, por ejemplo, durante las dos guerras mundiales en este siglo XX, los dos grandes líderes que surgieron resultaran ser grandes oradores; y aquellos hombres que tenían tendencia a dar la impresión de que si un hombre sabe hablar es porque es un mero charlatán y no hace nada, han sido refutados por las evidencias de la Historia. Los grandes hombres de acción han sido grandes oradores; y, por supuesto, es una parte de la función del líder y un esencial desiderátum el ser capaz de entusiasmar a las gentes, despertarlas y hacer que se pongan en acción. Pienso en Pericles, Demóstenes y otros. La historia general del mundo demuestra sin duda muy claramente que los hombres que realmente han hecho historia han sido hombres que realmente sabían hablar, que podían comunicar un mensaje y poner a la gente a actuar como resultado del efecto que este producía en ellos.

Así son las cosas por lo general. Pero nos preocupan más ciertas actitudes de la Iglesia misma o ciertas características en ella que explican la decadencia de la posición que ocupaba la predicación. Yo creo que aquí se encuentran algunos de los principales y más dominantes factores bajo este apartado. No titubearía en poner en primera posición lo siguiente: una pérdida de la creencia en la autoridad de las Escrituras y una disminución de la fe en la Verdad. Pongo esto en primer lugar porque estoy seguro de que es la causa principal. Si tú no tienes autoridad, no puedes hablar bien, no puedes predicar. La predicación poderosa se apoya siempre sobre grandes temas. Los grandes temas producen siempre poderosa oratoria en cualquier esfera; y esto es particularmente cierto, por supuesto, en la esfera de la Iglesia. Mientras los hombres crean que las Escrituras son la Palabra de Dios, que tienen toda la autoridad, y hablen sobre la base de esa autoridad habrá buena predicación. Pero una vez que eso desaparece y los hombres empiezan a conjeturar, a teorizar y a poner en su lugar hipótesis y otras cosas, la elocuencia y grandeza de la palabra hablada inevitablemente declina y comienza a decaer. No puedes tratar realmente las conjeturas de la misma forma en que la predicación ha tratado en tiempos pasados los grandes temas de las Escrituras. Pero cuando la creencia en las grandes doctrinas de la Biblia comenzó a extinguirse y los sermones fueron reemplazados por charlas sobre ética, homilías, fervor moral y charlas político-sociales, no es de sorprender que la predicación decayera. Yo creo que esa es la primera y más importante causa de este declive.

Pero hay una segunda causa; y hemos de ser justos en estos asuntos. Creo que ha habido una reacción contra aquellos que fueron llamados "los grandes 'pulpiteros'", especialmente de la segunda mitad del siglo XIX. Se hallaban en gran número en Inglaterra y también en los Estados Unidos. Siempre pienso que el hombre más típico en cuanto a esto en los Estados Unidos fue Henry Ward Beecher. Él ilustra perfectamente las principales características del "pulpitero". El término mismo es muy interesante y creo que muy preciso. Estos hombres eran "pulpiteros" en vez de predicadores. Quiero decir que eran hombres capaces de ocupar un púlpito, dominarlo y dominar a la gente. Eran profesionales. Había en ellos bastantes de las características de un profesional del espectáculo y eran expertos en manejar a las congregaciones y jugar con sus emociones. Al final podían hacer con ellos lo que quisieran.

Ahora bien, estoy seguro de que esto ha producido una reacción; y eso es algo muy bueno. Según mi enfoque de la predicación, estos "pulpiteros" eran, en mi opinión, abominables; y en muchos aspectos son ampliamente responsables de esta reacción en la actualidad. Es muy interesante notar que esto ha ocurrido en tiempos pasados no solamente respecto a la predicación del Evangelio, de la Palabra de Dios, sino también en otras esferas. Hay una interesante declaración en un libro escrito por Edwin Hatch acerca de la influencia de las ideas griegas sobre la Iglesia cristiana que me parece expresar esto muy bien. Dice que es un hecho que la filosofía cayó en descrédito y menguó en la vida de Grecia como resultado de la retórica. Permítaseme explicar las palabras de Hatch. Él dice:

> Si examinas más atentamente la Historia, encontrarás que la retórica mató a la filosofía. La filosofía murió porque, para todos salvo para una minoría, dejó de ser real; pasó de la esfera del pensamiento y de la conducta a la de la exposición literaria. Sus predicadores predicaban no porque estuvieran rebosando de verdades que les era imposible dejar de expresar, sino porque eran maestros en elaborar frases refinadas y vivían en una época en que las frases bonitas eran valoradas.

> Resumiendo, murió porque se había convertido en sofistería; pero la sofistería no pertenece a ninguna época o país especial, es natural de cualquier terreno sobre el que crezca la literatura. Apenas se crea cualquier forma especial de literatura por el genio de un gran escritor, allí surge una clase de hombres que cultivan el estilo por el estilo mismo. Apenas se le da un nuevo impulso tanto a la filosofía como a la religión, allí se levanta una clase de hombres que copian la forma sin la sustancia y tratan de hacer que el eco del pasado resuene como si fuera la voz del presente. Y eso ha ocurrido con el cristianismo.

Este es un punto de lo más importante, y pienso que tiene auténtica pertinencia en cuanto a lo que quiero hacer ver sobre la perniciosa influencia que ejerce el "pulpiterismo" sobre la verdadera predicación. Ya ves que la forma se volvió más importante que la sustancia, la oratoria y la elocuencia llegaron a ser algo en sí mismas y, finalmente, la predicación vino a ser una forma de diversión. Se mencionaba la Verdad, le hacían un cumplido de pasada, pero lo importante era la forma. Creo que estamos viviendo en una época en que estamos experimentando una reacción en contra de eso. Y así ha seguido ocurriendo en este siglo XX, cuando se ha dado a menudo una forma de predicación popular, en particular en la evangelización, que ha hecho que la verdadera predicación caiga en descrédito debido a la carencia de sustancia, a la vez que se presta demasiada atención a la forma y a la presentación. Esto degenera finalmente en lo que se ha descrito como profesionalismo, por no decir exhibicionismo, del hombre.

Por último quiero indicar que otro factor ha sido la concepción errónea de lo que realmente es un sermón y, por tanto, de lo que es la predicación en realidad. Se trata de lo mismo, tiene que ver de nuevo con la forma; no de una manera tan cruda como la que he estado planteando, pero yo creo que la impresión y publicación de sermones ha tenido un mal efecto sobre la predicación. Me refiero particularmente a la publicación de sermones aproximadamente desde alrededor del año 1890, y (me atrevo a decir) tengo la impresión de que la escuela escocesa de predicadores ha sido la mayor culpable en lo que a esto se refiere. Creo que así fue como ocurrió. Aquellos hombres fueron agraciados con un verdadero don literario, y el acento —nuevamente inconscientemente— se trasladó desde la verdad del mensaje a la expresión literaria. Prestaron gran atención a las alusiones y citas literarias e históricas. En otras palabras, aquellos hombres, tal como indicaré en otro momento más adelante, eran ensayistas en vez de predicadores; pero, como ellos publicaron esos ensayos como sermones, fueron aceptados como tales. Aquello, indudablemente, ha tenido un efecto en la manera de pensar de muchos en la Iglesia en cuanto a lo que debe ser un sermón y lo que es realmente la predicación. Por tanto, yo atribuiría una buena parte de la decadencia de la predicación en la actualidad a esas efusiones literarias que se han colado bajo el nombre de sermones y de predicación.

El resultado de todas estas cosas ha sido que se ha infiltrado una nueva idea en cuanto a la predicación que ha adoptado varias formas. Una de las más significativas fue que la gente comenzó a hablar de "discurso" en el culto, en vez de llamarle sermón. Ya no se hablaba de un sermón, sino de un "discurso" o quizá aun de una "conferencia". Más adelante trataré acerca de estas diferencias. Hubo un hombre en los Estados Unidos que publicó una serie de libros bajo el significativo título de "Charlas tranquilas". Ya lo ves, "Charlas tranquilas", ¡en contra del vocerío de los predicadores! "Charlas tranquilas" sobre la oración, sobre el poder, etc. Dicho en otras palabras, el título mismo anuncia ya que el hombre no va a predicar. La predicación, por supuesto, es algo carnal, falto de espiritualidad; lo que se necesita es una plática, una charla de esas al lado de una chimenea, charlas tranquilas, etc. Y esa idea caló.

Y enseguida, además, se hizo un nuevo hincapié en el "culto", lo que a menudo es llamado "el elemento de la adoración". Ahora bien, estos términos son muy engañosos. Recuerdo a un hombre decir en una conferencia: "Por supuesto que en las iglesias episcopales prestamos mayor atención a la adoración que la prestada por los que pertenecen a iglesias independientes". Pude entender que lo que él realmente quería decir era que ellos tenían una forma litúrgica de culto y nosotros no. Pero él igualaba la lectura de la liturgia a la adoración. Por tanto, la confusión aumenta.

Sin embargo, esta ha sido la tendencia; a medida que la predicación menguaba, había un aumento en el componente formal en el culto. Es interesante observar de qué manera los hombres de las iglesias independientes, no episcopales, o comoquiera que las llames, han adoptado cada vez más estas ideas del tipo de culto episcopal a medida que la predicación ha ido menguando. Arguyen que la gente debe tener una mayor participación en el culto y, por tanto, introducen la "lectura antifonal" y cada vez más música, cánticos y melodías. La manera de pasar la ofrenda se ha elaborado más y el ministro y el coro entran a menudo en el edificio como una procesión. Ha sido esclarecedor observar estas cosas; a medida que la predicación iba en declive, se hacía hincapié en estas otras cosas; y todo eso ha sido deliberado. Es una parte de la reacción contra la predicación; y la gente piensa que es más digno prestar más atención al ceremonial, a la forma y al ritual.

Peor aún ha sido el incremento en el elemento de diversión en el culto público: la utilización de películas y la introducción de más y más canto, acortándose drásticamente la lectura de la Palabra y la oración a la vez que se dedica cada vez más tiempo a cantar. Ahora existe el "director musical" como una nueva clase de oficiante en la iglesia, y él dirige la música y se supone que crea un ambiente determinado. ¡Pero a veces le lleva tanto tiempo crear el ambiente que no queda tiempo para la predicación en dicho ambiente! Esto forma parte de toda esa depreciación del mensaje.

Luego, además, están los testimonios. Es interesante observar que, a medida que la predicación como tal ha ido en declive, los predicadores han utilizado más y más a las personas para que den sus testimonios; y particularmente si son importantes en alguna esfera. Se dice que esto atrae a la gente al Evangelio y la persuade para que lo escuche. Si encuentras a un almirante o un general, o a cualquiera que tenga algún título especial o que sea un jugador de béisbol, un actor o una actriz, una estrella de cine, un cantante pop o alguien famoso para el público, hay que hacer que den sus testimonios. Esto es estimado como algo de mucho más valor que la predicación y que la exposición del Evangelio. ¿Has notado que he englobado todo esto bajo el término "diversión"? A esa área es a la que yo creo que pertenece. Pero a eso es a lo que se ha vuelto la Iglesia a la vez que daba la espalda a la predicación.

Otra sección completa en conexión con esto ha sido el creciente acento en lo que se llama "obra personal" o "asesoramiento". Y de nuevo sería muy interesante dibujar un gráfico acerca de esto, como también de aquellas otras cosas. Encontraríais exactamente lo mismo: que mientras la predicación baja, sube el asesoramiento personal. Esto ha estado muy de moda en el este siglo XX, particularmente desde el final de la Primera Guerra Mundial. El argumento empleado ha sido que, debido al nuevo estrés y a la tensión y a las dificultades de la vida en el mundo moderno, la gente necesita mucha más atención personal, que hay que proponerse conocer sus dificultades particulares y tratarlas en privado. Se nos dice que solamente enfrentándose a ellas de una en una se le puede prestar a la gente la ayuda psicológica que necesita y así capacitarla para resolver esos problemas y sus dificultades y poder vivir sus vidas de una manera más eficaz y eficiente. Espero retomar algunas de estas cosas con más detalle más adelante, pero ahora estoy dando una descripción general de las cosas que son responsables de la decadencia de la predicación en la Iglesia cristiana y del lugar subordinado que se le ha otorgado.

Para completar la lista he de añadir la grabación magnetofónica que, tal como yo lo veo, es la abominación peculiar y especial de estos tiempos.

También hay ciertos cambios generales que han tenido

lugar en la Iglesia misma. Hasta aquí he estado hablando acerca de gente que cree en la Iglesia y que asiste a una iglesia. Entre ellos se ha dado este desplazamiento del lugar y de la posición de la predicación. A veces esto se ha expresado aun de una manera puramente física. He notado que la mayoría de las capillas nuevas que se han edificado en nuestro país ya no tienen un púlpito central; este ha sido desplazado a un lado. Antes, el púlpito estaba en el centro, pero ya no es así; y te encontrarás mirando a algo que corresponde a un altar en vez de estar mirando al púlpito, el cual generalmente dominaba todo el edificio. Todo esto es muy significativo.

* * *

Pero ahora, dejando lo que ha pasado en cuanto a esa forma de conducirse de aquellos que aún creen en la Iglesia, consideremos a aquellos que más o menos indican que la Iglesia misma puede ser el obstáculo, y que hemos de abandonar la Iglesia si realmente queremos propagar el Evangelio. Aquí estoy pensando en aquellos que dicen que, en un sentido, hemos de romper claramente con toda esta tradición que hemos heredado, y que si realmente queremos convertir en cristianas a las personas, la forma de hacerlo es mezclarse con ellas, vivir entre ellas, compartir nuestras vidas con ellas, mostrarles el amor de Dios precisamente compartiendo sus cargas y estando con ellas.

Esto se lo he oído decir de esta manera aun a predicadores. Estos han tenido que hacer frente al hecho de la disminución en la asistencia a las iglesias, en particular en Gran Bretaña. Dicen que esto no es nada sorprendente, que mientras los predicadores prediquen la Biblia y las doctrinas cristianas, no tienen derecho a esperar ningún otro resultado. La gente —dicen ellos— no está interesada; a la gente le interesa la política, las condiciones sociales, las diversas injusticias que las personas sufren en diferentes partes del mundo, y la guerra y la paz. Por tanto, según ellos, si realmente quieres influir en las personas para encaminarlas en la dirección cristiana, debes no solamente hablarles de política y en los discursos tratar de las condiciones sociales, sino que, además, tienes que tomar parte activa en ellas. Con que estos hombres que han sido apartados como predicadores, y asimismo otros que son prominentes en la Iglesia, salieran y participaran en política y en actividades sociales y obras filantrópicas, harían mucho más bien que permaneciendo en los púlpitos y predicando conforme a la manera tradicional. Un predicador que es muy famoso en Gran Bretaña, de hecho, lo expresó así hace unos diez años. Dijo que la idea de enviar extranjeros a África del Norte (él tenía algo que ver con aquella zona en particular en aquel momento) y prepararlos para predicar a aquellas gentes era bastante ridícula, y que ya era hora de que dejáramos de hacerlo. Comentó que, en lugar de eso, deberíamos enviar cristianos a aquellos lugares con trabajos corrientes que se mezclaran entre la gente y, especialmente, que entraran en sus asuntos políticos y sociales. Si como cristianos hiciéramos eso —dijo—, quizá habría alguna esperanza de que los nietos de la presente generación pudieran llegar a ser cristianos. Pero ya ves que esa era la manera de conseguirlo. No la predicación, no el viejo método, sino introducirse entre la gente mostrando interés, mostrando compasión, siendo uno de ellos, sentándose entre ellos y debatiendo sus asuntos y sus problemas.

Esto está siendo defendido grandemente en muchos países en el presente, o bien como un medio de traer personas a los lugares de culto a oír el Evangelio, o bien no como un mero sustituto de eso sino también como un método mucho mejor de propagar la fe cristiana.

Ahora bien, la gran pregunta es esta: ¿Cuál es nuestra respuesta a todo esto? Mi sugerencia es —y eso será lo de más peso de lo que espero decir— que todo esto es como mucho secundario y con mucha frecuencia ni siquiera eso: a menudo no es ni digno de mencionarse. Pero como mucho es secundario, y la primera labor de la Iglesia y del ministro cristiano es la predicación de la Palabra de Dios.

He de justificar esa declaración y lo hago de la siguiente manera y por estas razones. En primer lugar, ¿cuál es la respuesta de la Biblia misma? Aquí, y limitándonos solamente al Nuevo Testamento (aunque también podríamos dar evidencias del Antiguo Testamento, en los Profetas), comenzamos con nuestro Señor mismo. Sin duda, nada es más interesante en su historia que observar estas dos facetas, o estas dos partes, de su ministerio. Nuestro Señor efectuó milagros, pero lo interesante es que los milagros no fueron su tarea principal, sino que eran algo secundario. Juan, como sabéis, se refiere siempre a ellos como "señales", y eso es lo que eran. Él no vino al mundo para sanar a los enfermos, a los cojos y a los ciegos, o para apaciguar tormentas en el mar. Él podía hacer tales cosas y las hizo con mucha frecuencia; pero todo eso era secundario, no lo principal. ¿Cuál fue su principal objetivo? Los términos mismos que Él utiliza responden a esa pregunta. Dijo que Él es "la luz del mundo". Él dijo: "Buscad primeramente el reino de Dios y su justicia, y todas estas cosas os serán añadidas". Esas cosas son legítimas, pero no las principales; son secundarias, son efectos, son resultados. O consideremos su famosa respuesta a las personas que acudieron a Él planteándole la pregunta de si debían o no pagar tributo al César: "Dad a César lo que es de César y [o pero] a Dios lo que es de Dios". Este fue su especial acento. A la mayoría de la gente le importa lo primero: darle "a César"; lo que se olvida —indica Él— es dar "a Dios lo que es de Dios".

Luego me parece que existen otros puntos esclarecedores muy interesantes en lo que Él hizo. Recordemos cómo después del milagro de la alimentación de los 5000 se nos dice que la gente estaba tan impresionada que "iban a venir para apoderarse de él y hacerle rey" (Juan 6:15). Pensaron: "Esto es justamente lo que queremos. Está tratando un problema práctico: el hambre, la necesidad de comida. A este es al que hay que hacer rey, Él tiene el poder, Él puede hacer esto". Pero lo que se nos dice es que los rechazó, por decirlo así, y "volvió a retirarse al monte él solo". Lo consideró como una tentación, como algo que lo desviaría. Fue exactamente igual en el caso de las tentaciones en el desierto, según leemos en Lucas 4. El diablo le ofreció todos los reinos de este mundo, etc. Él los rechazó deliberadamente, específicamente. Esas cosas eran todas secundarias, no eran su función principal, no eran su tarea prioritaria.

O tomemos otro ejemplo de esto muy interesante que se encuentra en Lucas 12:14, donde se nos dice que en cierta ocasión nuestro Señor envió a sus discípulos a predicar y a enseñar hablándoles de la relación que tenían con Dios y de en qué forma debían proceder ante la oposición. Parece que en algún momento hizo una pausa y enseguida un hombre lanzó bruscamente una pregunta diciendo: "Di a mi hermano que parta conmigo la herencia". La respuesta de nuestro Señor a aquel hombre ciertamente nos da una percepción grande y clara de todo este asunto. Se volvió a él y le dijo: "Hombre, ¿quién me ha puesto sobre vosotros como juez o partidor?". En otras palabras, le dijo con claridad que no había venido a este mundo a hacer tales cosas. No es que no sea necesario que se hagan esas cosas; se deben hacer. La justicia, la conducta correcta y la rectitud tienen su lugar; pero Él no había venido para hacer esas cosas. Lo que en realidad dijo fue: Yo no he dejado el Cielo y he venido a la Tierra con el fin de hacer algo así, esa no es mi tarea principal. Así que reprendió a este hombre. Verdaderamente encontramos que muchas veces, cuando había hecho algún milagro sorprendente y notable y la gente estaba tratando de retenerle esperando que hiciera aún más cosas, Él deliberadamente la dejaba e iba a otro lugar; y allí procedía a enseñar y a predicar. Él es "la luz de este mundo", esto es lo principal: "Yo soy el camino, y la verdad, y la vida; nadie viene al Padre sino por mí". Todas las otras cosas son secundarias. Y adviértase que, cuando envió a sus discípulos, los envió a "enseñar y a echar fuera demonios". La enseñanza es lo primordial, y les recordó que el cristiano es la luz del mundo. De la misma forma que Él es la luz del mundo, así el cristiano viene a ser la luz del mundo: "Una ciudad asentada sobre un monte no se puede esconder", y así sucesivamente. Lo que digo es que en los Evangelios, y en la vida y ministerio de nuestro Señor mismo, tenemos esta clara indicación sobre la primacía de la predicación y de la enseñanza.

Luego, después de la resurrección y en el resto del Nuevo Testamento, tenemos exactamente la misma cosa. Les dice a estos hombres escogidos que lo principal es que "me seréis testigos". Esa había de ser su primera y gran tarea. Él va a darles otras capacidades, pero su principal ocupación es la de ser sus testigos. Y, por tanto, es interesante observar que, inmediatamente después de que estos hombres son llenos del Espíritu Santo en el día de Pentecostés, comienzan a predicar. Pedro predica, expone y explica la Verdad a la gente en Jerusalén. ¿Qué es este fenómeno que acaba de suceder y que ha producido tal cambio en los discípulos? Esa pregunta solamente puede responderse por medio de la predicación; ahí está, pues, el sermón que ha quedado constatado en la porción posterior del capítulo 2 de Hechos de los Apóstoles.

Y, cuando vamos al capítulo 3 de Hechos, volvemos a encontrar lo mismo. Pedro y Juan sanan a un hombre a la puerta del Templo que se llama la Hermosa, y eso crea emoción e interés. La gente piensa que son hacedores de milagros y que van a obtener grandes beneficios de parte de ellos; pero Pedro les predica y les corrige, e inmediatamente dirige la atención de ellos, por así decirlo, del milagro que él y Juan acaban de hacer a la gran verdad concerniente a Cristo y a su salvación, la cual es infinitamente más importante. Los Apóstoles siempre destacan este enfoque.

Y de nuevo en Hechos, capítulo 4 (y debo detallar esto porque se trata del origen de la Iglesia y esto es lo que ella hizo al principio), la Iglesia fue comisionada, enviada a predicar y a enseñar, y eso es lo que ella procedió a hacer: "Hablaron con denuedo". Lo que las autoridades deseaban con ansia, por encima de cualquier otra cosa, era impedir a aquellos hombres que predicaran y enseñaran. Criticaban eso mucho más que los milagros. Era la predicación y la enseñanza en su "Nombre" lo que les incomodaba. Y la respuesta de los Apóstoles es: "No podemos dejar de decir lo que hemos visto y oído". Eso era lo que los hacía hablar, no podían evitarlo; eran conscientes del gran apremio que tenían sobre ellos.

Pero, en muchos aspectos, a veces pienso en cuanto a esto que la declaración más interesante de todas es la que se encuentra en Hechos de los Apóstoles capítulo 6, donde se nos dice que tuvo lugar una gran crisis en la vida de la Iglesia primitiva. No conozco nada que hable más directamente acerca del estado y la situación presente de la Iglesia y de lo que es su tarea prioritaria que este capítulo 6 del libro de Hechos de los Apóstoles. El mensaje esencial se halla en los dos primeros versículos: "En aquellos días, como creciera el número de los discípulos, hubo murmuración de los griegos contra los hebreos, de que las viudas de aquellos eran desatendidas en la distribución diaria. Entonces los doce convocaron a la multitud de los discípulos y dijeron: No es justo que nosotros dejemos la palabra de Dios, para servir a las mesas".

Esta es sin duda una de las declaraciones más interesantes e importantes; es crucial. ¿Qué debía hacer la Iglesia? Aquí hay un problema, aquí están estas viudas de los griegos, que no solamente eran viudas sino que estaban en necesidad y requerían comida. Se trataba de un problema social, quizá en parte de un problema político, pero sin duda un problema social muy agudo y urgente. La tarea de la Iglesia cristiana, y de los líderes en particular, ¿no es atender a las necesidades notorias? ¿Por qué seguir predicando cuando la gente pasa hambre, tiene necesidad y está sufriendo? Esa fue la gran tentación que inmediatamente vino a la Iglesia; pero los Apóstoles, bajo la orientación y la guía del Espíritu Santo, la enseñanza que habían ya tenido y la comisión que habían recibido de su Maestro, vieron el peligro y dijeron: "No es justo que dejemos la palabra de Dios, para servir a las mesas". Esto es erróneo. Estaríamos fallando en nuestra comisión si hiciéramos esto. Estamos aquí para predicar esta Palabra, y eso es lo primero, "nosotros persistiremos en la oración y en el ministerio de la palabra".

Por tanto, allí están las prioridades establecidas de una vez para siempre. Esta es la tarea principal de la Iglesia, la tarea principal de los líderes de la Iglesia, los cuales están en esa posición de autoridad; y no debemos permitir que ninguna cosa nos desvíe de esto por muy buena que sea la causa y por muy grande la necesidad. Esta es sin duda la respuesta directa a muchas de las ideas falsas y de los razonamientos relativos a estos asuntos.

Y, a medida que avanzamos en el libro de Hechos de los Apóstoles, encontramos lo mismo en todas partes. Te podría llevar casi capítulo por capítulo y mostrarte lo mismo. Me conformaré con un solo ejemplo más. En el capítulo 8 se nos habla de una gran persecución que se levantó en Jerusalén y de cómo todos los miembros de la Iglesia fueron esparcidos excepto los Apóstoles. ¿Y qué hicieron? Se nos dice en los versículos 4 y 5: "Así que los que habían sido esparcidos iban predicando la palabra" (LBLA). Eso no significa que predicaban desde un púlpito. Alguien ha indicado que debiera haberse traducido por "contando" la palabra. La primera preocupación de ellos era hablar a la gente acerca de esta Palabra. "Entonces Felipe, descendiendo a la ciudad de Samaria, les predicaba a Cristo". Ahí, en el versículo 5 se utiliza una palabra diferente. Significa "anunciar como un heraldo", y esta es más bien la imagen de un predicador en el púlpito o, por lo menos, levantándose en un lugar público y dirigiéndose oralmente a la gente. Y así continúa en todo ese libro.

En las Epístolas, de la misma manera, el apóstol Pablo le recuerda a Timoteo que la Iglesia es "columna y baluarte de la verdad". La Iglesia no es una organización o institución social, ni una sociedad política, no es una asociación cultural, sino que es "columna y baluarte de la verdad".

Pablo, escribiendo a Timoteo en su Segunda Epístola (2:2), expresa esto de la manera siguiente: "Lo que has oído de mí ante muchos testigos, esto encarga a hombres fieles que sean idóneos para enseñar también a otros". La última palabra, en un sentido, que le dirigió es esta: "Que prediques la palabra; que instes a tiempo, fuera de tiempo; redarguye, reprende, exhorta con toda paciencia y doctrina" (2 Timoteo 4:2). Ahí ciertamente está bastante claro.

Simplemente he tocado de forma superficial el argumento, la exposición de esto en el Nuevo Testamento. Todo ello está plenamente confirmado en la historia de la Iglesia. ¿No está claro, si miras a vista de pájaro la historia de la Iglesia, que los períodos y etapas de decadencia en ella han sido siempre aquellos cuando la predicación había decaído? ¿Qué es lo que siempre es precursor del amanecer de una Reforma o de un avivamiento? La predicación renovada. No solamente un nuevo interés en la predicación, sino una nueva clase de predicación. Un avivamiento de la verdadera predicación siempre ha anunciado estos grandes movimientos en la historia de la Iglesia. Y, desde luego, cuando llegan la reforma y el avivamiento, conducen siempre a grandes y notables períodos de la más poderosa predicación que la Iglesia haya conocido nunca. Igual que ocurrió eso al principio, según está descrito en el libro de Hechos, así sucedió también después de la Reforma protestante. Lutero, Calvino, Knox, Latimer, Ridley, todos ellos fueron grandes predicadores. En el siglo XVII tenemos exactamente lo mismo con los grandes predicadores puritanos y otros. Y en el siglo XVIII, Jonathan Edwards, Whitefield, los Wesley, Rowland y Harris fueron todos grandes predicadores. Fue una época de gran predicación. Cuando hay reforma y avivamiento, este es siempre e inevitablemente el resultado.

Así que mi respuesta hasta aquí, la justificación de mi declaración de que la predicación es la principal tarea de la Iglesia está basada, pues, en la evidencia de las Escrituras y en el apoyo y la confirmación de esa evidencia por parte de la historia de la Iglesia.

Proseguiremos razonándolo y argumentándolo más ampliamente.

Capítulo 2

No hay sustituto

En nuestra primera conferencia establecí la proposición de que la predicación es la principal tarea de la Iglesia y, por tanto, del ministro de la Iglesia; y que todo lo demás es subsidiario a esto y puede describirse como su consecuencia o su verificación en la práctica diaria. Lo que estoy haciendo es justificar esta proposición, y lo hago concretamente examinando la tendencia que existe hoy a menospreciar la predicación a expensas de otras formas diversas de actividad. Habiendo dejado establecida la proposición, he tratado de apoyarla con la evidencia del Nuevo Testamento y también de la historia de la Iglesia.

Quiero ahora avanzar un paso e indicar que esta evidencia tomada del Nuevo Testamento mismo, y sostenida y declarada por la historia de la Iglesia, nos lleva a la conclusión de que la razón última para aseverar la primacía de la predicación es teológica. En otras palabras, yo defiendo que todo el mensaje de la Biblia afirma esto y que conduce a esta conclusión. ¿Qué es lo que quiero decir con esto? Esencialmente que, en el momento en que consideras la verdadera necesidad del hombre y también la naturaleza de la salvación anunciada y proclamada en las Escrituras, se te lleva a la conclusión de que la principal tarea de la Iglesia es predicar y proclamar esto, mostrar la verdadera necesidad del hombre y el único remedio, la única medicina posible.

Permítaseme ampliar esto un poco. Esta es la esencia misma de mi argumento. Mi idea es que, debido a que hay falsas ideas en boga hoy día en relación con estos asuntos, la gente ya no ve la importancia de la predicación. Planteemos la cuestión de la necesidad, de la necesidad del hombre. ¿Cuál es? Pues, expresado en términos negativos, no es ser sanado de una mera enfermedad. Hay tendencia a considerar el problema esencial del hombre como una enfermedad. Y no me refiero a una enfermedad física solamente. También está incluida, pero yo me refiero a una enfermedad mental, moral y espiritual. Mas tampoco es eso; esa no es la verdadera necesidad del hombre, no es su verdadero problema. Y lo mismo podría decirse de su amargura y su infelicidad, y también del hecho de ser víctimas de las circunstancias.

Estas son las cosas a las que se les está dando prominencia en la actualidad. Hay mucha gente que trata de diagnosticar la situación humana y llega a la conclusión de que el hombre está enfermo, es infeliz y víctima de las circunstancias. Creen, por tanto, que su principal necesidad es solucionar estas cosas, librarse de ellas. Pero yo afirmo que ese es un diagnóstico de la situación del hombre demasiado superficial y que el verdadero problema del hombre es que se ha rebelado contra Dios y, en consecuencia, está bajo la ira de Dios.

Ahora bien, esta es la declaración bíblica respecto al hombre, este es el concepto bíblico de cómo es el hombre por naturaleza. Está "muerto en delitos y pecados", es decir, espiritualmente muerto. Está muerto a la vida de Dios, a la esfera espiritual y a todas las influencias beneficiosas de esa esfera sobre él. Se nos dice también que el hombre es "ciego". "Si nuestro Evangelio está aún encubierto —dice Pablo en 2 Corintios 4:3-4— entre los que se pierden está encubierto; en los cuales el dios de este siglo cegó el entendimiento de los incrédulos". O como Pablo expone de nuevo en Efesios 4:17 y siguientes, el problema de los hombres es que tienen "el entendimiento entenebrecido, ajenos de la vida de Dios" debido al pecado que hay en ellos. Otro término bíblico muy común para describir el estado del hombre es el término "tinieblas". Lo tenemos en Juan 3:19: "Esta es la condenación: que la luz vino al mundo y los hombres amaron más las tinieblas que la luz, porque sus obras eran malas". Y en la Primera Epístola de Juan encontramos expuesta la misma idea. Escribiendo a cristianos dice que "las tinieblas van pasando, y la luz verdadera ya alumbra". El apóstol Pablo emplea exactamente la misma idea en Efesios 5. Dice: "En otro tiempo erais tinieblas, mas ahora sois luz en el Señor". Estos son los términos que expresan el diagnóstico bíblico del problema esencial del hombre. En otras palabras, podemos resumirlo en una palabra diciendo que es ignorancia. Todos los términos tales como "ceguera" y "tinieblas" son indicativos de ignorancia. Y, según la idea bíblica del hombre, todas esas otras cosas tales como la infelicidad y la amargura, aun la enfermedad física, y todas las demás cosas que nos atormentan y perturban tanto son los resultados y las consecuencias del pecado original y de la Caída de Adán. No son el problema principal; son las consecuencias —o los síntomas, si lo prefieres— y las manifestaciones de esta enfermedad principal y fundamental.

Siendo este el retrato de la necesidad del hombre no es de sorprender que, cuando vamos al relato bíblico acerca de la salvación, encontremos que está expuesto en términos que corresponden a esta expresión de la necesidad. El Apóstol describe la salvación en palabras que significan "venir al conocimiento de la verdad" (1 Timoteo 2:4). La voluntad de Dios es que todos los hombres sean salvos y vengan al conocimiento de la Verdad. La salvación es conocimiento de la Verdad. En 2 Corintios 5:19-20 dice que el mensaje que ha sido encomendado al predicador, el cual es un "embajador de Cristo", consiste en decir a los hombres: "Reconciliaos con Dios". Esto lo encontramos también en la práctica del Apóstol. Leemos en Hechos 17 acerca de cómo predicó en Atenas diciendo: "Al que vosotros adoráis, pues, sin conocerle, es a quien yo os anuncio". Eran ignorantes aun siendo filósofos, y Pablo es quien puede enseñarles y darles luz en este asunto.

Estoy simplemente mostrando que la enseñanza bíblica concerniente a la salvación es que esta es el resultado de traer a los hombres a ese "conocimiento" que a ellos les falta, está tratando con esta ignorancia. Pablo habla de "predicar todo el consejo de Dios", y Pedro tenía la misma idea cuando dijo que los cristianos son un pueblo "llamado de las tinieblas a la luz admirable de Dios". Ahora bien, estos son los términos bíblicos, y me parece que todos ellos indican que la predicación siempre viene primero y tiene prioridad. Si esta es la mayor necesidad del hombre, si su principal necesidad procede de esa ignorancia suya la cual, a su vez, es resultado de la rebelión contra Dios, pues bien, lo que necesita en primer lugar y por encima de todo es que se le hable de esto, que se le diga la verdad acerca de él mismo, que se le informe de la única manera de arreglar las cosas. Por tanto, yo afirmo que esta es la tarea particular de la Iglesia y del predicador: dar a conocer todo esto.

Yo recalcaría la palabra "particular" (puedes utilizar la palabra "excepcional" si quieres, o "especial"). Solamente el predicador puede hacer esto. Solo él está en una posición en la que puede ocuparse de la principal necesidad que el mundo tiene. Pablo dice esto en 1 Corintios 9:17 y siguientes: dice de sí mismo que "la comisión [de la predicación del Evangelio] me ha sido encomendada". Para eso es para lo que fue llamado, para esa comisión de la predicación del Evangelio, de ese mensaje que se le había entregado. Y tenemos lo mismo expresado en una declaración muy gloriosa en el capítulo 3 de la Epístola a los Efesios (versículos 8-10): "A mí —dice él—, que soy menos que el más pequeño de todos los santos, me fue dada esta gracia de anunciar entre los gentiles el evangelio de las inescrutables riquezas de Cristo". Este es su llamamiento, esta es su tarea. Él ha hablado antes de este "misterio que en otras generaciones no se dio a conocer a los hijos de los hombres, como ahora es revelado a sus santos apóstoles y profetas por el Espíritu". Este es el mensaje: "Aclarar a todos cuál sea la dispensación del misterio escondido desde los siglos en Dios, que creó todas las cosas; para que la multiforme sabiduría de Dios sea dada ahora a conocer por medio de la iglesia a los principados y potestades en los lugares celestiales".

Lo único que trato de decir es que es solamente la Iglesia la que puede hacer eso y, por tanto, es solamente el predicador el que puede darlo a conocer. Voy a mostrar cómo él es apartado por la Iglesia para desempeñar esta tarea particular. Es a esto a lo que se da primacía y en lo que se hace hincapié, y sin duda ha de ser necesariamente así. En el momento en que nos damos cuenta de cuál es la verdadera necesidad del hombre y vemos la única respuesta, queda claro que solamente aquellos que están en posesión de este conocimiento pueden impartir este mensaje a los que carecen de él.

Permítaseme desarrollar esto un poco. Existen otras instituciones en el mundo que pueden ocuparse de muchos de los problemas de la Humanidad. Me refiero a cosas como la medicina, el Estado, aun otras religiones, las sectas, la psicología y otras tantas especialidades y organizaciones políticas. Todos ellos están proyectados para ayudar, para aliviar algo la situación humana, para suavizar el dolor y el problema de la vida y capacitar a las personas para vivir más armoniosamente y para disfrutar de la vida en una mayor medida. Ya están haciéndolo y no creo que nosotros podamos decir que eso no sea de valor. Debemos observar los hechos y admitir que pueden hacer bien, y mucho bien. Son capaces, en cierta medida, de solucionar estas cosas. Pero ninguno de ellos puede ocuparse de lo fundamental, del problema principal al que hemos estado haciendo referencia.

No solo eso, cuando ellos han hecho todo lo que han podido y cuando la Iglesia, descendiendo a ese nivel y operando solo a ese nivel, ha hecho todo lo que ha podido, el problema principal aún permanece. Por tanto, yo establecería como una proposición básica que la principal tarea de la Iglesia no es educar al hombre, no es sanarle física o psicológicamente, no es hacer que sea feliz. Iré más lejos: no es ni siquiera volverlo bueno. Estas son cosas que acompañan a la salvación; y cuando la Iglesia lleva a cabo su verdadera tarea, está de paso educando a los hombres y dándoles conocimiento e información; les proporciona felicidad, los hace buenos y mejores de lo que eran. Pero lo que yo estoy diciendo es que esas cosas no son sus objetivos prioritarios. Su principal propósito no es ninguno de esos; antes bien, es poner al hombre en la relación correcta con Dios, reconciliar al hombre con Dios. Es necesario insistir en esto en la actualidad, porque a mi parecer es la esencia de la moderna falacia. Ha entrado en la Iglesia y está influyendo en el pensamiento de muchos dentro de ella. Se trata de esa idea de que la tarea de la Iglesia es hacer que la gente sea feliz, integrar sus vidas, aliviar sus circunstancias y mejorar sus condiciones. Todo mi argumento es que hacer eso es solamente paliar los síntomas, proporcionar alivio transitorio, y que no pasa de ahí.

No estoy diciendo que sea malo paliar los síntomas; no lo es, sino que es obviamente correcto y bueno hacerlo. Pero estoy obligado a decir esto, que aunque paliar o aliviar los síntomas no es malo en sí mismo, puede serlo, puede tener una mala influencia y un mal efecto desde el punto de vista de la idea bíblica del hombre y de sus necesidades. En este sentido puede ser dañino, porque tratando de paliar los síntomas se puede tapar la verdadera enfermedad. Esto debemos tenerlo presente en nuestros días porque, a menos que yo esté muy equivocado, esta es un parte vital de nuestro problema hoy.

Permítaseme emplear un ejemplo médico. Pensemos en alguien que yace en cama y que se retuerce con un agudo dolor abdominal. Entonces llega un médico que resulta ser un hombre muy agradable y compasivo. No le gusta ver a la gente sufriendo, no le gusta ver a la gente con dolor. Por tanto, piensa que lo que hay que hacer es aliviar el dolor de este hombre. Él puede hacerlo. Le puede poner una inyección de morfina o suministrarle otras medicinas que pueden proporcionar a ese hombre un alivio casi inmediato. "Bien —dirás—, estoy seguro de que no hay nada erróneo en hacer eso; es un acto bondadoso, es una buena acción, el paciente se siente mejor, se le hace más feliz y ya no sufre". La respuesta es que eso es prácticamente un acto criminal por parte de ese médico. Es un delito, porque quitar meramente el síntoma sin descubrir la causa del mismo no es prestar un servicio sino perjudicar al paciente. Después de todo, el síntoma es una manifestación de una enfermedad, los síntomas son muy valiosos. Es a través del rastro del síntoma y siguiendo la dirección que estos van marcando como podemos llegar a la enfermedad que ha dado origen a los síntomas. Por tanto, si solamente quitas el síntoma antes de haber descubierto su causa estás haciéndole a tu paciente verdadero daño, porque estás dándole un alivio transitorio que le está haciendo pensar que todo está bien. Pero no es así; se trata solo de un alivio transitorio y la enfermedad sigue allí, aún continúa. Si se tratara de una apendicitis aguda o algo parecido, cuanto antes se extirpe mejor; y si lo que le has dado al paciente es meramente descanso y alivio sin tratar esto, estás provocando un absceso o aun algo peor.

Esto, ciertamente, nos muestra mucho de lo que está pasando en la actualidad. Este es uno de los problemas que está afrontando hoy la Iglesia cristiana. Esta "sociedad opulenta" en la que estamos viviendo medica a las personas y las hace sentir que todo va bien. Tienen mejores salarios, mejores casas, mejores autos y todo invento deseable en el hogar; la vida es satisfactoria y todo parece perfecto; y debido a esto la gente ha dejado de pensar y de enfrentarse a los verdaderos problemas. Se conforman con ese reposo y esa satisfacción superficiales, y ello milita en contra de un entendimiento verdadero y radical de su situación real. Y, por supuesto, eso es agravado en estos tiempos por otros medios. Hay obsesión por el placer, y la televisión y la radio introducen sus influencias directamente en nuestra casa. Todas estas cosas persuaden al hombre de que todo va bien; le dan un sentimiento transitorio de felicidad y, por tanto, este supone que todo es perfecto y deja de pensar. El resultado de ello es que no es consciente de su verdadera situación y no se enfrenta a ella.

A eso hay que añadir la administración de píldoras tranquilizantes y la toma de antidepresivos y somníferos. La gente vive a base de ellos, y todo eso, muy a menudo, no solamente tiene el efecto de ocultar el problema físico, sino también —y lo que es más grave— el problema espiritual. Mientras el hombre se conforme con este alivio transitorio, tenderá a seguir dando por hecho que todo va bien hasta que finalmente acabe hundiéndose. Y la forma que adopta este hundimiento es muy frecuentemente la drogadicción o algo parecido; y hay muchos que no pueden continuar haciendo su trabajo sin la alternancia de antidepresivos y somníferos, tranquilizantes y estimulantes. Quiero indicar que muchas de estas acciones hacia las que la Iglesia parece estar volviéndose hoy día, en vez de llevar a cabo su principal tarea de predicar, están teniendo al final la misma clase de efecto. Aunque esas cosas no sean malas en sí mismas, pueden llegar a serlo y a causar verdadero daño debido a que ocultan la verdadera necesidad.

La tarea de la Iglesia, y la tarea de la predicación —y solamente la Iglesia puede llevarla a cabo— es aislar los problemas radicales y abordarlos de una manera radical. Este es un trabajo de especialista, es el trabajo peculiar de la Iglesia. La Iglesia no es una más entre muchas organizaciones, no está compitiendo con las sectas, no está compitiendo con otras religiones, no está compitiendo con los psicólogos ni con cualquier otra organización política, social o cualquiera que sea según la contingencia. La Iglesia es una institución especial y especializada y esta es una labor que solo ella puede desempeñar.

Quiero apoyar este argumento con otras declaraciones. Por ejemplo, aquí hay una que, para mí, ofrece un aspecto casi divertido en relación con esto. Estas propuestas acerca de que debiéramos predicar menos y dedicarnos más a otras cosas no son, por supuesto, nuevas en absoluto. La gente parece pensar que todo esto es bastante nuevo y que es una señal de modernidad el vituperar o desestimar la predicación y poner el acento en otras cosas. La simple respuesta a eso es que no hay nada nuevo en cuanto a ello. Puede que la forma actual sea nueva, pero el principio no es en absoluto nuevo; de hecho, este ha sido el especial enfoque en el siglo XX.

Consideremos todo este nuevo interés en la aplicación social del Evangelio y la idea de ir a vivir entre la gente, hablar de política y participar en sus asuntos sociales y cosas así. La respuesta sencilla a ello es que, hasta la Primera

Guerra Mundial en este siglo XX, eso era lo que estaba de moda en la mayoría de los países occidentales. Se le llamó entonces "el evangelio social", pero era exactamente lo mismo. El argumento era entonces que la antigua predicación evangélica del Evangelio era demasiado personal, demasiado sencilla, que no se ocupaba de los problemas y las condiciones sociales. Esa era, por supuesto, una parte de la visión liberal, modernista y crítica acerca de las Escrituras y de nuestro Señor. Él solamente fue un hombre perfecto y un gran maestro, un agitador político, un reformador y el gran modelo. Había venido a hacer el bien y el Sermón del Monte era algo que se podría haber incluido en las Actas del Parlamento y haberlo convertido en legislación. Así se estaría haciendo un mundo perfecto. Ese era el viejo liberalismo del período que precedió a 1914. Lo mismo que hoy se ve como algo tan moderno, y que es considerado como la primera tarea de la Iglesia, ya se ensayó —y con gran minuciosidad— a principios del siglo XX.

Y lo mismo se puede decir de otras tantas operaciones que están entrando en la vida y en la actividad de la Iglesia. Lo que se defiende hoy como un nuevo enfoque fue ya practicado por lo que entonces se llamó "la Iglesia institucional"; y esto, una vez más, se hizo con una considerable minuciosidad. Había en las iglesias toda clase de clubes culturales y la iglesia llegó a ser el centro de la vida social. Había juegos organizados y clubes de diversas naturalezas. Todo esto fue sometido a la más profunda prueba en el período que precedió al año 1914.

Pero ahora estamos cualificados para preguntar, sin duda, si aquellas cosas funcionaron, cuán eficaces fueron y a qué condujeron. La respuesta es que fracasaron, y se demostró que habían fracasado. No estoy enterado de forma detallada de la situación en los Estados Unidos, que yo sé que es algo diferente a la de Gran Bretaña; pero no dudo en afirmar que lo que fue ampliamente responsable de vaciar las iglesias en Gran Bretaña fue la predicación del "evangelio social" y la "Iglesia institucional". Esto fue más responsable de aquello que ninguna otra cosa. La gente, con toda razón, argüía diciendo que, si la ocupación de la Iglesia era realmente predicar una especie de reforma política y social y el pacifismo, entonces la Iglesia no era verdaderamente necesaria, porque todo eso podía ser llevado a cabo por organizaciones políticas. Dejaron, pues, las iglesias e hicieron o trataron de hacer eso a través de sus partidos políticos. Aquello era perfectamente lógico, pero el efecto que tuvo en las iglesias fue de lo más dañino.

Podemos dar ejemplos y demostrar esto igualmente bien en la actualidad. Hay dos predicadores en Londres que son grandes defensores de este interés político-social de la Iglesia en el hombre del mundo, los cuales afirman que esta es la manera de ganarle, ayudarle y hacerle cristiano. Es sumamente interesante observar que estos dos hombres que son, en Gran Bretaña, los más inclinados a este tipo de enseñanza, tienen en sus iglesias congregaciones pequeñas los domingos, a pesar de estar en el corazón mismo de Londres y en una parte de lo más accesible. Estos son hechos que pueden ser verificados, y no es de extrañar que eso sea así. La gente se dice a sí misma que no hay necesidad de ir a la iglesia para oír esa clase de cosas. Eso podemos verlo a diario en los periódicos y en las instituciones políticas y sociales que han sido designadas justamente para eso. Uno de estos dos hombres, que obtiene gran publicidad gracias a este interés, recientemente ha tenido que llegar a suprimir el culto del domingo por la tarde en su propia capilla. Se ha visto obligado a unir su culto vespertino a otro de otra iglesia en la misma calle.

Ahora bien, esto es muy interesante y muy importante. Cuando te apartas de la tarea principal de la Iglesia y haces otra cosa, aunque tus motivos sean puros y excelentes, ese es el resultado. Yo no estoy discutiendo o criticando los motivos, estoy simplemente mostrando que esta teoría tiene en la práctica el efecto contrario al que pretende conseguir. Y opino que, en muchos aspectos, el hecho de que la Iglesia se haya apartado de la predicación es, en gran medida, el responsable del estado en que se encuentra la sociedad moderna. La Iglesia ha estado tratando de predicar moralidad y ética sin el Evangelio como base; ha estado tratando de predicar moralidad sin santidad; y eso, simplemente, no funciona. Nunca funcionó ni funcionará. Y el resultado es que la Iglesia, habiendo abandonado su verdadera tarea, ha abandonado a la Humanidad más o menos a sus propios recursos.

Otra razón que yo aduciría en cuanto a este punto es que, en el momento en que comenzamos a volvernos de la predicación a estos otros recursos, nos encontramos experimentando una constante serie de cambios. Una de las ventajas de ser anciano es que tienes experiencia, de forma que cuando ocurre algo nuevo y ves a la gente entusiasmarse mucho por ello, resulta que tú estás en situación de recordar una emoción similar hace quizá cuarenta años. Y así, pues, uno ha visto modas, novedades y llamativos reclamos que llegan uno tras otro a la Iglesia. Cada uno de ellos crea una emoción y un entusiasmo grandes y se anuncia ruidosamente como *aquello* que va a llenar las iglesias, *aquello* que va a resolver el problema. Eso mismo han dicho de cada una de esas cosas en particular. Pero en pocos años se han olvidado de todo, y entonces llega otro reclamo u otra idea nueva; quizá alguien ha hallado la sola cosa necesaria o tiene una interpretación psicológica del hombre moderno. He aquí esto, y todo el mundo corre detrás de ello; pero pronto decae y desaparece, y otra cosa ocupa su lugar.

Este es, sin duda, un estado muy triste y lamentable de la Iglesia: que, al igual que el mundo, tenga que mostrar estos constantes cambios de moda. En ese estado carece de la estabilidad, la solidez y el mensaje continuo que ha sido siempre la gloria de la Iglesia cristiana.

Pero mi objeción a la sustitución de la predicación del Evangelio por un interés socio-político puede ser planteada más positivamente. Esta preocupación por las condiciones sociales y políticas, y por la felicidad del individuo, etc., ha sido siempre abordada con mucha efectividad cuando ha habido una reforma, un avivamiento y una fiel predicación en la Iglesia cristiana. Yo iría más lejos e indicaría que ha sido la Iglesia cristiana la que ha hecho una mayor contribución a través de los siglos precisamente a la solución de estos problemas. El hombre moderno es muy ignorante de la Historia; no sabe que los hospitales surgieron originalmente a través de la Iglesia. Fueron personas cristianas las primeras que, por un sentimiento de compasión hacia el sufrimiento y la enfermedad, comenzaron a hacer algo por las enfermedades y los males físicos. Los primeros hospitales fueron fundados por cristianos. Y lo mismo se puede decir de la educación; fue la Iglesia la primera en ver esta necesidad y la que procedió a hacer algo al respecto. Y lo mismo ocurrió con la ley de asistencia al pobre y la mitigación del sufrimiento de personas que padecían la pobreza. Yo sostengo que es la Iglesia la que realmente ha hecho esto. Encontramos que los sindicatos y otros movimientos parecidos, si nos remontamos a sus comienzos, tienen casi invariablemente orígenes cristianos.

Mi argumento es que, cuando la Iglesia lleva a cabo su tarea principal, esas otras cosas vienen invariablemente como resultado de ello. En otras palabras, la Reforma protestante, por ejemplo, alentó todo el concepto y la actividad del hombre en la vida. Se puede demostrar muy satisfactoriamente que la Reforma protestante dio el mayor estímulo posible a la ciencia, a la investigación científica y al estudio, y ciertamente hizo lo mismo con la literatura y con muchas otras actividades del hombre. En otras palabras, cuando el hombre llega a ser lo que debe ser bajo el control de Dios, comienza entonces a darse cuenta de las facultades e inclinaciones que posee y comienza a utilizarlas. Y de esta manera encontrarás que los períodos y las épocas más importantes en la historia de los países han sido aquellos que han seguido al despertar de grandes reformas y avivamientos religiosos. La otra gente habla mucho acerca de las condiciones políticas y sociales, pero hacen muy poco por ellas. Es esta actividad de la Iglesia la que realmente trata la situación y produce resultados duraderos y permanentes. Por tanto, mi argumento es que, aun desde el punto de vista pragmático, se puede demostrar que la predicación ha de mantenerse en la posición principal y central.

Ahora nos vamos a la esfera de los problemas personales. Este es un razonamiento muy conocido hoy día, tal y como ya he indicado. La gente dice que los predicadores se colocan en sus púlpitos y predican sus sermones, pero que allí, delante de ellos, hay personas con problemas y sufrimientos individuales. Y el argumento prosigue diciendo que tienes que predicar menos y dedicar más tiempo a hacer obra personal, a aconsejar y a hacer entrevistas. Mi respuesta a este argumento es indicar que, una vez más, la respuesta es otorgarle a la predicación una posición de primacía. ¿Por qué? Por la razón de que la verdadera predicación aborda los problemas personales; y de tal manera es así, que la verdadera predicación ahorra gran cantidad de tiempo al predicador. Yo hablo basándome en cuarenta años de experiencia. ¿Y qué quiero decir? Permítaseme explicarme. Los puritanos son precisamente famosos por su predicación pastoral. Ellos tomaban lo que denominaban "casos de conciencia" y los trataban en sus sermones; y al abordar estos problemas estaban resolviendo los problemas personales particulares de aquellos que los estaban oyendo. Y esa ha sido constantemente mi experiencia. La predicación del Evangelio desde el púlpito, aplicada por el Espíritu Santo a los individuos que están oyendo, ha sido el medio de tratar problemas personales de los cuales yo, como predicador, no supe nada hasta que la gente vino a mí al final del culto diciendo: "Quiero darle las gracias por ese sermón, porque si usted hubiera sabido que yo estaba ahí y hubiera conocido la naturaleza exacta de mi problema, no hubiera usted respondido más perfectamente a varias preguntas que yo tenía. A menudo había pensado venir a planteárselas, pero ahora me las ha respondido usted sin haber tenido yo que hacer eso". La predicación había ya tratado los problemas personales. No se me entienda mal, no estoy diciendo que el predicador nunca deba hacer obra personal; de ninguna manera es eso así. Pero lo que yo estoy defendiendo es que la predicación siempre ha de venir en primer lugar y que no ha de ser sustituida por ninguna otra cosa.

He contado a menudo una historia de un caso notable que nos sirve de ejemplo. Hace muchos años se me pidió ir a ver, con un médico y un pastor, a una joven que decía estar paralítica de ambas piernas desde hacía ocho años. Fui a visitarla con ellos y me encontré para mi sorpresa con que era capaz de efectuar extraordinarios movimientos con sus piernas. Esto me llevó enseguida a diagnosticarlo como un caso de histeria, como así resultó ser. Esa supuesta parálisis, ese estado funcional, le había venido como resultado de una decepción en su vida emocional. Yacía en su cama y no fui capaz de ayudarla debido a que ella no se quedaba suficientemente sosegada como para que el médico o yo pudiéramos examinarla adecuadamente. Sin embargo, esto es lo que pasó después. Ella tenía dos hermanas; y la mayor de ellas, como resultado de mi visita, comenzó a asistir a nuestra iglesia; y al cabo de unos cuantos meses se convirtió, llegando a ser una muy buena cristiana. Después de un tiempo, la segunda hermana comenzó a asistir a nuestros cultos y también ella, a su vez, se convirtió. Y entonces, finalmente, un domingo por la noche vi a la supuesta paralítica siendo medio acarreada dentro de la iglesia por sus dos hermanas. Continuó asistiendo y, a su debido tiempo, se convirtió en cristiana. Ahora bien, el asunto en que deseo hacer hincapié es el siguiente: nunca más tuve otra conversación con ella acerca de su presunta parálisis; nunca más se mencionó, nunca más se debatió sobre ella, pero desapareció por completo. ¿Por qué? ¿Cómo? Fue como resultado de la predicación del Evangelio. Cuando se convirtió, este asunto se resolvió por medio de la aplicación de la Verdad por el Espíritu Santo, sin asesoramiento alguno, ni análisis o tratamiento psicológico alguno.

Ahora bien, yo no estoy diciendo que esto vaya a ocurrir siempre. Mi argumento es que, si el Evangelio es fielmente predicado, puede ser aplicado de una manera en extremo asombrosa por el Espíritu a estos casos y problemas individuales, y estos pueden solucionarse sin que el predicador lo sepa en absoluto. Podría contar numerosas historias que son ejemplos justamente de eso y que muestran de qué manera, en ocasiones, algo dicho simplemente de paso por el predicador ha sido el medio por el que se ha solucionado el problema de alguna persona.

En cualquier caso, a menudo he descubierto que la predicación del Evangelio lleva a las personas a hablar con el predicador y le da a este una oportunidad de abordar la situación particular de ellas. Es el mejor medio de darse a conocer uno al otro y eso crea unión. Algo que el predicador ha dicho les da la impresión de que él va a ser sensible y comprensivo o de que tiene discernimiento en cuanto a su dificultad particular. Es la predicación la que les lleva al predicador en busca de ayuda personal.

Además, haciéndolo de esa manera, estarás tratando a docenas, o quizá a cientos, de personas a la vez. Es muy sorprendente hallar que, al exponer las Escrituras, eres capaz de abordar una variedad de casos diferentes, todos ellos en un solo culto. Eso es lo yo quería decir al afirmar que esto ahorra gran cantidad de tiempo al pastor. Si tuviera que ver a todas estas personas una a una, le sería imposible, no podría hacerlo; pero con un solo sermón puede abarcar un buen número de problemas a la vez.

Pero, en cualquier caso —y este es para mí un argumento muy importante—, es la predicación la que sienta los principios esenciales sobre los que puede darse la ayuda personal. Voy a ilustrar esto brevemente. Alguien viene a tu despacho en la capilla y quiere consultarte acerca de un problema. Lo primero que debes hacer es descubrir la naturaleza del problema. Has de descubrir si esa persona es cristiana o no lo es, porque ello determinará lo que has de hacer. Si alguien no es cristiano, no puedes prestarle ayuda espiritual. Si alguien no es cristiano, lo primero que tienes que hacer es ayudarle a que se vuelva cristiano. Eso es esencial y prioritario; y es solamente entonces cuando puedes aplicar tu enseñanza espiritual al problema en particular. Si la persona no es cristiana, en vano intentarás aplicar la enseñanza espiritual.

Estarás perdiendo el tiempo como ministro del Evangelio afrontando los problemas y las dificultades particulares de tal persona. Sugiero que tu deber en tal caso es remitir esa persona a otra cuyo trabajo profesional sea resolver tales problemas. Tu tarea como ministro cristiano es la de un especialista que afronta problemas espirituales; esa es, pues, la primera cuestión que has de resolver. De nada sirve hablar a la gente de un modo espiritual a menos que tengan entendimiento espiritual; y ese entendimiento es el resultado de un nuevo nacimiento espiritual, el cual es generalmente producido por medio de la predicación del Evangelio (cf. 1 Corintios 2:10-16; 1 Pedro 1:23). Si a través de tu predicación has llevado a esas personas a ver que no son cristianas, vendrán a ti en relación con eso y podrás mostrarles que el síntoma concreto que les ha estado preocupando era debido al hecho de que no eran cristianos, de que tienen una relación equivocada con Dios. Así que ellos vienen a ti, y tú, entonces, les aconsejas, les ayudas y les muestras el camino de la salvación. Esto, de por sí, no aborda el problema concreto, pero ahora te encuentras en situación de razonarlo con ellos de una manera espiritual. Sostengo que, en el fondo, la única base real para la obra personal es la fiel y sólida predicación del Evangelio; otra cosa degenera en un tratamiento puramente psicológico.

Lo que sostengo, por tanto, es que el asesoramiento personal y todas estas otras actividades tienen el propósito de complementar la predicación, no de suplantarla; que esas cosas son, si quieres, el trabajo que continúa, que sigue después, pero que nunca se las debe considerar como la obra principal. En el momento en que relacionas estas cosas equivocadamente, no solamente estás dando pie a problemas en el terreno personal, sino que mi opinión es que no estarás interpretando el mandato de la Iglesia de una manera fiel y correcta. Por tanto, yo lo resumiría diciendo que es solamente la predicación la que puede transmitir la Verdad a las personas y llevarlas a que sean conscientes de su necesidad y a la única respuesta satisfactoria que existe para su necesidad.

Las ceremonias y el ritual, los cánticos y la diversión, todo tu interés en asuntos políticos y sociales y todo lo demás no pueden conseguir esto. No niego que puedan producir efectos; he admitido que sí y que es ahí donde a veces reside el peligro. Lo que los hombres y las mujeres necesitan es venir "al conocimiento de la verdad"; y, si no se logra eso, estarás simplemente paliando los síntomas y poniendo parches momentáneos al problema. En cualquier caso, no estarás llevando a cabo el gran mandato que ha sido dado a la Iglesia y a sus ministros.

Permítaseme abordar unas cuantas objeciones a este asunto y a esta idea. Alguien puede decir: "¿Pero es que no han cambiado los tiempos? Todo lo que usted ha estado diciendo podría haber sido correcto, digamos, hace veinte años, o aún más, quizá hace 100 años; ¿pero no han cambiado los tiempos? ¿Es su método correcto ahora a la luz de nuestra nueva situación?". O alguien quizá, en los Estados Unidos, pueda decir: "Bien, todo lo que usted está diciendo puede ser conveniente para Londres, para Gran Bretaña, pero eso no funciona en América. La situación aquí es distinta: hay un trasfondo diferente, culturas diferentes, circunstancias diferentes, etc.". ¿Cuál es la respuesta a eso? Es bastante simple. Dios no ha cambiado y el hombre no ha cambiado. Ya sé que existen cambios superficiales —puede que vistamos de forma diferente, que viajemos a 600 en vez de a 6 km por hora—, pero el hombre como hombre no ha cambiado en absoluto, y las necesidades del hombre son exacta e idénticamente las que siempre han sido. Y no solamente eso, sino que también ha habido en el pasado épocas estériles y sin vida en la historia de la Iglesia, como vimos en la primera conferencia.

No hay nada nuevo acerca de esta situación nuestra; una de las principales falacias de hoy es pensar que, porque estamos viviendo a mediados del siglo XX, nuestro problema es enteramente nuevo. Esto se desliza aun dentro de la vida y el pensamiento de la Iglesia con toda la forma de hablar de la posguerra, la era científica, la era atómica, la era poscristiana, etc. Eso es simplemente una necedad; no es en absoluto nuevo. Dios no cambia. Como alguien ha dicho: "El tiempo no escribe arrugas en la frente del Eterno". Y el hombre no cambia; es exactamente lo que siempre ha sido desde la Caída y tiene los mismos problemas. Y ciertamente yo llegaría a decir que nunca ha habido una oportunidad mayor para la predicación que la que existe hoy, porque estamos viviendo en una época de desilusión. La época victoriana, en el siglo XIX, fue de optimismo. La gente se dejaba llevar por la teoría de la evolución y del desarrollo, y los poetas cantaron acerca de la venida del "parlamento del hombre y de la confederación del mundo". Desterraremos la guerra y todo irá bien, y el mundo será una gran nación. La gente realmente creía ese tipo de cosas. Nadie cree en ello ahora, salvo algún viejo representante en algún que otro sitio del antiguo "evangelio social" de la época anterior a 1914. Hemos vivido lo suficiente como para poder ver la falacia de aquel liberalismo optimista, y estamos ahora viviendo en una época de desilusión en que los hombres se encuentran desesperados. Por eso estamos siendo testigos de protestas estudiantiles y de todo tipo; por eso la gente toma drogas. Este es el final de todo el optimismo de los liberales. No tenía más remedio que conducir a esto por la sencilla razón de que estaba equivocado en su concepción básica, en su origen y en su pensamiento mismo. Estamos asistiendo al final de todo eso. ¿No es este, entonces, un tiempo cuando la puerta está ampliamente abierta para la predicación del Evangelio? La época que estamos viviendo es muy parecida a la del primer siglo en muchos aspectos. El mundo de la Antigüedad se había agotado entonces. El floreciente período de la filosofía griega había llegado y había pasado; Roma, en un sentido, había pasado su cenit, y en ella se daba la misma clase de cansancio y de aburrimiento con la consecuente vuelta al placer y a la diversión. Lo mismo es cierto hoy día; y, por tanto, lejos de decir que debemos tener menos predicación y volvernos más y más a otros inventos y a otros recursos, yo digo que tenemos una oportunidad dada por el Cielo para predicar.

Consideremos ahora una segunda objeción. La gente puede decir: "Sin duda, tal y como el hombre es en la actualidad, culto y sofisticado, etc., ¿no se conseguiría todo lo que usted desea conseguir igualmente por medio de la lectura de libros y periódicos? ¿No se puede lograr por medio de la televisión o la radio, sobre todo a través de debates?". Por supuesto que la lectura puede ser y es de gran ayuda, como también lo son esos otros medios; pero yo opino que ya es tiempo de que nos hagamos la siguiente pregunta: ¿Hasta que punto esas cosas están realmente ayudando y haciendo frente a la situación? Yo pienso que el resultado es frustrante, y creo que puedo dar las razones de por qué es así. La primera es que este es un enfoque equivocado por ser demasiado individualista. El hombre se sienta solo a leer su libro. Es demasiado intelectual en su enfoque, es un asunto de interés puramente intelectual. Otra cosa —que me cuesta mucho expresarla en palabras pero que para mí es muy importante— es que el hombre mismo lo controla demasiado. Lo que quiero decir es que, si tú no estás de acuerdo con el libro, lo dejas; si no te gusta lo que estás viendo en la televisión, la apagas. Eres un individuo aislado y controlas la situación. O, dicho más positivamente, a todo este enfoque le falta el elemento vital de la Iglesia.

Ahora bien, la Iglesia es un cuerpo misionero, y hemos de recuperar esta idea de que la Iglesia toda es parte del testimonio del Evangelio, de su verdad y su mensaje. Por tanto, es de suma importancia que las personas se reúnan y escuchen juntas en la esfera de la Iglesia. Eso produce impacto por sí mismo. A menudo se me ha dicho eso. Después de todo, el predicador no está hablando para sí mismo, está hablando para la Iglesia, está explicando lo que la Iglesia es, lo que son estas personas y por qué son lo que son. Recordemos que el apóstol Pablo, en la Primera Epístola a los Tesalonicenses, otorga a esto una gran importancia. Esto tenemos tendencia a descuidarlo en la actualidad. Él les dice a aquellos tesalonicenses que ellos como iglesia le han sido de gran ayuda en su predicación; lo describe de esta manera en 1 Tesalonicenses 1:6-9:

> Y vosotros vinisteis a ser imitadores de nosotros y del Señor, recibiendo la palabra en medio de gran tribulación, con gozo del Espíritu Santo, de tal manera que habéis sido ejemplo a todos los de Macedonia y de Acaya que han creído. Porque partiendo de vosotros ha sido divulgada la palabra del Señor, no solo en Macedonia y Acaya, sino que también en todo lugar vuestra fe en Dios se ha extendido, de modo que nosotros no tenemos necesidad de hablar nada; porque ellos mismos cuentan de nosotros la manera en que nos recibisteis [...].

La sola presencia de una corporación de personas es en sí misma una parte de la predicación, y estas influencias comienzan a actuar inmediatamente sobre cualquiera que acude a un culto. Quiero indicar que estas influencias son a menudo más potentes en un sentido espiritual que una argumentación puramente intelectual.

No solamente eso. Cuando un hombre entra en una iglesia a una corporación de personas, empieza a tener alguna idea del hecho de que son el pueblo de Dios y una representación actual de algo que ha sido conocido en toda época y generación a través de los siglos. Esto, ya de por sí, causa un impacto en él. No está simplemente considerando una nueva teoría, una nueva enseñanza o una nueva idea. Está visitando o entrando en algo que tiene esta larga historia y tradición.

Permítaseme expresar esto de la siguiente forma: el hombre que piensa que todo esto se puede conseguir por medio de la lectura o simplemente mirando un televisor está pasando por alto el elemento misterioso en la vida de la Iglesia. ¿Y eso qué es? En mi opinión, es lo que nuestro Señor estaba indicando cuando dijo: "Donde están dos o tres congregados en mi nombre, allí estoy yo en medio de ellos". No es esta una mera asamblea de personas; Cristo está presente. Este es el gran misterio de la Iglesia. Hay algo en la atmósfera misma del pueblo cristiano congregado para adorar a Dios y para oír la predicación del Evangelio.

Voy a ilustrar con una historia lo que quiero decir. Recuerdo a una mujer que era espiritista, y hasta médium, una médium asalariada empleada por una sociedad espiritista. Ella solía ir cada domingo por la tarde a una reunión espiritista y se le pagaban tres guineas por actuar como médium. Esto ocurría durante los años treinta, y esa era una suma de dinero considerable para una mujer de clase media baja. Un domingo estaba enferma y no pudo ir a cumplir con su compromiso. Estaba sentada en su casa y vio pasar a gente que iba camino de la iglesia en el sur de Gales, donde resulta que yo estaba ministrando. Algo le hizo sentir un deseo de saber qué era lo que tenía aquella gente, por lo cual decidió ir al culto y así lo hizo. A partir de entonces siguió yendo siempre hasta que murió, llegando a ser muy buena cristiana. Un día le pregunte qué fue lo que había sentido en aquella primera visita y me respondió lo siguiente (y este es el punto que quiero ilustrar). Dijo: “En el momento en que entré en su capilla y tomé asiento entre la gente fui consciente de un poder. Fui consciente de la misma clase de poder a la que yo estaba acostumbrada en nuestras reuniones espiritistas; pero había una diferencia grande: tuve la sensación de que el poder de su capilla era un poder limpio”. El detalle que quiero destacar es simplemente este, que ella fue consciente de un poder. Este es ese elemento misterioso, la presencia del Espíritu en el corazón de los hijos de Dios, del pueblo de Dios, y un extraño se da cuenta de ello. Esto nunca lo percibirías si simplemente te sientas y lees un libro estando solo. El Espíritu puede utilizar un libro, lo sé; pero, debido a la misma constitución de la naturaleza del hombre —nuestro carácter gregario y la forma en que nos apoyamos los unos en los otros y nos ayudamos unos a otros, aun inconscientemente—, este es un factor sumamente importante. Esto es así de forma natural, pero más aún cuando el Espíritu está presente. No estoy defendiendo una psicología de tumulto o de masas, a la que considero extremadamente peligrosa, en particular cuando hay mucha exaltación. Lo único que estoy defendiendo es que, cuando entras en una iglesia, una organización o una asamblea del pueblo de Dios, hay un factor que inmediatamente entra en acción y que es aún más reforzado por el predicador que expone la Palabra desde el púlpito; y por eso la predicación nunca puede ser sustituida ni por la lectura, ni por ver la televisión ni por ninguna de esas otras actividades.

Capítulo 3

El sermón y la predicación

Aún estamos tratando de establecer la proposición de que la predicación es la principal tarea de la Iglesia y del ministro de la Iglesia. Hemos presentado pruebas bíblicas de esto y además pruebas a partir de la historia de la Iglesia; y después hemos intentado desarrollar el argumento teológico mostrando de qué forma nuestra teología misma insiste en ello debido al asunto que estamos tratando. Habiéndolo hecho, comenzamos a considerar algunas objeciones a todo esto. La primera fue: "¿No han cambiado los tiempos?". Y la segunda: "¿No puede todo eso conseguirse ahora por medio de la lectura o viendo la televisión u oyendo la radio, etc.?".

Esto nos lleva a una tercera objeción, la cual plantea esta pregunta: "¿No se puede conseguir todo esto por medio de coloquios? ¿Por qué ha de ser necesariamente por la predicación? ¿Por qué de esta forma en particular? ¿No puede ser esto reemplazado por una especie de "dialogo", como ahora se le llama, o un intercambio de ideas? ¿No debiéramos más bien fomentar que se planteen más preguntas al final de los sermones y un diálogo entre el ministro y la gente que ha venido a escuchar, todo ello, por supuesto, dentro de la esfera de la Iglesia?". Además se ha planteado que esto también puede hacerse en televisión por medio de debates, de un grupo de personas —unas cristianas y otras no— que se enzarzan en una discusión. Se indica que no solamente esta es una buena manera de evangelizar y de dar a conocer el mensaje de la Biblia, sino que en la actualidad es una forma mejor que la predicación.

Y como esto está ganando mucho apoyo y ciertamente gran cantidad de publicidad hoy día en la mayoría de los países, nosotros tenemos que decir algo respecto a esto. Yo respondería de nuevo por medio de un recuerdo personal, expresándolo de forma que los principios implícitos destaquen más claramente. Recuerdo que allá por el año 1942 recibí una invitación para tener un debate público sobre el asunto de la religión con un hombre ya desaparecido que era muy famoso por aquel entonces, el Dr. C.E.M. Joad. Había obtenido mucha publicidad, por no decir notoriedad, por tomar parte en lo que se llamaba en la radio *Brains' Trust*, y era un locutor muy popular que sostenía opiniones más o menos ateas en aquel tiempo. Se me pidió debatir con él acerca de la religión en la *Union Debating Society* en la Universidad de Oxford. No te voy a cansar contando el trasfondo de aquello ni las razones por las cuales se me pidió, pero surgió debido a mi predicación. Esta es una de las razones por las que lo menciono. Yo estaba participando en unas reuniones de evangelización en la universidad, y fue directamente como resultado de mi predicación de un domingo por la tarde por lo que me llegó la invitación. Rechacé aquella invitación y rehusé participar en el debate. ¿Hice lo correcto al rehusar? Hubo muchos que consideraron que me había equivocado, que aquella había sido una maravillosa oportunidad para predicar y presentar el Evangelio, que la fama misma del Dr. Joad de por sí habría atraído a un maravilloso público a oír el debate y que muy bien podría haber obtenido publicidad en la prensa, etc. Por tanto, muchos pensaron que yo estaba rechazando y pasando por alto una oportunidad evangelística maravillosa.

Pero yo afirmé entonces, y aún lo afirmo, que mi decisión fue la correcta. Independientemente por completo de algunas razones concretas que voy a dar, creo que en general es una equivocación. Mi impresión es que las experiencias de esa clase de cosas muestran claramente que rara vez tienen éxito o llevan a alguna parte. Proporcionan diversión; pero, por lo que yo alcanzo a ver y basándome en mi experiencia y en el conocimiento que de ello tengo, rara vez ha sido fructífero o eficaz como medio para ganar gente para la fe cristiana.

Pero aún son más importantes mis razones concretas. La

primera es, y esta fue para mí una razón totalmente suficiente en sí misma, que Dios no ha de ser discutido o debatido. Dios no es un tema de debate debido a quién es y lo que es. Se nos dice que quien no es creyente, por supuesto, no está de acuerdo con eso; y es absolutamente cierto; pero ello no implica diferencia alguna. Lo creemos así y es parte de nuestro derecho el afirmarlo. Teniendo el concepto que tenemos, creyendo lo que creemos acerca de Dios, no podemos bajo ninguna circunstancia permitir que Él venga a ser objeto de discusión, de debate o de investigación. Baso mi argumento sobre este punto en la palabra dirigida por Dios mismo a Moisés en la zarza ardiente (Éxodo 3:1-6). Moisés vio repentinamente este extraordinario fenómeno de la zarza que ardía y se proponía desviarse y examinar este sorprendente fenómeno. Pero, inmediatamente, fue reprendido por la voz que vino a él diciendo: "No te acerques; quita tu calzado de tus pies, porque el lugar en que estás, tierra santa es". Ese me parece a mí ser el principio que rige todo este asunto. Nuestra actitud es más importante que cualquier otra cosa que hagamos en concreto; y, tal como se nos dice en la Epístola a los Hebreos, debemos acercarnos a Dios siempre "con temor y reverencia; porque nuestro Dios es fuego consumidor" (Hebreos 12:28-29).

Para mí, este es un asunto sumamente vital. Debatir la existencia de Dios de una manera descuidada, retrepado cómodamente en un sillón, fumando una pipa, un cigarrillo o un puro, es para mí algo que nunca debiéramos permitir; porque Dios, como ya he dicho, no es una especie de incógnita filosófica o un concepto. Creemos en el Dios todopoderoso, glorioso y vivo; y al margen de lo que signifique Él para otros, nosotros nunca debemos ponernos, o permitir que nos pongan, en una posición en la que debatamos acerca de Dios como si Él no fuera sino una mera proposición filosófica. Para mí es una consideración que de por sí queda descartada y rechazada.

Existen además otras razones que lo apoyan y que inevitablemente proceden de aquella. El segundo razonamiento que presento sería que, al debatir estos temas, estamos abordando los asuntos más serios y solemnes de la vida. Estamos haciendo frente a algo que creemos que no solamente va a afectar a las vidas de estas personas por las que estamos interesados mientras están en este mundo, sino también a su destino eterno. En otras palabras, el carácter mismo y la naturaleza de la cuestión es tal que no puede ubicarse en ningún otro contexto que no sea el de un ambiente de la máxima atención que conozcamos o podamos crear. Ciertamente, nunca debiéramos tratar este asunto con frivolidad o meramente con un espíritu de debate; y menos aún debiera nunca considerarse un asunto de diversión.

A mí me parece que esos supuestos debates y diálogos sobre la religión que tenemos en la televisión y en la radio generalmente no son más que pura diversión. El mismo tiempo se le concede al incrédulo que al creyente, y hay interrupciones y ataques en el debate, jocosidad y bromas. El programa está preparado de tal forma que el tema no pueda ser tratado en profundidad. Declaro firmemente que el asunto que nos concierne es tan extremadamente serio, vital y urgente que nunca debemos permitir que sea abordado de esta manera.

Y para eso que digo puedo aportar una razón muy buena y sólida a modo de analogía. Cualquiera de nosotros podría desarrollar una enfermedad muy grave o ser atacado repentinamente por ella. No solo tienes un gran dolor y una fiebre continua, sino que estás extremadamente enfermo. Tu médico hace un serio examen de tu situación y busca otra opinión de mayor reputación. En tal situación de gravedad, en ese estado, ¿hay alguien que diría que lo que a ti te gustaría realmente es que se planteara una discusión, un debate llevado de forma frívola con alguna propuesta que sea criticada y evaluada y después otra, y así sucesivamente? Todos nosotros nos indignaríamos ante algo así. Indicaríamos que nuestra vida está en peligro, que esta no es ocasión para debates, discusiones, liviandad y frivolidad. En ese estado y situación buscamos certeza, un trato serio, esperanza y la posibilidad de ser sanados y de ponernos bien. Te indignaría la jocosidad y una actitud despreocupada, debido a la urgencia; y, por supuesto, estarías absolutamente en lo cierto. Y si eso es verdad en relación con la salud y el bienestar físico, ¡cuanto más debiera serlo cuando estamos hablando de los males y de las enfermedades del alma y del destino eterno del hombre!

Deseo insistir en esto con fuerza. Esto debiera llegar como una reprensión a todos nosotros, y me temo que los que somos cristianos necesitamos que se nos recuerde tanto como a aquellos que no lo son. Con mucha frecuencia hablamos de teología con ligereza, de la misma forma que debatimos otros muchos temas y como si estuviéramos manejando algo muy alejado de nuestras vidas y de nuestro bienestar y destino eternos. Pero eso es obviamente erróneo. Siempre estaremos implicados personal y vitalmente en esto si es que realmente creemos lo que pretendemos creer y decimos creer. Estos asuntos nunca debieran ser abordados en términos de debate o en una atmósfera de debate y de discusión; son demasiado graves y demasiado solemnes, están implicados nuestra vida en este mundo y nuestro destino eterno.

Y, en tercer lugar, en un sentido tal debate, discusión o diálogo es imposible debido a la ignorancia espiritual del hombre natural, del que no es cristiano. Opino que el hombre que no es cristiano es incapaz de entrar en un debate sobre estos asuntos. Y es así por la sencilla razón de ser ciego a las cosas espirituales y encontrarse en un estado de tinieblas. El Apóstol nos dice en 1 Corintios 2:14 que "el hombre natural no percibe las cosas que son del Espíritu de Dios, porque para él son locura, y no las puede entender porque se han de discernir espiritualmente". Está totalmente falto de entendimiento espiritual. Todo el argumento de 1 Corintios 2 es que estas cosas "se han de discernir espiritualmente". Pertenecen a la esfera de la verdad espiritual, están expresadas en una terminología y un lenguaje espirituales, y solamente pueden ser entendidas por la mente que ya es espiritual. El "hombre natural", el no cristiano —dice Pablo— es incapaz de hacer eso. Claramente entonces, si es incapaz de hacer eso, no puedes tener un debate con él. En otras palabras, no existe un punto neutro en el que el cristiano y el no cristiano puedan encontrarse. Por así decirlo, no hay un punto común de partida. Toda nuestra postura como cristianos es justamente la opuesta y la antítesis de la otra, y es una completa condenación de ella. Eso hace que una discusión o un debate sobre estos asuntos sea completamente imposible.

Paso ahora a un cuarto punto que refuerza esto, manifestando que lo que el hombre natural necesita por encima de cualquier otra cosa es humillarse. Esto es esencial antes de que podamos hacer cualquier cosa con él. El problema fundamental del hombre natural es su orgullo. Este punto se detalla en la segunda mitad del capítulo 1 de la Primera Epístola de Pablo a los Corintios: "¿Dónde está el sabio? ¿Dónde está el escriba? ¿Dónde está el disputador de este siglo?". Y el razonamiento del Apóstol es que lo que Dios hace con este hombre no es tener un debate con él sino hacerle parecer necio. Ha de ser humillado porque él se gloría en sí mismo, mientras que la actitud cristiana ha de ser: "El que se gloría, gloríese en el Señor". La primera cosa que ha de hacerse con el hombre que no acepta la fe cristiana es humillarlo. Eso es lo primero e indispensable. "¿No ha enloquecido Dios la sabiduría del mundo?". O como nuestro Señor mismo dice: "Si no os volvéis y os hacéis como niños, no entraréis en el reino de los cielos" (Mateo 18:3). Esta es una declaración vital, una declaración dominante, y es aplicable a todos los hombres. Todos deben convertirse y "hacerse como niños". Todo lo que saben, todo lo que son, todo lo que tienen y todo lo que han hecho es absolutamente inútil en este terreno. No hay esperanza para ellos hasta que se percaten de que están en la más completa ruina y se hagan "como niños". Por tanto, obviamente, no puedes ni debes debatir o discutir estos asuntos con ellos sobre una misma base. Hacer eso es negar el postulado cristiano inicial. De hecho, nuestro Señor fue más lejos cuando pronunció estas palabras:

> En aquel tiempo, respondiendo Jesús, dijo: Te alabo, Padre, Señor del cielo y de la tierra, porque escondiste estas cosas de los sabios y de los entendidos, y las revelaste a los niños. Sí, Padre, porque así te agradó. Todas las cosas me fueron entregadas por mi Padre; y nadie conoce al Hijo, sino el Padre, ni al Padre conoce alguno, sino el Hijo, y aquel a quien el Hijo lo quiera revelar (Mateo 11:25-27).

La Verdad nos es revelada en las Escrituras y por la iluminación que solamente el Espíritu Santo puede producir. Yo afirmo, por tanto, que toda esta idea de tener un debate, una discusión o un intercambio de ideas sobre estos asuntos es contraria al carácter y a la naturaleza del Evangelio mismo.

Rechazo, por tanto, todos estos modernos sustitutos de la predicación y afirmo que solamente hay un medio: el adoptado por el apóstol Pablo mismo en Atenas. Ya he citado antes esto: "Al que vosotros adoráis, pues, sin conocerle, es a quien yo os anuncio". Este anuncio es esencial; esto ha de venir en primer lugar. No puede haber un intercambio provechoso hasta que se haya hecho este anuncio y a la gente se le haya proporcionado una considerable información. Este "anuncio" solo nosotros, la Iglesia, y el predicador podemos hacerlo, y eso es lo primero y primordial que debemos hacer.

Esto nos deja con otro alegato u otra objeción más, a saber, que eso puede ser correcto en teoría, pero la gente no vendrá a escuchar. Por tanto, ¿qué hacer en ese caso? Está muy bien presentar ese maravilloso argumento, se nos dice, pero la gente no oirá algo así en la actualidad, no está interesada, insiste en dar su opinión y en plantear sus ideas, etc. Trataremos este asunto más adelante cuando reflexione sobre "la congregación" que escucha al predicador;

pero permítaseme decir solo esto en esta ocasión. La respuesta es que la gente vendrá, y que de hecho viene, cuando hay una predicación fiel. Ya he presentado evidencia a partir de la Historia de que la gente lo ha hecho siempre así en el pasado; y afirmo que es lo mismo hoy. La razón para ello la hemos visto ya: Dios sigue siendo el mismo y el hombre sigue siendo el mismo. Y algo aún más importante es que no creer esto es indicativo, en último término, del hecho de que estamos dando muy poco lugar al Espíritu Santo y a su obra en nuestra opinión acerca de todo este asunto.

Este puede ser un trabajo lento; a menudo lo es, es un plan a largo plazo. Pero toda mi argumentación es para decir que funciona, que merece la pena, que es bendecido y que así tiene que ser, porque es el método especial de Dios. A esto es a lo que Él nos llama, esto es para lo que Él nos impele a salir fuera y, por tanto, Él va a honrarlo. Siempre lo ha hecho y aún sigue haciéndolo en este mundo moderno; y después de que hayas probado esos otros métodos y planes y hayas descubierto que se han reducido a nada, volverás finalmente a esto. Este es el método por medio del cual las iglesias siempre han llegado a existir. Lo vemos en el Nuevo Testamento, lo vemos en la posterior historia de la Iglesia y podemos verlo en el mundo moderno.

* * *

Pero todo esto nos conduce repetidamente a la misma pregunta: ¿Qué es la predicación? Yo afirmo que, cuando hay una predicación fiel, la gente vendrá a oírla; esto nos compromete, pues, a examinar qué es la predicación. Esta es, desde luego, la pregunta vital para nosotros y que ahora me dirijo a mí mismo. Mi postura es que la mayoría de estos problemas que hemos estado tratando, y la mayoría de estas situaciones y dificultades que han surgido y que están causando tanta preocupación —y con toda la razón— a aquellos que están en la Iglesia, se deben todos finalmente al hecho de que ha habido un enfoque defectuoso de la predicación y, como consecuencia, ha habido una predicación defectuosa. No creo que quien ocupa el púlpito pueda eludir su responsabilidad en esto. Si la gente no está asistiendo a los lugares de culto, deduzco que quien sube al púlpito es el primer responsable. La tendencia es, por supuesto, echar la culpa a otros factores. La excusa más común es la de las dos guerras mundiales. Hubo un tiempo en que se nos decía que la explicación era la pobreza y que no podía esperarse que gente que no tenía comida suficiente ni ropa adecuada acudiera a oír la predicación; la pobreza —se nos decía— era el gran obstáculo. Pero hoy se nos está diciendo que el gran problema es la abundancia y que ahora la dificultad es que la gente está tan bien acomodada, que tienen tanto de todo, que no ven la necesidad del Evangelio. En el momento en que tratas de buscar una explicación de estas cosas en términos de las circunstancias, siempre te encuentras finalmente con alguna de estas ridículas posturas.

Mi argumento es que quien ocupa el púlpito es el responsable último, y que cuando lo hace rectamente y la predicación es fiel, atrae y lleva a la gente a oír el mensaje. Yo diría por otra parte que, en mi opinión, rara vez ha habido nunca una época en la historia del mundo en que la oportunidad para la predicación, y la necesidad de esta hayan sido mayores de lo que lo son en este presente y agitado mundo moderno.

¿Qué es entonces la predicación? ¿Qué quiero decir cuando hablo de predicación? Considerémoslo de esta manera. Allí tenemos a un hombre situado en un púlpito y hablando, y allí hay personas sentadas en bancos o en sillas escuchando. ¿Qué está ocurriendo? ¿Qué pasa? ¿Por qué está ese hombre en ese púlpito? ¿Qué se propone? ¿Por qué lo pone allí la iglesia para hacer eso? ¿Por qué esas otras personas acuden a oír? ¿Qué es lo que se espera que haga ese hombre? ¿Qué está tratando él de hacer? Estas son, en mi opinión, las grandes preguntas. No debemos precipitarnos a considerar técnicas, métodos y "el problema de la comunicación". Es debido a que estas preguntas preliminares no han sido formuladas y afrontadas por lo que la gente se ha empantanado en todo tipo de detalles y debates. Esta es la gran pregunta y la consideración dominante: ¿Qué está haciendo ese hombre allí?

Cualquier definición verdadera de la predicación ha de decir que ese hombre está allí para dar a conocer el mensaje de Dios, un mensaje de Dios para esas personas. Si prefieres el lenguaje de Pablo, es un "embajador en nombre de Cristo". Eso es lo que es. Ha sido enviado, es una persona comisionada y ha sido puesto allí como portavoz de Dios y de Cristo para dirigirse a esas personas. Dicho en otras palabras, no está allí meramente para hablar con ellos, no está allí para entretenerlos. Está allí —y quiero recalcar esto— para hacer algo a esa gente; está allí para producir resultados de diversas clases, está allí para influir en las personas. No meramente para influir en una parte de ellas, no para influir solamente en sus mentes o solamente en sus emociones, o meramente para poner presión sobre sus voluntades e inducirlas a alguna clase de actividad. Está allí para ocuparse de la persona completa; y el propósito de su predicación es afectar a toda la persona en el centro neurálgico de su vida. La predicación debiera producir tal transformación en aquel que está oyendo que nunca más vuelva a ser otra vez el mismo. La predicación es, en otras palabras, una transacción entre el predicador y el oyente. Hace algo por el alma del hombre, por la persona toda, por el hombre completo; se ocupa de él de una manera vital y radical.

Recuerdo que hace unos años se me hizo una observación acerca de algunos estudios míos sobre "El Sermón del Monte". Yo los había publicado deliberadamente en forma de sermones. Hubo muchos que me aconsejaron no hacer eso basándose en que a la gente ya no le gustan los sermones. Se me dijo que los días de los sermones habían pasado y se me presionó para que convirtiera mis sermones en ensayos y les diera una forma diferente. Me interesé mucho, por tanto, cuando este hombre con el que yo estaba hablando, el cual es un cristiano laico muy famoso en Gran Bretaña, dijo: "Me gustan estos estudios suyos sobre el Sermón del Monte porque me hablan a mí". Entonces continuó diciendo: "Me han recomendado leer muchos libros escritos por predicadores y profesores eruditos, pero lo que siento al leer esos libros es que siempre parece que son profesores escribiendo a profesores; no me hablan a mí. Pero —dijo él— sus escritos me hablan a mí".

Ahora bien, este era un hombre competente y de posición prominente, pero eso es lo que me dijo. Creo que hay bastante verdad en esto. Él pensaba que mucho de lo que se le había recomendado leer era muy erudito, muy inteligente y muy literario; pero, como él decía, eran "profesores escribiendo a profesores". Creo que este es un detalle sumamente importante a tener en cuenta cuando leemos sermones. Ya me he referido al peligro de darle demasiada prominencia al estilo literario. Recuerdo haber leído un artículo en un periódico literario hace como cinco o seis años que pensaba que era en extremo esclarecedor porque el autor estaba hablando de esto mismo en su propio campo. Escribía sobre que el problema hoy es que, con demasiada frecuencia, en vez de producir verdadera literatura tendemos a hacer "libros de crítica literaria para críticos literarios". Estos hombres se analizan los libros los unos a los otros con el resultado de que, cuando escriben, a quien suelen tener en cuenta es al crítico, y no al público lector a quien el libro debiera ir dirigido, por lo menos en primer lugar. Lo mismo suele suceder en relación con la predicación. Esto echa a perder la predicación, la cual debiera ser siempre una transacción entre el predicador y el oyente a la vez que algo vital y vivo está teniendo lugar. No es meramente impartir conocimiento, hay algo más grande que está implícito. En ambos lados está implicada la persona completa; y si no somos conscientes de esto, nuestra predicación será un fracaso.

Voy a incidir en este punto en particular compartiendo una cita de un filósofo pagano que ciertamente vio esto muy claramente en relación con la filosofía. Un joven filósofo fue un día a ver a Epíteto para pedirle consejo. La respuesta que Epíteto le dio es un consejo muy bueno también para los predicadores. Le dijo: "El aula de los filósofos es un quirófano. Cuando te marchas de allí debieras haber sentido dolor en vez de placer; porque, cuando entras, es que hay algo que va mal en ti. Uno tiene el hombro dislocado, otro tiene un absceso, otro un dolor de cabeza. Siendo yo el cirujano, ¿voy a sentarme a ofrecer una retahíla de frases bonitas para que me alaben y después se marchen —uno con el brazo dislocado, otro con el absceso, otro con el dolor de cabeza— tal como vinieron? ¿Es para eso para lo que los jóvenes dejan sus hogares, a sus padres y parientes y sus propiedades? ¿Para decir: 'Bravo por tus admirables conclusiones morales'? ¿Es esto lo que hicieron Sócrates, Xenón o Cleón?".

Eso es sumamente importante para el predicador. Epíteto dice que eso es verdad aun para el filósofo, porque este no discute problemas y preguntas abstractas. Aun la filosofía debe interesarse en el hombre, en asuntos, problemas y condiciones vitales. Esa es la situación —dice él—; esas personas acuden porque hay algo que va mal en ellos. Uno de ellos, metafóricamente hablando, tiene un hombro dislocado, otro tiene un absceso, otro un dolor de cabeza. Eso es cierto; y esto es siempre verdad en toda congregación. Estas personas no vienen solamente como mentes o como intelectos, vienen como personas globales en medio de la vida, acompañadas de sus correspondientes circunstancias, sus problemas, sus dificultades y pruebas; y es deber del predicador no solo recordar eso, sino predicar en conformidad a eso mismo. Se ocupa de personas vivas, de gente con necesidades y problemas, a veces inconscientemente; y debe conseguir que se den cuenta de ello y abordar el asunto. Se trata de esa transacción viva.

O tomemos otra declaración hecha por el mismo

Epíteto: "Dime —dice él retando al filósofo, siendo igualmente un buen reto para el predicador—, ¿quién, después de oír tu disertación o discurso, se inquieta y reflexiona sobre sí mismo?". Esa es la prueba. Si la gente puede oírnos sin inquietarse en cuanto a sus personas o reflexionar acerca de sí mismos, es que no hemos estado predicando. "¿O quién —pregunta Epíteto—, al salir de la sala, dice: El filósofo puso su dedo en la llaga de mis faltas; no debo comportarme de esa forma de nuevo?".

Esa es una excelente declaración de mi concepto sobre la predicación; eso es lo que la predicación está llamada a hacer. Se dirige a nosotros de tal manera que nos coloca bajo juicio; y trata con nosotros de tal forma que salimos diciendo: "Nunca volveré a vivir de la misma manera que antes. Esto me ha hecho algo, ha producido un cambio en mí. Soy una persona diferente como resultado de haber oído esto". Epíteto añadc que, si no produces eso, entonces la máxima alabanza que obtienes es meramente que un hombre comente a otro: "Ese fue un bello pasaje sobre Jerjes". Y el otro dirá: "No, a mí me gusta más el de la batalla de Termópilas". En ese caso podemos ver que no les ha afectado nada, sino que simplemente estuvieron sentados allí sin implicarse en el asunto y evaluando y juzgando al orador. A uno le gustó la cita de un pasaje, al otro le gustó la alusión histórica. Esto ha sido para ellos una diversión —muy interesante, muy atractiva, quizá muy estimulante para el intelecto—, pero no les ha servido de nada y se fueron simplemente alabando este o aquel aspecto de la actuación del predicador.

A mi entender, eso no es lo que la predicación pretende ser. La predicación apela a la persona completa, el oyente se ve implicado y sabe que ha sido aludido y que Dios se ha dirigido a él por medio de este predicador. Algo ha sucedido en él y en su experiencia, y eso afectará a su vida entera.

Ahí tenemos, entonces, una definición general de la predicación. ¿Pero qué es exactamente lo que este hombre está haciendo en el púlpito? Aquel es el objetivo; aquel es el propósito; ¿pero qué está haciendo exactamente? Yo creo que tenemos que trazar una distinción entre dos elementos en la predicación. En primer lugar está el sermón o el mensaje: el contenido de lo que ha sido comunicado. Pero en segundo lugar está el acto de predicar, la comunicación o entrega, si lo prefieres, o lo que se denomina comúnmente "la predicación". Es tremendamente triste que la palabra "predicación" se restrinja a este segundo aspecto que podríamos describir como el acto de comunicar el mensaje.

Tengo interés en hacer hincapié en esta verdadera distinción entre el mensaje y el impartir el mensaje o comunicar el mensaje. Voy a intentar mostrar lo que quiero decir con esta distinción. Recuerdo algo que me dijeron acerca de una declaración que hizo en una ocasión el desaparecido Dr. J.D. Jones, de Bournemouth, en Inglaterra. Él estaba predicando en cierto lugar y unos cuantos pastores de los alrededores fueron invitados a conocerlo después del culto de la tarde. Uno de ellos le planteó la pregunta que muy a menudo se le hace a predicadores de más edad: "¿Cuál es el mejor predicador a quien usted ha oído jamás?". Su respuesta fue sumamente perspicaz. Dijo: "No creo que pueda decir cuál es el mejor predicador que he oído, pero puedo decirles esto con bastante seguridad: la mejor predicación que yo he oído jamás es la de John Hutton".

Esto nos conduce muy bien a esta crucial distinción. Vemos que, cuando le preguntaron acerca de quién era el mejor predicador, pensó que ese era un término que implicaba demasiado. Incluía a la persona del predicador, su carácter, su sermón, etc. Ahí él encontró difícil ser preciso, estar seguro y decir que un hombre era superior a todos los demás. Pero en lo relativo a la predicación, como él dijo, en cuanto al acto de comunicar el mensaje, no tenía duda alguna: era la de aquel hombre en concreto, el Dr. John A. Hutton, quien en otro tiempo había sido ministro de la iglesia *Westminster Chapel*, en Londres.

Ahora bien, esa es la clase de distinción que yo haría

entre el mensaje y el acto de comunicarlo. O pongamos otro ejemplo. Recuerdo que leí una declaración hecha por un gran predicador de finales del siglo XVIII en Gales. Comparaba a los dos predicadores más grandes de aquel siglo. Uno era George Whitefield, quien era tan famoso en los Estados Unidos como en Gran Bretaña, y fue, sin lugar a dudas, uno de los más grandes predicadores de todos los tiempos. El otro era un predicador de Gales llamado Daniel Rowland. Era contemporáneo de Whitefield y le sobrevivió unos veinte años. He aquí a otro gran predicador, otro gran orador. A este hombre al que me estoy refiriendo, David Jones, de Llangan, en el sur de Gales, se le pidió que evaluara la diferencia entre Whitefield y Daniel Rowland como predicadores. En su respuesta dijo: "En relación con la oratoria, en relación con la comunicación, en relación con el acto de predicar, en relación con remontarse a las alturas y elevar a la congregación a los cielos yo puedo detectar muy poca diferencia entre ellos; el uno fue tan bueno como el otro. La única gran diferencia que había entre ellos —continuó— era esta: que siempre podías estar seguro de oír un buen sermón de Rowland, pero no siempre de Whitefield".

Ahí tenemos exactamente la misma distinción. Se puede tener una buena predicación aun con un sermón flojo; esta es una posibilidad real. Me referiré a esto más tarde en conexión con otra cosa. Ahora lo único que tengo interés en hacer es mostrar que hay una distinción esencial de estos dos elementos en lo que este hombre está haciendo en el púlpito. Está el sermón, un sermón que él ha preparado; y luego está el "acto" de comunicar ese sermón. Otra forma de expresar esto es la siguiente. Un hombre se acercó —creo que fue en Filadelfia— en una ocasión al gran George Whitefield y le preguntó si podía editar sus sermones. Whitefield le dio esta respuesta: "Bueno, yo no tengo ninguna objeción intrínseca, si usted quiere; pero nunca será usted capaz de poner en la página impresa el relámpago y el trueno". Eso es lo que hay que distinguir: el sermón por un lado y el relámpago y el trueno por otro. Para Whitefield, esto era de gran importancia, y debiera serlo para todos los predicadores, tal como espero mostrar. Puedes imprimir el sermón, pero no el relámpago y el trueno. Eso viene en el acto de predicar y no puede ser transmitido por medio de la fría imprenta. La verdad es que eso casi frustra el poder descriptivo de los mejores periodistas.

* * *

Esa es, entonces, nuestra división básica del asunto. Por tanto, comencemos con el sermón. Una vez más tengo que dividir el tema en dos secciones. En relación con el sermón mismo tenemos, en primer lugar, el contenido, el mensaje; y en segundo lugar tenemos la forma que se le da a ese contenido o mensaje. Aquí tenemos de nuevo una distinción sumamente importante.

Comenzaremos con el contenido. ¿Qué es lo que determina el contenido de nuestro mensaje, de nuestro sermón? Sugiero que un texto muy bueno de las Escrituras que centra nuestra atención en esta cuestión en particular es la conocida declaración hecha por Pedro cuando él y Juan estaban entrando al Templo una tarde a la hora de la oración. Repentinamente se encontraron con un hombre cojo a la puerta del Templo que se llama la Hermosa. Este hombre los miró esperando recibir alguna limosna de ellos. Había recibido limosnas de mucha gente. Eso era lo único que el mundo podía hacer por él. No podía curarle, pero podía ayudarle a vivir, a existir, a mejorar algo su suerte y a procurarle algún bienestar. Por tanto, miró a aquellos dos hombres esperando recibir algo de ellos. Pero no recibió lo que esperaba. Pedro se dirigió a él diciéndole: "No tengo plata ni oro, pero lo que tengo te doy; en el nombre de Jesucristo de Nazaret, levántate y anda" (Hechos 3:1-6).

¿Cuál es este mensaje? Esa declaración de Pedro nos recuerda que hay en esto un aspecto negativo. Hay ciertas cosas que no hemos de hacer, para las cuales no estamos equipados. Pero luego está aquella tarea especial para la cual sí estamos equipados, la que estamos llamados a hacer, para la que estamos capacitados.

Empleo esa ilustración simplemente porque nos ayudará a recordar la cuestión, ya que la expone de una forma dramática. ¿Cuáles son, entonces, nuestros principios? El primero y principal es que el sermón no ha de consistir meramente en comentarios de actualidad. En otras palabras, no tenemos que hablar a la gente de los acontecimientos de la semana, de cosas que han ocurrido, de las cosas que han acaparado los titulares de los periódicos, de asuntos políticos o de cualquier cosa que nos guste. Hay un tipo de predicador que obviamente depende para su mensaje del domingo de aquello que lee en los periódicos y se limita a hacer comentarios sobre ello. Eso es lo que se llama predicación actual. Otros parece que se apoyan casi enteramente en sus lecturas, en algunos casos en su lectura de novelas. Hablan a la gente sobre la última novela que han leído, sobre su relato y su mensaje, y tratan de hacer una aplicación moral o un giro moral al final. Relacionado con esto recuerdo a una periodista que solía escribir en cierto periódico religioso semanal en Inglaterra y que escribió sobre el hombre al cual describía ella como su predicador favorito. En ese artículo nos decía por qué era su predicador favorito. La razón que dio fue la siguiente: "Él siempre comparte sus lecturas con nosotros".

Además están los que al parecer piensan que un sermón es un ensayo moral o algún tipo de disquisición sobre principios éticos, con una exhortación, un llamamiento y una invitación a una cierta forma de comportamiento ético.

Para otros, el mensaje ha de elevar el fervor general, es una especie de tratamiento psicológico. Puede emplear terminología cristiana, pero vacía de su verdadero significado. Se utilizan los términos para producir psicológicamente algo en la gente, para hacer que se sientan contentos, para hacer que se sientan mejor, para enseñarles cómo enfrentarse a los problemas de la vida ("pensamiento positivo" y todo eso). Esto ha estado muy de moda durante el siglo XX.

Luego, bajo este apartado negativo, llegamos a un genero más intelectual, al pensamiento cabalístico, a filosofar y jugar con las ideas tratando de alcanzar al hombre moderno poniéndonos a su nivel y tratando de que el mensaje sea "adecuado para el hombre en esta era atómica" y así sucesivamente.

Quiero indicar que todo esto es enteramente erróneo, que esa no es la tarea del hombre que está en el púlpito. ¿Por qué no? Porque el mundo puede hacerlo; no hay nada especial en ello. Yo he puesto esto bajo la categoría de "plata y oro"; el mundo lo hace, el mundo puede hacerlo. Pero este no es el mensaje que nos ha sido encomendado. Quiero dejar claro que no estoy diciendo que el efecto de la predicación no deba ser procurar que la gente sea más feliz; debiera serlo porque, tal como he resaltado, afecta a toda la persona. Pero todos los efectos y resultados que se derivan de esa forma son accesorios, son resultados o consecuencias del mensaje predicado, pero no son el mensaje en sí mismo. Cuando considere la construcción misma del sermón haré todo lo posible por indicar que siempre hemos de demostrar que el sermón es pertinente. Pero hay toda la diferencia del mundo entre mostrar la pertinencia del mensaje de la Palabra de Dios y predicar un sermón actual. La aplicación actual es accesoria y viene como consecuencia; pero no es lo principal. Ese es el tipo de cosa que el mundo con sus círculos y sociedades éticas, filosóficas, sociales y políticas puede hacer; pero no es a lo que el predicador está llamado.

Bien, ¿y qué es? Volviéndonos entonces a mirar el lado positivo y utilizando esta analogía de Pedro y de Juan con el hombre que estaba a la puerta del Templo que se llama la Hermosa, ¿cuál es el mensaje? Este: "Lo que tengo te doy". Yo no tengo lo otro, eso no es de mi competencia, esa no es mi tarea; yo no soy el adecuado para hacer eso. Pero "lo que tengo [...]". Tengo algo; algo que me ha sido dado, algo que me ha sido encomendado, tengo una comisión:

"Lo que tengo te doy".

La forma en que el Apóstol expresa esto es: "Porque yo os entregué en primer lugar lo mismo que recibí" (1 Corintios 15:3 LBLA). Eso es lo que determina el mensaje o el sermón como tal; es aquello que el predicador ha recibido. El otro término utilizado por Pablo —"embajador"— muestra esto muy claramente. Un embajador no es alguien que proclama sus propios pensamientos, sus propias opiniones o ideas, o sus propios deseos. La esencia misma de la posición de un embajador es que se trata de un hombre que ha sido "enviado" para hablar de parte de otro. Es el portavoz de su Gobierno, de su presidente, de su rey, de su emperador o de cualquiera que sea la forma de gobierno que tenga su país. No es alguien que conjetura y ofrece sus propias opiniones e ideas. Es el portador de un mensaje, está comisionado para hacer eso, es enviado para hacer eso; y eso es lo que tiene que hacer.

En otras palabras, el contenido del sermón es lo que en el Nuevo Testamento se llama "la palabra". "Predica la palabra", o "predica el evangelio" o "todo el consejo de Dios". Se refiere al mensaje de la Biblia, al mensaje de las Escrituras.

¿Cuál es el mensaje? Es ese "lo que tengo", está limitado a eso. Es aquello que he recibido, aquello que poseo: "Lo que tengo". Esto he recibido, esto me ha sido entregado. Yo no traigo mis propios pensamientos o mis ideas, no le digo a la gente meramente lo que yo pienso o supongo, sino que doy a la gente lo que me ha sido dado a mí. A mí me ha sido dado y yo se lo doy a ellos. Soy un vehículo, soy un canal, soy un instrumento, soy un representante. Ese es, por tanto, el mensaje esencial. Pero, obviamente, esto ha de ser dividido en dos secciones principales. Es muy importante que reconozcamos estas dos secciones principales en el mensaje de la Biblia. La primera es lo que podría llamarse el mensaje de salvación, el *kerygma*, es decir, lo que determina la predicación evangelística. La segunda es el aspecto de la enseñanza, la *didache*, lo que edifica a aquellos que ya han creído, lo encaminado a la edificación de los santos. Aquí hay una división principal que siempre hemos de trazar, y este ha de ser siempre un factor dominante en la preparación de nuestros sermones y mensajes.

¿Qué es lo que quiero decir con este primer mensaje de salvación o esta predicación evangelística? Hay un resumen perfecto de ello exactamente en dos versículos de la Primera Epístola de Pablo a los Tesalonicenses. Pablo recuerda a los tesalonicenses qué fue aquello que realmente les había predicado cuando llegó por primera vez entre ellos. Les dice: "Porque ellos mismos cuentan de nosotros la manera en que nos recibisteis, y cómo os convertisteis de los ídolos a Dios, para servir al Dios vivo y verdadero, y esperar de los cielos a su Hijo, el cual resucitó de los muertos, a Jesús, quien nos libra de la ira venidera" (1 Tesalonicenses 1:9-10). Ese es un resumen perfecto del mensaje evangelístico.

Él ofrece otro resumen de este mensaje en su discurso de despedida a los ancianos de la iglesia en Éfeso al ir estos a encontrarse con él en la cercana costa cuando él iba camino de Jerusalén. Hay un maravilloso relato de ello en Hechos 20. Pablo les trae a la memoria el carácter de su predicación. Él había estado predicando y enseñando "públicamente y por las casas", "con muchas lágrimas". ¿Cuál fue el mensaje? Dice que fue el "del arrepentimiento para con Dios, y de la fe en nuestro Señor Jesucristo" (versículos 17-21). Ese es el resumen que hizo el Apóstol de su propio mensaje.

Para nuestros propósitos podemos expresarlo de la siguiente manera. Este tipo de predicación es en primer lugar una proclamación del ser de Dios ("cómo os convertisteis de los ídolos a Dios, para servir al Dios vivo y verdadero"). La predicación evangelística, digna de ese nombre, comienza con Dios y con una declaración concerniente a su Ser, su poder y su gloria. Eso podemos encontrarlo en todas partes en el Nuevo Testamento. Eso fue precisamente lo que hizo Pablo en Atenas: a Él "es a quien yo os anuncio". Predicar acerca de Él, y contrastarle con los ídolos, exponer lo vacío, la vanidad y la inutilidad de los ídolos.

Eso, a su vez, nos lleva a la predicación de la Ley. El carácter de Dios lleva a la Ley de Dios, a la totalidad de la relación de Dios con el mundo y con el hombre. Todo esto está concebido para llevar a la gente a una convicción de pecado y al arrepentimiento. Y eso, a su vez, debe llevarla a la fe en el Señor Jesucristo como el único y suficiente Salvador. Ese es el mensaje de salvación, eso es lo que se llama predicación evangelística. Esto se encuentra perfectamente en Juan 3:16: "Porque de tal manera amó Dios al mundo, que ha dado a su Hijo unigénito, para que todo aquel que en él cree, no se pierda, mas tenga vida eterna".

Pero luego viene la otra parte: la enseñanza, la "edificación de los santos". Y esto, de nuevo, yo lo subdividiría en dos secciones; aquello que es principalmente más experimental y aquello que es instructivo. No voy a desarrollar esto ahora; lo haré cuando lleguemos a las partes más prácticas en el tratamiento del tema. Pero fundamentalmente quiero indicar que el hombre que está en el púlpito debe tener esta doble división en su mente y que ha de subdividir la segunda en estas dos secciones: lo experimental y lo instructivo.

En otras palabras, cada predicador debiera ser, por así decirlo, tres clases de predicadores. Está la predicación que es fundamentalmente evangelística, que debe tener lugar al menos una vez a la semana. Está la predicación que es enseñanza instructiva pero principalmente experimental, que yo hacía generalmente el domingo por la mañana. Y hay una predicación más puramente instructiva a la que yo personalmente dedicaba una reunión por la noche en medio de la semana.

Quiero hacer hincapié en que estas distinciones no debieran forzarse tomándolas en un sentido demasiado absoluto. Pero, para que sirva de guía general para el predicador en la preparación de su mensaje, es bueno pensar en ello de esa triple forma: la predicación para aquellos que son inconversos, la predicación para el creyente, de una forma experimental, y en tercer lugar la que es más directamente didáctica e instructiva.

Ahora debemos avanzar a partir de ahí y ver cómo relaciono el mensaje completo de la Biblia con esos tres tipos de presentación.

Capítulo 4

Las características del sermón

Hemos visto que hay tres clases principales de mensajes que el predicador tiene que preparar.

Debo indicar que, a la vez que considero importantes estas divisiones o distinciones, deseo hacer hincapié en el hecho de que no son distinciones o divisiones en un sentido absoluto. Lo que realmente importa es que debiéramos tener esta clase de división del asunto en nuestras mentes, y esto es también, por supuesto, bueno para la gente. La predicación que solamente es evangelística es obviamente inadecuada. Y, por otro lado, la predicación que nunca es evangelística es igualmente inadecuada, y así sucesivamente. Esta, por tanto, es una buena forma práctica de diferenciar y distinguir que debemos retener en nuestra mente. Y he de insistir en que estas diferentes clases están siempre interrelacionadas y dependen la una de la otra.

Aquí surge una pregunta muy importante. ¿Cómo preservar la interrelación entre estas tres clases de predicación? Mi opinión es que la manera de responder a esa pregunta es dándose cuenta de la relación que existe entre la teología y la predicación. Yo establecería la proposición general de que la predicación ha de ser siempre teológica, basada sobre un fundamento teológico. Debemos tener cuidado en particular cuando predicamos sobre textos aislados y nos ocupamos de cada uno separadamente. La razón para hacer eso, por supuesto, es que muy bien podemos hallar que somos culpables de contradicciones. Damos un mensaje sobre la base de un texto y, debido a que no lo relacionamos con otros ni con la totalidad de la Verdad, cuando tratamos otro texto podemos decir algo que contradice aquello que hemos dicho en el primer sermón. La forma de evitar eso y de mantener y preservar la interrelación entre estos tipos de predicación es ser siempre teológicos. No existe ninguna clase de predicación que no deba ser teológica.

Un tipo de predicación que a veces, ciertamente con mucha frecuencia hoy día, se considera como no teológica es la predicación evangelística. Recuerdo muy bien que, cuando hace unos años se estaba llevando a cabo en Londres una campaña evangelística, uno de los periódicos semanales religiosos que apoyaban la campaña dijo: "Hagamos una tregua teológica mientras la campaña está en marcha". Continuó diciendo que después de la campaña tendríamos que reconsiderar las cosas y ser teológicos. La idea era que la evangelización no es teológica y que introducir teología en ese período es erróneo. "Llevas personas a Cristo" —como ellos dicen— y entonces les enseñas la Verdad. Y solo posteriormente llega la teología.

Eso, a mi entender, es bastante equivocado y verdaderamente monstruoso. Yo estaría dispuesto a demostrar que, en muchos aspectos, la predicación evangelística debiera ser preferiblemente más teológica —en vez de menos— que cualquier otra predicación, y por una buena razón. ¿Por qué llamamos a las personas al arrepentimiento? ¿Por qué las llamamos a creer en el Evangelio? No se puede abordar adecuadamente la cuestión del arrepentimiento sin tratar la doctrina del hombre, la doctrina de la Caída, la doctrina del pecado y la de la ira de Dios contra este. Luego, cuando haces un llamamiento a los hombres a ir a Cristo y entregarse a Él, ¿cómo puedes hacerlo sin saber quién es Él y sobre qué base los invitas a que vayan a Él, y así sucesivamente? Dicho en otras palabras, todo ello es altamente teológico. La evangelización que no es teológica no es en modo alguno evangelización en su verdadero sentido. Puede ser un llamamiento a tomar decisiones, puede ser un llamamiento a acercarse a la religión, o a vivir una mejor clase de vida, o un ofrecimiento de ciertos beneficios psicológicos; pero bajo ningún concepto se puede considerar evangelización cristiana, porque no existe una verdadera razón para lo que estás haciendo aparte de estos grandes principios teológicos. Por tanto, yo afirmo que todo tipo de predicación ha de ser teológica, incluyendo la predicación evangelística.

Al mismo tiempo es vital que nos demos cuenta de que predicar no es dar conferencias teológicas o sobre algún aspecto teológico. Espero retomar esto más adelante; por el momento estoy ofreciendo algunas definiciones generales.

Si digo que la predicación ha de ser teológica y que, sin embargo, no es dar conferencias sobre teología, ¿cuál es entonces la relación entre la predicación y la teología? Yo lo expresaría de la siguiente forma: el predicador debe haber comprendido —y haberlo comprendido bien— todo el mensaje bíblico, el cual es, desde luego, una unidad. En otras palabras, el predicador debe estar bien instruido en teología bíblica, la cual, a su vez, conduce a la teología sistemática. Para mí no hay nada más importante en un predicador que tener una teología sistemática, conocerla y estar bien fundamentado en ella. Esta teología sistemática, este conjunto de verdad que se deriva de las Escrituras, debiera estar siempre presente en el trasfondo y como algo que influye en su predicación y la gobierna. Cada mensaje que surge de un texto en particular o de una declaración de la Escritura ha de ser siempre una parte o un aspecto de este conjunto total de la Verdad. Nunca es algo aislado, nunca algo separado o aparte. Recordemos siempre que la doctrina en un texto en particular es una parte de este todo más grande: la Verdad o la Fe. Eso es lo que quiere decir comparar la Escritura con la Escritura. No hemos de tratar un texto aisladamente; toda nuestra preparación de un sermón debe ser controlada por este trasfondo de teología sistemática.

Es importante hacer una advertencia en este punto. Es erróneo que alguien imponga su sistema violentamente sobre cualquier texto en particular; pero al mismo tiempo es vital que su interpretación de cualquier texto en particular sea verificada y controlada por este sistema, este conjunto de doctrina y de verdad que se encuentra en la Biblia. La tendencia de algunos hombres que tienen una teología sistemática a la que se aferran muy rígidamente es imponer esta de forma equivocada sobre textos concretos y de esa manera hacer violencia a esos textos. En otras palabras, en realidad no toman esa doctrina particular del texto que están tratando en ese momento. La doctrina puede ser verdadera, pero no surge de ese texto concreto; y debemos ceñirnos siempre al texto. Eso es lo que quiero decir cuando hablo de no "imponer" tu sistema sobre un texto concreto o una declaración. El uso correcto de la teología sistemática es, cuando se descubre en el texto una doctrina en particular, verificarla y controlarla asegurándose de que encaja dentro de la totalidad de ese conjunto de doctrina bíblica, el cual es vital y esencial.

En otras palabras, estoy afirmando que nuestro primer llamamiento es a comunicar este mensaje completo, "todo el consejo de Dios", y que esto es siempre más importante que los detalles, las distintas partes y porciones.

Quizá podría clarificar esto recordando que es obvio que en los tiempos del Nuevo Testamento, y en los primeros días de la Iglesia cristiana, no se predicaba de la forma en que se acostumbra a hacerlo entre nosotros hoy. No tomaban un texto del Nuevo Testamento y lo analizaban y exponían aplicándolo después, ya que ellos no tenían el Nuevo Testamento. Ahora bien, ¿qué es lo que predicaban? Predicaban el gran mensaje que les había sido encomendado, ese gran conjunto de verdad, toda esa doctrina de la salvación. Mi argumento es que esto es lo que nosotros debiéramos estar haciendo siempre, aunque lo hagamos por medio de exposiciones individuales de textos concretos. Esta es en general, en mi opinión, la relación entre teología y predicación.

Hay otra cuestión general en la que yo debiera hacer hincapié aquí antes de dejar este asunto del contenido del sermón; y es que hemos de predicar el Evangelio y no acerca del Evangelio. Esa es una distinción verdaderamente vital, la cual no es fácil expresar con palabras, pero que no obstante es realmente importante. Hay hombres que piensan que están predicando el Evangelio cuando en realidad lo que están haciendo es simplemente decir cosas acerca del Evangelio. Siempre he pensado que esta es la característica especial de los seguidores de Barth. Ellos hablan constantemente acerca de "la Palabra" y dicen cosas sobre "la Palabra". Pero eso no es lo que estamos llamados a hacer; estamos llamados a predicar la Palabra, a presentar la Palabra y a llevar la Palabra directamente a la gente. No hemos de decir simplemente cosas sobre ella, hemos de transmitir realmente la Palabra misma. Somos los canales y los vehículos a través de los cuales esta Palabra ha de llegar a la gente.

Otra forma en que puedo expresar esto es diciendo que no estamos llamados meramente a decir cosas acerca del Evangelio. Recuerdo un tipo de predicación, de hace cincuenta años o más, que solía describirse como "alabar el Evangelio". Lo que se comentaba del sermón y del predicador era que había alabado el Evangelio. Había estado diciendo cosas maravillosas sobre él, o demostrando lo maravilloso que era. Yo digo que eso es erróneo. El Evangelio es maravilloso, el Evangelio ha de ser alabado, pero esa no es la principal tarea del predicador. Él ha de "presentar" el Evangelio, declararlo.

O expresémoslo de la manera siguiente. La tarea del predicador no es presentar el Evangelio académicamente. Y esto, una vez más, es lo que se hace con frecuencia. El predicador puede analizarlo, mostrar las partes de que consta y sus divisiones y demostrar cuán excelente es; pero, aun así, lo que está haciendo es decir cosas acerca del Evangelio cuando a lo que hemos sido llamados es a predicar el Evangelio, a transmitirlo y llevarlo directamente a los individuos que nos están oyendo, y a llevarlo a la totalidad del hombre. Por tanto, tengamos claro que no debemos hablar acerca del Evangelio como si fuera algo externo a nosotros. Estamos involucrados en él; no debemos considerarlo meramente como un asunto a tratar y decir cosas acerca de él, sino presentarlo y transmitirlo directamente a la congregación a través de nosotros.

Y aquí es importante que recalquemos una vez más que hemos de presentar el Evangelio completo. Hay un aspecto personal en él y hemos de abordarlo y empezar por él. Pero no debemos quedarnos en eso; hay un aspecto social, y de hecho un aspecto cósmico también. Hemos de presentar todo el plan de la salvación tal como está revelado en las Escrituras. Hemos de mostrar que el objetivo último, tal como lo expresa el apóstol Pablo en Efesios 1:10, es el de reunir todas las cosas en Cristo, "así las que están en los cielos, como las que están en la tierra". Eso es lo que tenemos que hacer y por eso yo defiendo que debemos dividir nuestra predicación y nuestra administración de la Palabra en las tres divisiones que he indicado. Este elemento aflora más, claro está, en ese tercer tipo de predicación que dije que debería ser más instructivo. Allí no estás predicando evangelísticamente, no estás tratando los problemas de la gente, pero quieres hacer ver que forman parte de este todo más amplio. Estás haciendo hincapié en que la salvación no es algo meramente subjetivo, una sensación agradable, de paz, o lo que quiera que sea que estén buscando. Todo eso es muy importante, y tiene algo de ello; pero hay otra cosa mucho más esencial: que todo el universo está implicado. Hemos de impartir a la gente una concepción de esto, del alcance, del ámbito y de la grandeza del Evangelio en este sentido global.

En otras palabras, cada parte es una parte de este todo, y es importante que siempre transmitamos esa impresión. Siempre me fascina la forma en que esta característica en particular aflora tan claramente por todas partes en las epístolas del apóstol Pablo. Voy a utilizarlas para aclarar lo que quiero decir. Ya sabemos que, por lo general, sus epístolas se pueden dividir en dos secciones principales. Tras comenzar con su salutación preliminar, pasa a recordar a sus lectores las grandes doctrinas en las que han creído. Una vez hecho eso, como a la mitad de la carta, introduce entonces sus importantes palabras "por tanto" o "por lo cual". Ahora va a aplicar la doctrina. Lo que está diciendo en realidad es: "A la luz de todo esto que vosotros afirmáis haber creído, esto es lo que viene a continuación". Razona con ellos la forma en que debieran vivir, etc. En otras palabras, hablando de forma general y aproximada, la primera mitad de cada epístola es doctrinal, y la segunda parte es práctica o de aplicación. Sin embargo, habiendo dicho eso, lo que resulta siempre tan fascinante y para mí tan conmovedor y emocionante es observar la forma en que, aun en la sección práctica, continúa introduciendo doctrina. Existe una división general, pero no debe forzarse demasiado, no se deben presentar estas divisiones de manera demasiado absoluta. No puedes hacer eso con las epístolas de Pablo; todos los aspectos están tan íntimamente relacionados que se deben mantener siempre unidos.

En otras palabras, aunque haya un aspecto de la predicación que se ocupe de inculcar principios morales y éticos y la aplicación de los mismos a la vida, esto nunca debe hacerse aisladamente. Fijémonos, por ejemplo, en la forma en que Pablo comienza el capítulo 12 de la Epístola a los Romanos: "Así que, hermanos, os ruego por las misericordias de Dios, que presentéis vuestros cuerpos [...]". Esa es la petición. Esto no tiene que ver simplemente con la moralidad; este elemento se introduce "debido a" lo que ya hemos conocido y creído. Así que, aunque hay que reconocer este tipo de distinción, no se debe forzar. Es bueno diferenciar por motivos prácticos, pero nunca se deben separar las cosas. El predicador siempre debe decir "la totalidad", por así decirlo, aun cuando esté acentuando particularmente y haciendo hincapié en ciertos asuntos aislados por el momento.

Por cierto, descubrirás que aunque comiences con estas ideas en mente, hallarás a veces que lo que te has propuesto no es lo que realmente ocurre. Quiero decir que vas a encontrarte con que personas que han oído una predicación tuya más evangelística sin haber sentido su poder, sin convertirse, pudieran muy bien convertirse cuando estés predicando a los santos, por decirlo así, y edificando a los creyentes. Estas son las sorpresas que uno recibe, y más adelante espero demostrar que debemos dar gracias a Dios por ello. Forma parte de lo fascinante que es la predicación. Empiezas adecuadamente diciéndote a ti mismo en un culto de determinado tipo: "Bien, este va a ser un culto evangelístico, mientras que en el otro me propongo edificar a los santos y hacer que crezcan en la fe". Pero para tu sorpresa hallarás que alguien se convierte por medio del segundo tipo de sermón y no por el primero, y al contrario. "El viento sopla de donde quiere [...]". Aunque nosotros no controlemos estos asuntos, es correcto y bueno tener esta clase de sistema en nuestras mentes.

Hasta aquí he estado ocupándome del contenido del sermón de una forma general. Ahora pasamos a la forma del sermón. Estoy dispuesto a confesar que este es indudablemente, en mi opinión, el asunto más difícil que tenemos que tratar. Es el más difícil, pero al mismo tiempo yo subrayaría que es también uno de los más importantes.

Comencemos con algunos puntos negativos. Un sermón no es un ensayo. Eso tenemos que decirlo, y además constantemente, debido a que hay tantos que claramente no diferencian entre un sermón y un ensayo. Este es uno de los puntos a que me estuve refiriendo anteriormente cuando señalaba el peligro de imprimir sermones y leerlos. ¿En qué me baso para decir que un sermón no es un ensayo? Yo diría que por definición el estilo es enteramente diferente. Un ensayo está escrito para ser leído, un sermón está de manera primordial destinado a ser hablado y oído. En un ensayo buscas la elegancia literaria y una forma concreta, mientras que esas cosas no son las prioritarias en un sermón. Otra diferencia que advertimos es que, en un ensayo, la repetición es mala; pero yo quiero hacer hincapié en que, en un sermón, la repetición es buena. Forma parte de la esencia misma de la enseñanza y de la predicación el hecho de que haya repetición; eso ayuda a que llegue más a la persona y de manera más clara. Pero cuando estás leyendo un ensayo eso es innecesario y, por tanto, malo. Además de esto, un ensayo versa generalmente sobre una idea, pensamiento o concepto en particular. Juega con él y lo considera bajo diferentes aspectos. El peligro, por tanto, para un predicador que no reconoce esa distinción es ir a un texto simplemente para sacar una idea, y después, una vez obtenida esa idea, decir adiós al texto y al contexto y proceder a escribir un ensayo sobre la idea que le ha sugerido la lectura de ese versículo o pasaje. Procede a escribir un ensayo y a continuación sube al púlpito y lee o recita el ensayo que ha preparado de esta forma. Pero yo opino que eso no es en absoluto predicar, que en realidad eso tiene muy poco —si es que tiene algo— que ver con predicar. Esto es así, en gran medida, porque no hay un componente provocativo en él. Si en un ensayo hay un componente provocativo, eso lo convierte en un mal ensayo. El carácter esencial de un ensayo es jugar con las ideas y, por lo general, tratarlas de forma superficial. Un ensayo debe tener atractivo y elegancia. Es una forma de literatura que debe conseguir que la lectura resulte interesante, entretenida y agradable; pero esto no es predicación.

En segundo lugar, afirmo que un sermón no se debe confundir con dictar una conferencia. Esto, de nuevo, es algo bastante diferente por las siguientes razones. La conferencia comienza con un tema y en lo que está interesada es en impartir conocimiento e información concerniente a ese tema en particular. Va dirigida principal y casi exclusivamente a la mente; su objetivo es dar instrucciones y enunciar hechos. Esos son su principal propósito y función. Así que dar una conferencia carece también, y debe carecer, de ese elemento provocativo, del interés de producir una reacción en el oyente, lo cual es un elemento vital en la predicación. Pero yo diría que la gran diferencia entre dar una conferencia y un sermón es que un sermón no comienza con un tema, debiera ser siempre expositivo. En un sermón, el tema o la doctrina surgen del texto y de su contexto, son ilustrados por medio del texto y del contexto. Por tanto, un sermón no debiera comenzar con un tema como tal; debiera comenzar con la Escritura, que contiene en sí misma una doctrina o un tema. Esa doctrina debe entonces abordarse en términos de este marco o contexto en particular.

Por tanto, establezco esta proposición de que un sermón debe ser siempre expositivo. Pero, inmediatamente, eso me lleva a decir algo que considero ciertamente muy importante en todo este asunto. Un sermón no es un comentario rápido o una mera exposición del significado de un versículo, pasaje o párrafo. Insisto en esto porque hoy día hay muchos que han llegado a interesarse en lo que ellos consideran predicación expositiva pero que demuestran muy claramente que no saben lo que quiere decir predicación expositiva. Ellos creen que significa dar una serie de explicaciones o hacer rápidos comentarios sobre un párrafo, un pasaje o una declaración. Toman un pasaje versículo por versículo y hacen su comentario sobre el primero de ellos, después continúan con el versículo siguiente y hacen lo mismo, y luego el siguiente, y así sucesivamente. Cuando han recorrido el pasaje de esta manera piensan que han predicado un sermón. Pero no lo han hecho; lo único que han hecho es una serie de comentarios sobre un pasaje. ¡Yo diría que, lejos de haber predicado un sermón, tales predicadores solamente han predicado la introducción de un sermón!

Esto, en otras palabras, suscita todo el asunto de la relación de la exposición con el sermón. Mi argumento es básicamente que la característica esencial de un sermón es que este tiene una forma definida y que es esta forma la que hace que sea un sermón. Este se basa en la exposición, pero es esta exposición moldeada y convertida en mensaje la que tiene esa forma característica. Una frase que ayuda a mostrar esto se encuentra en el Antiguo Testamento, en los Profetas, donde leemos acerca de "la profecía [carga, nota al margen de LBLA] del Señor". El mensaje llega al profeta como una carga, le llega como un mensaje completo, y él lo transmite. Eso es algo, en mi opinión, que nunca ocurre en el caso de un ensayo o de una conferencia; y, por supuesto, esto no ocurre cuando se hace una mera serie de comentarios de varios versículos. Opino que un sermón debe tener forma en el mismo sentido que una sinfonía musical tiene forma. Una sinfonía siempre tiene forma; tiene sus partes y sus divisiones. Las divisiones son claras, son reconocibles y pueden ser descritas; y, sin embargo, una sinfonía es algo global. Puedes dividirla en partes; pero, no obstante, siempre eres consciente de que son partes de un todo y de que ese todo es más que la mera suma o adición de las partes. Uno debiera siempre pensar en un sermón como si fuera un edificio, una obra que es, en ese sentido, comparable a una sinfonía. En otras palabras, un sermón no es un mero serpentear a través de un número de versículos; no es una simple colección o serie de declaraciones excelentes y ciertas. Todo eso debiera encontrarse en el sermón, pero esas cosas no constituyen un sermón. Lo que hace que un sermón sea un sermón es el hecho de que este tenga esa "forma" concreta que lo diferencia de cualquier otra cosa.

* * *

Aquí he de desviarme por un momento para suscitar una cuestión o tratar cierta postura; y francamente confieso que a menudo me ha inquietado mucho lo que ahora voy a decir. Edwin Hatch, en sus *Hibbert Lectures* en 1888 —ya las he citado anteriormente— hace una observación importante sobre el hecho de que la predicación cristiana en sus propios comienzos era enteramente profética. Él dice que los cristianos recibían mensajes del Espíritu Santo y se levantaban y lo comunicaban sin premeditación, reflexión o preparación. No tenían forma; su forma no era de sermón, sino que eran declaraciones aisladas. "Los hombres hablaron siendo inspirados por el Espíritu Santo"; repentinamente venía a ellos un mensaje y ellos lo pronunciaban.

Hay indicaciones de esto en 1 Corintios 14 y en otros lugares. Hatch llega aun a indicar no solamente que esa era la predicación cristiana original sino, además, que nuestra idea de predicación, y en particular esta idea de sermón que yo estoy exponiendo, es ajena al Nuevo Testamento. Él argumenta que esto se introdujo en la Iglesia cristiana y en su predicación como resultado de la influencia griega sobre la Iglesia primitiva, y especialmente durante el siglo II. Los griegos, desde luego, estaban interesados en la forma; les interesaba en todo: en el cuerpo humano, en los edificios, etc.; así que tenían interés en la forma de sus pláticas o discursos. Hacían gran hincapié en esto. Un hombre no solamente se levantaba y hablaba; la manera de presentar su argumento era muy importante para influir en la gente. Por tanto, desarrollaron este método, o esta forma, que ha caracterizado al sermón, según es generalmente aceptado, en la larga historia de la Iglesia cristiana.

Quiero tratar esto muy brevemente. Admito al mismo tiempo que existe un punto importante de verdad en lo que Hatch dice. Se puede observar este elemento espiritual y profético claramente en el Nuevo Testamento. Pero, aun así, disiento de su veredicto final y creo que su opinión no es tan fiel a la evidencia del Nuevo Testamento. Estoy de acuerdo en que siempre debemos tener cuidado (y esta era la idea clave de lo que enseñaba Hatch) de no imponer la forma sobre el tema y que llegue a resultar más interesante la forma que el contenido. Existe un peligro muy real en este punto. En el momento en que tenemos cualquier clase de forma, ya sea literaria o de otra índole, existe el peligro de llegar a ser esclavos de ella y de que llegue a interesarnos más la forma en que decimos algo que lo que estamos diciendo. Bien, yo acepto eso, pero aun así sostengo que, aun en cuanto a la evidencia del Nuevo Testamento mismo, Hatch va demasiado lejos. Yo diría que en el relato del sermón de Pedro en el día de Pentecostés, que se encuentra en Hechos 2, hay una forma precisa; que no se levantó y se limitó a hacer una serie de reflexiones aisladas, sino que hubo una forma definida en su sermón o discurso. En el caso de la defensa que Esteban hizo de sí mismo ante el Sanedrín, según se relata en Hechos 7, hay de nuevo una forma muy definida; lo que yo llamaría la forma de un sermón. Hay un plan preciso que él desarrolla según avanza paso a paso. Esteban sabía exactamente hacia qué final iba antes de comenzar, y hacia él se dirigía. No puedes leer Hechos 7 sin que te impresione la forma, la arquitectura, la construcción de ese famoso discurso. Y evidentemente, en el discurso de Pablo en Antioquía de Pisidia, tal como se nos relata en Hechos 13, se encuentra exactamente lo mismo. Habló conforme a un plan —o, si se prefiere, tenía un esquema o bosquejo—; sin duda había forma en aquel discurso.

Habiendo hecho, de paso, esas puntualizaciones en defensa del sermón tal como yo lo concibo —así como en contra de las críticas de Hatch—, insisto, sin embargo, en que debemos mantenernos dúctiles en estos asuntos. No debemos endurecernos. La historia de la Iglesia y la historia de la predicación muestran muy claramente de qué manera estas cosas pueden llevarse a extremos, los cuales, a su vez, siempre conducen a reacciones. La historia de la Iglesia, en lo que a esto se refiere así como en otros aspectos, ha sido de exceso primero y de reacción exagerada después en contra de ello en vez de asirse al modelo del Nuevo Testamento mismo.

¿Cuál es, entonces, la forma que debe caracterizar a un sermón? Opino que es algo así: cuando comienzas a preparar tu sermón has de empezar con la exposición de tu pasaje o versículo. Eso es esencial, es vital; tal como he dicho, toda predicación ha de ser expositiva. No debes comenzar con un pensamiento, aun cuando este sea un pensamiento correcto, un pensamiento bueno; no debes comenzar así y después desarrollar un discurso basado en él. No debes hacerlo porque, si lo haces, hallarás que tienes tendencia a decir lo mismo en cada ocasión; te repetirás sin parar. Aunque no hubiera otra razón para la predicación expositiva, esta sería, a mi entender, suficiente por sí misma; preservará y garantizará la variedad y diversidad en tu predicación. Te librará de la repetición, ¡y esto será una cosa buena tanto para tu congregación como también para ti mismo!

Por tanto, has de ser expositivo; y en cualquier caso, todo mi argumento es que debe quedar claro que lo que estamos diciendo sale de la Biblia. Estamos presentando la Biblia y su mensaje. Por eso yo soy uno de aquellos a los que les gusta tener una Biblia grande de púlpito. Siempre debería estar presente y abierta, para recalcar el hecho de que el predicador está predicando de ella. He conocido hombres que solo abren la Biblia para leer el texto. Luego la cierran, la ponen a un lado y continúan hablando. Pienso que eso es erróneo desde el punto de vista de la verdadera predicación. Siempre debemos dar la impresión, y puede que sea más importante que cualquier otra cosa que digamos, de que lo que estamos diciendo sale de la Biblia. Ese es el origen de nuestro mensaje, es de ahí de donde lo hemos recibido.

Por tanto, comienza con la exposición; no solamente en tu propia preparación, sino que esto es lo que debes dar también a la gente. Lo que digas, el tema principal de tu mensaje debe brotar de esta exposición. Si verdaderamente has entendido el versículo o pasaje, te conducirá a una doctrina, una doctrina concreta que es parte de todo el mensaje de la Biblia. Tu trabajo es escudriñarla y buscarla diligentemente. Has de cuestionarte tu texto y hacerle preguntas, y en especial esta: "¿Qué dice? ¿Cuál es la doctrina concreta aquí, el mensaje especial?". En la preparación de un sermón no hay nada más importante que eso.

Habiendo aislado tu doctrina de esa manera, y teniéndola suficientemente clara en tu propia mente, procede entonces a considerar la trascendencia que esa doctrina en particular tiene para la gente que te escucha. Este asunto de la trascendencia nunca se debe perder de vista. Como he dicho anteriormente, no estás dando una conferencia ni estás leyendo un ensayo; te propones hacer algo definido y especial para influir en estas personas y en todos los aspectos de sus vidas y sus ideas. Obviamente, por tanto, has de demostrar la trascendencia que todo esto tiene. No eres un anticuario que da una conferencia sobre historia antigua o sobre civilizaciones antiguas o algo así. El predicador es un hombre que habla a personas que están vivas en la actualidad y que están haciendo frente a los problemas de la vida; por tanto, has de mostrar que no se trata de un asunto académico o teórico que puede ser de interés para gente que tiene esta afición en particular de la misma manera que hay otros que tienen la de hacer crucigramas o algo por el estilo. Tienes que demostrar que este mensaje es de vital importancia para ellos y que han de oír con todo su ser, porque esto realmente les ayudará a vivir.

Habiendo hecho eso, llegas ahora a la división del asunto en secciones, apartados, puntos o como quieras llamarlos. El objeto de estos apartados o estas secciones es dejar clara esta doctrina o afirmación central. Pero hay una forma definida para todo esto. Así como el compositor musical en la introducción de su sinfonía, o en la obertura de su ópera, generalmente nos permite entrar en el secreto de los diferentes motivos que va a desarrollar, así el predicador debe indicar el tema principal de sus diferentes secciones en su introducción general. Después, en su sermón, ha de desarrollarlas con detalles y en orden. Por tanto, debe dividir el tema de esta manera en varias secciones subordinadas.

La disposición de estas secciones o de estos apartados es un asunto muy importante. Habiendo dividido el tema, y habiendo examinado sus respectivos componentes, no debes colocarlos al azar en cualquier orden. Tienes una doctrina, un alegato, una cuestión que quieres argumentar, razonar y desarrollar con la gente. Obviamente, pues, has de disponer tus apartados y tus secciones de tal forma que el punto número uno conduzca al punto número dos, y el punto número dos conduzca al punto número tres, etc. Cada uno debe conducir al siguiente y llevar finalmente a una conclusión definida. Todo ha de estar colocado en tal orden que lleve a descubrir la idea clave de esta doctrina en particular.

La cuestión que estoy subrayando es que debe haber una progresión en el pensamiento, que ninguno de estos puntos es independiente y, en un sentido, ninguno tiene el mismo valor que todos los demás. Cada uno de ellos es parte de un todo, y en cada uno has de ir avanzando y llevar el asunto más lejos. No estás simplemente diciendo las mismas cosas un número determinado de veces, tu meta es llegar a una conclusión final. Así que en este asunto de la forma del sermón son absolutamente vitales la progresión, el avance y el desarrollo del argumento y la idea fundamental. Has de terminar en un clímax y todo debiera conducir a él, de tal manera que la gran verdad destaque dominando todo lo que ha sido dicho y los oyentes se vayan con esto en sus mentes.

Pero, mientras presentas tu mensaje de esta manera, es importante que vayas aplicando lo que has ido diciendo según avanzas. Hay muchas formas de hacer eso. Puedes hacerlo por medio de preguntas y respuestas o de otras formas diferentes; pero has de aplicar el mensaje mientras vas avanzando. Esto muestra una vez más que no estás simplemente dando una clase, que no estás hablando de un asunto abstracto o teórico; sino que se trata de un asunto vivo que es de verdadero interés para las personas para toda su vida y para todo su ser. Por tanto, has de seguir aplicando lo que vas diciendo. Y luego, para estar absolutamente seguro de ello, cuando has terminado de razonar y de argumentar y has llegado a este clímax, lo aplicas todo de nuevo. Esto se puede hacer en forma de exhortación, la cual puede otra vez adoptar la forma de una serie de preguntas o de una serie de declaraciones concisas. Pero es vital para el sermón que siempre termine con esta nota de aplicación o de exhortación.

Esta es mi idea de lo que es un sermón, y eso es lo que quiero decir cuando insisto en la idea de la forma. No te quedes en la mera exposición o explicación del significado del texto. Haz esto, tienes que hacerlo; pero lo que te interesa es transmitir su mensaje. En otras palabras, un sermón es una entidad, es un todo completo. Eso siempre debe ser así en un sermón; ha de tener siempre esta forma como algo completo. Esto es particularmente importante si has de predicar una serie de sermones. Puedes predicar una serie de sermones acerca del mismo texto, o de un pasaje concreto; pero el peligro es que, cuando veas que no puedes decir todo lo que deseabas decir en un solo sermón, acabes diciendo: "Bueno, ya está, hasta aquí podemos llegar de momento", y entonces pares ahí abruptamente.

En mi opinión eso es malo. Hemos de procurar redondear y completar cada sermón aislado, hacer que tenga ese elemento de totalidad en él. Cuando continúas con el mismo tema en el sermón siguiente debes, en unas pocas frases al comenzar, hacer un resumen de lo que ya has dicho anteriormente y entonces desarrollarlo. Pero de nuevo has de asegurarte de que también este sermón tenga su entidad y sea algo completo de por sí.

Esto me preocupa mucho y por múltiples razones. Una de ellas es, obviamente, que pueden estar oyendo personas que no estarán presentes el siguiente domingo y que, por tanto, se marcharán contrariadas y preguntándose qué será lo que vas a decir más adelante. O puede que haya personas presentes que no estuvieron allí el domingo anterior y que tendrán la sensación de que, debido a ello, no pueden captar lo que estás diciendo ahora. Esa es una razón por la que es importante que cada sermón sea un todo completo y tenga siempre esta forma.

En otras palabras, yo afirmo que en un sermón hay un elemento artístico. Aquí es donde entra en juego la tarea de la preparación de los sermones. Al tema hay que darle forma, hay que moldearlo. Me imagino que el compositor musical o el poeta tienen que hacer exactamente esto mismo. El poeta tiene ciertas ideas generales, ciertos temas sugestivos para él; pero para producir un poema ha de tomar todas esas ideas que le vienen y moldearlas dándoles forma, poniéndolas de una forma concreta. Esto implica un esfuerzo y una labor considerables. Espero detenerme en detalles, cuando llegue a la verdadera preparación práctica de un sermón, sobre el carácter variable de este trabajo fatigoso y sobre algunas de las dificultades que se plantean, y también sobre la forma en que a veces se resuelven los problemas de forma singular e inesperada. Lo único que ahora estoy diciendo es que nuestra tarea como predicadores es elaborar arduamente nuestro tema a fin de darle la forma de un sermón.

Pero alguien podría preguntar por qué es necesario todo esto. La respuesta es: por las personas que van a escuchar. Esto es lo que los griegos habían descubierto, y creo que correctamente. Ellos habían descubierto que cuando la Verdad se presenta de esta particular manera, es más fácilmente asimilada por la gente, es más fácil para ellos recibirla, recordarla, entenderla y beneficiarse de ella. Por tanto, no te dediques a la forma meramente porque crees en "el arte por el arte". El elemento artístico entra a causa de la gente, porque ayuda a propagar la Verdad y a honrar el Evangelio. Creo que lo que he estado tratando de decir puede ser verificado muy claramente por la larga historia de la Iglesia cristiana. La predicación que a Dios por medio del Espíritu Santo le ha placido honrar a través de los siglos ha sido aquella que estaba basada en grandes sermones; los grandes predicadores han sido hombres que preparaban grandes sermones.

Y si alguien cita a algún predicador en particular y dice: "¿Y qué me dices de tal persona que raramente prepara un sermón pero que sin duda ha sido grandemente utilizado por el Señor?", yo respondo diciendo: "¡Exactamente! Esa es la excepción que confirma la regla". No se hacen las leyes para los casos difíciles, no se construye una teoría para las excepciones. Dios puede utilizar a cualquiera y de cualquier manera. Dios puede utilizar aun el silencio de un hombre. Pero nosotros estamos llamados a ser predicadores que han de transmitir la Verdad. Mi argumento es que, si leemos acerca de las grandes predicaciones del pasado, o de los grandes sermones, hallamos que estos han sido los más honrados por el Espíritu Santo y utilizados por Dios en la conversión de pecadores y en el crecimiento y la edificación de los santos.

Así que llegamos a esto. La preparación de sermones implica sudor y trabajo. A veces puede ser extremadamente difícil hacer que todo este material que has encontrado en la Escritura tenga una forma concreta. Es como un alfarero que hace una figura de barro o como un herrero que hace herraduras para un caballo; has de poner el material en el fuego y sobre el yunque y calentarlo de nuevo o golpearlo una y otra vez con el martillo. Cada vez va un poquito mejor, pero no del todo; así que vuelves a repetir el proceso hasta que estás satisfecho o ya no puedes hacerlo mejor. Esta es la parte más penosa de la preparación de un sermón; pero al mismo tiempo es una ocupación de lo más fascinante y de lo más gloriosa. En ocasiones puede resultar de lo más dificultosa, agotadora y fatigosa. Pero a la vez puedo asegurarte que, cuando finalmente te salga bien, experimentarás uno de los más gloriosos sentimientos que un hombre puede experimentar sobre la faz de la Tierra. Utilizando el título de un libro de Arthur Koestler, serás consciente de haber llevado a cabo un "acto de creación" y tendrás una tenue comprensión de lo que las Escrituras quieren decir cuando nos relatan que Dios miró al mundo que había creado y vio que "era bueno". Bien, el predicador tiene siempre que comenzar preparando un sermón. Aún no he tratado la cuestión de cómo prepararlo; ya llegaré a ello. Hay varias maneras de hacerlo. Pero tiene que preparar un sermón y este debe tener una verdadera entidad, cualquiera que sea la forma en que lo haga. Aquí es donde comienza. Pero quiero recordar que esto es solo la primera parte, solo es el comienzo. Existe otra parte. ¿Cuál? Pues la predicación misma de este sermón que él ha preparado; y, como espero poder demostrar, aunque vayas al púlpito con lo que tú consideras como un sermón casi perfecto, nunca sabes lo que va a pasar con él al comenzar a predicar, ¡si es que se trata de una predicación digna de ese nombre!

Capítulo 5

El acto de predicar

Llegamos ahora a lo que se llama "presentación" del sermón, o el "acto" de predicar, lo que puede considerarse la predicación propiamente dicha como algo diferente del sermón. Este es el segundo gran aspecto de nuestro tema.

Me gustaría dejar claro de nuevo que aquí solamente voy a tratar esta cuestión en general. Estoy intentando ofrecer en primer lugar una visión general de lo que realmente es la predicación, y después proseguiremos a consideraciones más detalladas. Es bueno tener una clara visión general antes de comenzar a examinar los detalles.

Ahora bien, repito que este asunto de la presentación, o lo que se llama a veces predicación, es muy difícil de definir. No se trata ciertamente de un asunto de normas y reglamentos; y gran parte de la dificultad surge porque la gente lo considera cuestión de instrucciones, normas y reglamentos, de cosas que no hay que hacer y cosas que sí. No es eso. De hecho, la dificultad estriba en expresar nuestra definición con palabras. La predicación se reconoce cuando se oye. Por tanto, lo mejor que podemos hacer es decir ciertas cosas acerca de ella. Eso es lo máximo que podemos aproximarnos. La actitud es la que al parecer tenía el apóstol Pablo cuando en 1 Corintios 13 trató de definir el amor. Es imposible describirlo. Lo único que puedes hacer es mencionar unas cuantas cosas acerca de él: que es esto y no es aquello. Sin embargo, hay cosas que son ciertas y que han de estar presentes cuando hay auténtica predicación.

Lo primero es que ha de estar implicada la totalidad de la personalidad del predicador. Ese es, por supuesto, el asunto que salió a relucir en la famosa definición de la predicación que hizo Phillips Brookes, quien dijo que esta es "la Verdad expuesta a través de la personalidad". Creo que eso es correcto, que en la predicación deben implicarse todas las facultades de uno, debe implicarse el hombre completo. Yo voy aún más lejos y digo que hasta el cuerpo debe participar. Al decir esto estoy recordando algo que dijo en cierta ocasión uno de mis predecesores en la iglesia *Westminster Chapel* en Londres, el Dr. John A. Hutton. En su caso, la predicación se diferenciaba siempre por el tema de su sermón. Su predecesor en *Westminster* fue un predicador famoso en los Estados Unidos y también en Gran Bretaña: el Dr. John Henry Jowett. Jowett era una clase de hombre más bien reservado y nervioso y consideraba que la tribuna especialmente grande de la iglesia *Westminster Chapel* resultaba muy penosa para él. Solía decir que, cuando se quedaba solo en aquella tribuna, con todo su cuerpo a la vista de la congregación desde varios ángulos, se sentía como si se hallara desnudo en un prado. Llegó a sentirse tan cohibido en cuanto a ese aspecto que pidió que se revistiera la balaustrada que hay alrededor de la tribuna con una cortina, de forma que al menos parte de su cuerpo quedara oculta. Pues bien, él, como he dicho, fue sucedido por el Dr. John Hutton. Aconteció que yo estaba presente en un culto alrededor del tercer domingo después de la llegada del Dr. Hutton. Noté, como notaron todos los demás, que se había quitado todo el revestimiento que rodeaba la tribuna y que todo el cuerpo del predicador era visible como en tiempos anteriores. El Dr. Hutton nos ofreció una explicación de ello diciéndonos que el revestimiento había sido quitado a petición suya porque él creía que un predicador debe predicar con la totalidad de su cuerpo, y que así era en su caso. Nos dijo que él predicaba tanto con sus piernas como con su cabeza, y que si le observábamos descubriríamos que esto era verdad. ¡Y observándole hallé que era cierto! No estoy seguro de que eso resultara siempre en beneficio de la predicación, ya que hacía todo tipo de contorsiones. Se ponía de puntillas y giraba un pie alrededor de la otra pierna, etc. Lo que estoy tratando de decir es que tenía sentido lo que él decía: todo el hombre estaba implicado. No permanecía como una estatua y se limitaba a pronunciar palabras con sus labios; toda la persona participaba (con gestos, actividad, etc.).

No quiero otorgarle a esto demasiada importancia, pero

recordemos que, cuando a Demóstenes se le preguntó qué era lo más esencial en la oratoria, su respuesta fue:

—¡La acción!

Entonces se le preguntó:

—Bien, ¿y cual es el segundo desiderátum más importante?

Respondió de nuevo:

—La acción.

—Bien —le dijeron—, ¿y lo tercero más importante?

Y su respuesta volvió a ser:

—La acción.

No hay duda alguna en cuanto a esto; la oratoria efectiva implica acción; y por eso recalco que la totalidad de la personalidad ha de estar involucrada en la predicación.

El segundo elemento en el que quiero hacer hincapié es un sentimiento de autoridad y de control sobre la congregación y, sobre todo, sobre el procedimiento. El predicador nunca debe andar excusándose, nunca debe dar la impresión de que está hablando, por decirlo así, porque ellos le dan permiso. No debe tantear planteando ciertas sugerencias e ideas. Esa no debe ser su actitud en absoluto. Es un hombre que está allí para "anunciar" ciertas cosas; está allí comisionado y bajo la autoridad de alguien. Es un embajador y debe ser consciente de su autoridad. Debe saber siempre que viene a la congregación como alguien que ha sido enviado como mensajero. Obviamente, no es cuestión de exceso de confianza en sí mismo, lo cual es siempre algo deplorable en un predicador. Tenemos las palabras del apóstol Pablo mismo, que cuando fue a Corinto estuvo "con debilidad, y mucho temor y temblor". Nosotros debemos ser siempre conscientes de esto. Pero eso no quiere decir que tengas que andar excusándote, sino que eres consciente de la solemnidad, la seriedad y la importancia de lo que estás haciendo. No confías en ti mismo, pero eres alguien que está bajo la autoridad de otro y tienes autoridad; y eso debe ser evidente y obvio. Esto lo pongo muy alto en la lista y digo que, lejos de ser controlado por la congregación, el predicador es quien manda y controla a la congregación. Más adelante me extenderé en algunos de estos puntos con más detalle en esta serie de conferencias.

La siguiente cualidad en esta visión general del predicador, y en este "acto" de predicar, es el elemento de la libertad. Yo le otorgo una gran importancia a esto. Aunque el sermón haya sido preparado de la forma que hemos indicado —y preparado cuidadosamente—, el predicador, no obstante, ha de ser libre en el acto de predicar, en la presentación del sermón. No ha de hallarse demasiado atado a su preparación ni por ella. Este es un aspecto crucial; pertenece a la esencia misma del acto de predicar. No estoy pensando meramente en que no lleve apuntes al púlpito, porque puede estar atado sin tener apuntes. Lo único que digo es que debe ser libre, libre en el sentido de estar abierto a la inspiración del momento. Considerando la predicación —como yo lo hago— como una actividad bajo la influencia y el poder del Espíritu Santo, hay que recalcar este punto, porque la preparación no termina en el momento en que alguien acaba de preparar el sermón. Una de las cosas sorprendentes de la predicación es que, a menudo, uno descubre que las mejores cosas que dice no son premeditadas y ni siquiera se pensaron durante la preparación del sermón, sino que le son dadas de hecho mientras está hablando y predicando.

Otro elemento al que otorgo importancia es que el predicador, mientras está hablando, debiera en un sentido obtener algo de su congregación. En ella están las personas que son espirituales, llenas del Espíritu Santo, y ellas hacen su contribución para la ocasión. Existe siempre un elemento de intercambio en la verdadera predicación. Esta es otra manera de demostrar la diferencia vital que existe entre un ensayo o una conferencia y, por otro lado, predicar un sermón. El hombre que lee su ensayo no obtiene nada de su audiencia, lo tiene todo delante de él en lo que ha escrito; no lleva a cabo nada nuevo o creativo, no existe intercambio. Pero el predicador (aunque se haya preparado, y lo haya hecho cuidadosamente), debido a este elemento de libertad espiritual, es aún capaz de recibir algo de la congregación, y en efecto así ocurre. Existe una interacción, acción y respuesta, y esto a menudo produce una diferencia muy vital.

Cualquier predicador que merezca ser estimado como tal puede testificar de esto. Por supuesto, cualquier hombre digno de ser llamado orador, aun en asuntos seculares (política, etc.), sabe algo de esto y experimenta con frecuencia que un mitin sale adelante por la respuesta de la audiencia a la que ha estado hablando. Esto debiera ocurrir mucho más en el caso del predicador. Gracias a Dios que con frecuencia ocurre que, cuando el predicador, el pobre, lo está haciendo fatal (cuando quizá no ha tenido tiempo de prepararse como debiera o por algunos factores físicos u otras cosas que puedan estar militando en contra del éxito de la ocasión), la respuesta y el deseo intenso de su congregación lo levantan y avivan. Pero el predicador debe estar abierto a esto; si no lo está, se perderá una de las experiencias más gloriosas que pueden acontecer a un predicador. Este elemento de libertad, pues, es tremendamente importante.

Eso es lo que quería decir en mi conferencia anterior acerca de que, aunque hayas preparado tu sermón de forma cuidadosa y concienzuda, nunca sabes lo que va a pasar hasta que no subes al púlpito y comienzas a predicarlo. Puede que te veas sorprendido y te quedes atónito de lo que ha pasado. Pueden haber concurrido elementos nuevos, puede ser que haya cabos sueltos y frases incompletas. Pudiera muy bien haber cosas que los pedantes condenarían y que un crítico literario censuraría totalmente, y con razón, en un ensayo; pero esta es la esencia misma de la predicación. Porque la predicación está ideada para afectar a las personas. Mientras sostengas esto en un primer plano y no concedas demasiada importancia a los otros elementos serás capaz de lograrlo.

El elemento de la libertad es absolutamente importante. La predicación debiera estar siempre sometida al poder y al control del Espíritu Santo, y no sabes lo que puede llegar a ocurrir. Por tanto, sé siempre libre. Puede sonar contradictorio decir "prepárate, y hazlo cuidadosamente"; pero, no obstante, "sé libre". Pero no hay contradicción, como no la hay cuando Pablo dice: "Ocupaos en vuestra salvación con temor y temblor, porque Dios es el que en vosotros produce así el querer como el hacer, por su buena voluntad" (Filipenses 2:12-13). Hallarás que el Espíritu Santo que te ha ayudado en tu preparación puede ayudarte ahora, mientras estás hablando, de una manera enteramente nueva y descubrirte cosas que no habías visto mientras estabas preparando tu sermón.

* * *

El siguiente elemento es el de la seriedad. El predicador ha de ser un hombre serio; nunca debe dar la impresión de que la predicación es algo liviano, superficial o trivial. Ahora me limito a mencionar esto, porque más adelante me propongo abordarlo más extensamente. Aquí simplemente hago la declaración general de que un predicador, necesariamente, ha de dar la impresión de que está tratando el asunto más grave que hombres y mujeres pueden jamás considerar juntos.

¿Qué está pasando? Lo que está pasando es que les está hablando de parte de Dios, les está hablando acerca de Dios, les está hablando sobre la situación en que se encuentran, sobre el estado de sus almas. Les está diciendo que están, por naturaleza, bajo la ira de Dios —"hijos de ira, lo mismo que los demás"—, que la clase de vida que están viviendo es ofensiva para Dios y que están bajo el juicio de Dios, y les advierte de la horrible posibilidad eterna que se extiende delante de ellos. En cualquier caso, el predicador más que nadie debe ser consciente de la naturaleza transitoria de la vida en este mundo. La gente del mundo está de tal manera inmersa en sus quehaceres y asuntos, en sus placeres y en toda su vana apariencia, que la única cosa que nunca se para a considerar es el carácter transitorio de la vida. Todo esto indica que el predicador debiera siempre crear y transmitir la impresión de la seriedad de lo que está pasando aun en el mismo momento en que aparece en el púlpito. Recordemos las famosas palabras de Richard Baxter:

> Prediqué como si no estuviera seguro de que volvería a
> [hacerlo de nuevo,
> y como un moribundo dirigiéndose a moribundos.

No creo que esto se pueda mejorar. Recordemos lo que se decía del piadoso Robert Murray M'Cheyne de Escocia en el siglo XIX. Que cuando subía al púlpito, aún antes de que hubiera pronunciado una palabra, la gente comenzaba a llorar en silencio. ¿Por qué? Era debido a este elemento mismo de seriedad. El aspecto mismo de aquel hombre daba la impresión de que había venido de la presencia de Dios y les iba a dar un mensaje de parte de Dios. Eso es lo que causaba ese efecto en la gente aun antes de que hubiera abierto su boca. Si olvidamos este elemento, corremos peligro nosotros y lo pagan grandemente nuestros oyentes.

Lo siguiente que quiero decir tiene el propósito en parte de corregir, o quizá no tanto de corregir como de salvaguardar, lo que he estado diciendo acerca de una mala interpretación. Me refiero al elemento de "alegría". Esto subraya el hecho de que seriedad no significa solemnidad, no significa tristeza, no significa pesimismo. Todas estas distinciones son muy importantes. El predicador ha de estar alegre; se puede estar alegre y ser serio al mismo tiempo.

Voy a decir esto de otra forma. El predicador no ha de ser nunca alguien apagado, no ha de ser nunca aburrido; jamás debe ser "pesado". Estoy insistiendo en estos puntos debido a que con frecuencia me han dicho algo que me preocupa bastante. Yo pertenezco a la tradición reformada y puede que quizá haya tenido algo que ver con la restauración de estas doctrinas reformadas durante los últimos cuarenta años poco más o menos. Y me inquieta, por tanto, que miembros de iglesias me comenten que muchos de los jóvenes reformados son hombres muy buenos, que sin duda han leído mucho y son muy eruditos, pero que son predicadores muy apagados y aburridos; y esto me lo dice gente que tiene una postura reformada. Este es para mí un asunto muy grave; se equivocan radicalmente los predicadores que son apagados y aburridos. ¿Cómo puede un hombre ser apagado cuando está tratando tales temas? Yo diría que un "predicador apagado" es una contradicción de términos; si es apagado no es predicador. Puede subir a un púlpito y hablar, pero sin duda no es predicador. Con el grandioso tema y mensaje de la Biblia es imposible ser apagado. Es el más interesante, el más emocionante, el más absorbente tema del universo; y la sola idea de que pueda ser presentado de una manera apagada y aburrida me hace dudar seriamente de que el hombre culpable de presentarlo de esa manera haya entendido la doctrina que pretende creer y que defiende. A menudo nos traicionan nuestras formas.

Pero sigamos adelante. Ahora llegamos al celo y al sentimiento de preocupación por la gente. Estos elementos están, por supuesto, íntimamente relacionados. Cuando digo celo quiero decir que un predicador siempre ha de transmitir la impresión de que a él mismo le ha llegado lo que está diciendo. Si a él no le ha llegado, a nadie le llegará. Esto es, pues, absolutamente esencial. Ha de impresionar a la gente por el hecho de que él está entregado a lo que está haciendo y le absorbe. Está lleno de ello y está ansioso por impartirlo. Él mismo está tan movido y entusiasmado por eso que quiere que todos los demás participen de ello. Se preocupa por las personas; esa es la razón por que predica. Está inquieto por ellas, inquieto por ayudarlas, por hablarles la Verdad de Dios. Por tanto, lo hace con energía, con celo y con un obvio interés por la gente. En otras palabras, un predicador que parezca despegado de la Verdad y que simplemente esté diciendo unas cuantas cosas que pueden ser muy buenas, verdaderas y excelentes en sí mismas, no es predicador en absoluto.

Capítulo 5

Recientemente me tropecé con un notable ejemplo de lo que estoy condenando mientras estaba convaleciente de una enfermedad. Me quedé en un pueblecito en cierta parte de Inglaterra y fui a la iglesia local que estaba justo al otro lado de la calle en la que me encontraba. Descubrí que el predicador estaba predicando aquella tarde sobre el profeta Jeremías. Nos dijo que estaba comenzando una serie de sermones sobre él. Estaba empezando, pues, con aquel magnífico texto donde Jeremías dijo que no podía contenerse por más tiempo, que la Palabra de Dios era como fuego en sus huesos. Ese fue el texto que tomó. ¿Y qué pasó? Salí del culto sintiendo que había sido testigo de algo bastante extraordinario, porque lo verdaderamente importante que faltaba en aquel culto era "el fuego". El buen hombre estaba hablando acerca del fuego como si estuviera sentado sobre un iceberg. De hecho hizo referencia al fuego de una manera despegada y fría; era una negación viviente de lo que estaba diciendo, o quizá deba decir una negación muerta. Fue un buen sermón desde el punto de vista de la construcción y la preparación. Era evidente que había puesto en él un cuidado considerable y que, obviamente, había escrito cada palabra, porque lo estaba leyendo; pero lo que estaba ausente era el fuego. No había celo, ni entusiasmo, ni aparente interés por nosotros como miembros de la congregación. Toda su disposición de ánimo parecía lejana, académica y formalista.

Permítaseme expresarlo de la manera siguiente. Recuerdo haber leído hace años un relato escrito por un periodista muy conocido en Escocia acerca de un culto al que él había asistido. Utilizó una frase que nunca he olvidado y que a menudo me ha servido de reprensión y de censura a mí mismo. Había estado escuchando a dos oradores hablando sobre el mismo asunto. Continuó diciendo que ambos eran hombres muy capaces y eruditos. Y entonces vino la devastadora frase: "La diferencia entre los dos oradores era esta: el primero habló como un abogado defensor, el segundo como un testigo". Esto cristaliza este punto a la perfección.

El predicador nunca es meramente un abogado. La tarea, la ocupación del abogado, del procurador, es representar a alguien en un tribunal de justicia. No le interesa esa persona, hasta puede que ni la conozca ni tenga interés personal en ella, pero le ha sido entregado un sumario concerniente a su caso. Él ha examinado el sumario y ha preparado el caso con todos los hechos y los detalles, los aspectos legales y los asuntos más destacados de este caso particular. Se le ha dado el sumario y lo que hace es hablar de él. No se implica personalmente, no está realmente interesado. Su postura es de separación personal y está tratando un asunto que nada tiene que ver consigo mismo.

Pues bien, esto nunca debe ser así en el caso de un predicador. Esta es, una vez más, una de las diferencias entre el predicador y alguien que da una conferencia. El predicador se involucra todo el tiempo, y por eso tiene que haber ese elemento de celo. No está simplemente "tratando" un caso. Hacer solamente eso es una de las mayores tentaciones de muchos predicadores, y especialmente de aquellos de nosotros que somos combativos por naturaleza. Tenemos un caso incomparable, tal como hemos visto; tenemos nuestra teología sistemática y el conocimiento de la Verdad. ¡Qué maravillosa oportunidad de argumentar, razonar, demostrar y probar el caso y refutar todas las objeciones y argumentos en contra! Pero, si el predicador da la impresión de ser solamente un abogado que presenta un caso, entonces ha fracasado por completo. El predicador es un testigo. Esta es precisamente la palabra utilizada por nuestro Señor mismo: "Me seréis testigos"; y esto es lo que el predicador ha de ser en toda ocasión. No hay nada tan nocivo en un predicador como el hecho de que no dé la impresión de que está personalmente comprometido.

Esto nos lleva inevitablemente al siguiente elemento: la cordialidad. Por utilizar un término que es común hoy día, el predicador no ha de ser nunca "aséptico". A menudo lo es. Todo lo que hace es correcto, desde luego, casi perfecto; pero es aséptico, no tiene vida; es frío, no conmueve porque él mismo nunca se ha conmovido. Pero eso nunca debiera ocurrir con un predicador. Si en verdad cree lo que está diciendo, necesariamente ha de conmoverse por ello; es imposible que no le afecte. Esto nos lleva necesariamente a la cordialidad. El apóstol Pablo mismo nos dice que predicó "con muchas lágrimas". En Hechos 20 les recuerda eso a los ancianos de la iglesia en Éfeso. Y en Filipenses 3, al referirse a ciertos falsos predicadores, lo hace "llorando".

Ahora bien, el apóstol Pablo tenía un intelecto colosal, una de esas inteligencias superiores de todos los tiempos; pero lloraba con frecuencia mientras hablaba y predicaba. A menudo se conmovió hasta derramar lágrimas. ¿De dónde nos ha llegado esa idea de que si tienes un gran intelecto no debes mostrar emoción? ¡Qué ridículo y fatuo es esto! Yo afirmo que un hombre que no se conmueve con estas cosas es que realmente nunca las ha entendido. El hombre no es un intelecto solamente; es una persona completa. Tiene corazón además de cabeza; y si su cabeza realmente comprende, su corazón será conmovido. Recordemos de qué manera el Apóstol dice esto en Romanos 6:17: "Gracias a Dios, que aunque erais esclavos del pecado, habéis obedecido de corazón a aquella forma de doctrina a la cual fuisteis entregados". Si el corazón del hombre no está comprometido, yo me permito dudar y cuestionar si realmente ha entendido con su cabeza, debido al carácter mismo de la Verdad de la que estamos hablando. Esto ha sido así, por supuesto, con todos los grandes predicadores de todas las épocas. A Whitefield, al parecer casi invariablemente, mientras predicaba le corrían lágrimas por la cara. Siento que en esto todos somos culpables y necesitamos que se nos reprenda. Confieso abiertamente que yo mismo necesito reprensión. ¿Dónde está esa pasión en la predicación que siempre ha caracterizado la predicación importante en el pasado? ¿Por qué los predicadores modernos no se conmueven ni se entusiasman como tan a menudo lo hicieron los grandes predicadores del pasado? La Verdad no ha cambiado. ¿La hemos creído nosotros, hemos sido prendidos y humillados por ella y después ensalzados hasta quedar absortos en admiración, amor y alabanza?

El predicador, por tanto, es un hombre que por estas razones y de estas maneras conecta con la gente que le está oyendo. Y en lugar de haber separación hay conexión. Esto es evidente en su voz, en sus formas, en todo su talante; todo en él muestra que existe esta intimidad de contacto entre el predicador y su congregación.

Así, pues, pasemos al siguiente punto, el cual es la urgencia. En un sentido ya lo he dicho; pero merece mención aparte y ser subrayado por sí mismo. Pablo le dice a Timoteo que el predicador siempre ha de instar "a tiempo y fuera de tiempo"; y ello es de nuevo por la misma razón, debido a toda la situación. Eso es lo que hace que la predicación sea un acto tan asombroso y un asunto de tal responsabilidad y tan abrumador. No es de extrañar que el apóstol Pablo, considerando el ministerio, pregunte: "Y para estas cosas, ¿quién es suficiente?". Mejor sería que aquel que piense que tener la cabeza llena de conocimiento es suficiente para estas cosas comenzara a aprender de nuevo. "Y para estas cosas, ¿quién es suficiente?". ¿Qué es lo que estás haciendo? No estás simplemente impartiendo información, estás tratando con almas, estás tratando con peregrinos que van camino de la eternidad, estas tratando de asuntos relativos no solo a la vida y a la muerte en este mundo, sino al destino eterno. Y nada puede ser tan terriblemente urgente. Estoy recordando las palabras pronunciadas una tarde por William Chalmers Burns, quien fue grandemente utilizado en avivamientos en Escocia alrededor del año 1840 y además, incidentalmente, en la iglesia de Robert Murray M'Cheyne, a quien ya me he referido anteriormente. Un día puso su mano sobre el hombro de un hermano ministro y le dijo: "Hermano, hemos de darnos prisa". Si nosotros no sabemos algo acerca de ese sentimiento de urgencia es que no sabemos lo que es la verdadera predicación. Puedes dar una conferencia en cualquier momento, ahora o dentro de un año, y no habrá en ello mucha diferencia. Y lo mismo se puede decir de la mayoría de otros temas. Pero el mensaje del Evangelio no puede ser pospuesto, porque no sabes si tú o la congregación estaréis vivos la semana que viene o aun mañana. "En medio de la vida nos enfrentamos a muerte". Si el predicador no transmite este sentimiento de urgencia, que él está allí entre Dios y el hombre hablando entre el tiempo y la eternidad, no tiene nada que hacer en un púlpito. No hay lugar para una objetividad tranquila, fría y científica en estos asuntos. Eso puede posiblemente estar bien en un filósofo, pero es impensable en un predicador debido a la totalidad de la situación en la que está envuelto.

Y exactamente por la misma razón, la predicación siempre ha de caracterizarse por la persuasión. "Os rogamos en nombre de Cristo: Reconciliaos con Dios". Sin duda, todo el objeto de este acto es persuadir a la gente. El predicador no dice simplemente cosas con la actitud de "o lo tomas o lo dejas". Desea persuadir a las personas de la verdad del mensaje; quiere que la vean; trata de producir algo en ellos, de influirles. No está impartiéndoles una erudita disquisición sobre un texto, ni está exhibiendo su propio conocimiento; está tratando con estas almas vivientes y quiere conmoverlas, llevarlas con él, dirigirlas a la Verdad. Ese es el único propósito. Por tanto, si este elemento no está presente, podrá ser cualquier otra cosa, pero no predicación. Todos estos puntos muestran la diferencia entre lo que es dar una conferencia y predicar, o entre un ensayo y un sermón.

Debemos decir también unas palabras en especial, aunque en un sentido ya lo hemos estado abarcando, sobre el elemento del patetismo. Si tuviera que considerarme culpable de una cosa más que de otras, tendría que confesar que esto es quizá lo que más me ha faltado en mi propio ministerio. Debe surgir en parte del amor hacia la gente. Richard Cecil, un predicador anglicano de Londres hacia finales del siglo XVIII y comienzos del XIX dijo algo que debiera hacernos pensar a todos: "Una cosa es el amor a la predicación y otra muy diferente el amor a aquellos a quienes predicamos". El problema que tenemos algunos de nosotros es que amamos la predicación pero no siempre tenemos cuidado de asegurarnos que amamos a la gente a la que de hecho predicamos. Si careces de este elemento compasivo por la gente carecerás también del patetismo, el cual es un elemento de vital importancia en toda verdadera predicación. Nuestro Señor contempló a la multitud y vio que "eran como ovejas que no tenían pastor" y "tuvo compasión de ellos". Y si tú no has experimentado nada de esto, no debes estar en un púlpito, porque sin duda eso se notará en tu predicación. No has de ser puramente intelectual o argumentativo, sino que ha de estar presente este otro elemento. No solamente tu amor hacia la gente producirá este patetismo, sino que el contenido mismo seguro que lo hará de por sí. ¿Qué otra cosa puede ser más conmovedora que la conciencia de lo que Dios en Cristo ha hecho por nosotros? Cualquier intento de considerar y de comprender esto debería conmovernos profundamente. Notemos lo que le pasa al gran Apóstol mismo. Él comienza con un argumento ideado para convencernos de nuestra pecaminosidad y de nuestra situación de perdidos y de total dependencia de Cristo. Pero en el momento en que menciona ese Nombre parece olvidar su argumentación y prorrumpe en uno de sus arrebatos de gran elocuencia. Se conmueve hasta lo más profundo de su ser y escribe algunos de esos fervorosos pasajes que deberían hacernos llorar a nosotros también. Es lo que produce el considerar lo que Dios ha hecho por nosotros en Cristo, los sufrimientos implícitos y la grandeza del amor de Dios hacia nosotros: "De tal manera amó Dios al mundo [...]".

Este elemento de patetismo fue una de las grandes características de la predicación de Whitefield, uno de los más magistrales predicadores de todos los tiempos. ¡Fue David Garrick, el gran actor del siglo XVIII, quien dijo en cierta ocasión que ya quisiera él pronunciar la palabra "Mesopotamia" como Whitefield la pronunciaba! Dijo también que con gusto daría 100 guineas por poder pronunciar la palabra "¡oh!" con el mismo patetismo con que Whitefield lo hacía. Puede que el hombre moderno y sofisticado se ría de esto, pero es solamente cuando comenzamos a conocer algo de esta enternecedora cualidad cuando seremos verdaderos predicadores. Es cierto que el hombre que trata de producir ese efecto se convierte en un actor y es un abominable impostor. Pero el hecho es que cuando "el amor de Dios ha sido derramado" en el corazón de un hombre como lo fue en el de Whitefield, el patetismo es inevitable.

Este elemento de patetismo y de emotividad es, para mí, muy vital. Esto es lo que tanto se ha echado en falta en el siglo XX, y quizá especialmente entre los reformados. Tenemos tendencia a perder el equilibrio y llegar a ser demasiado intelectuales, realmente casi hasta el punto de despreciar el elemento del sentimiento y la emoción. Somos tan entendidos, tenemos tal comprensión de la Verdad, que tendemos a menospreciar el sentimiento. ¡Pensamos que, por lo general, el rebaño está formado por personas emotivas y sentimentales pero que carecen de entendimiento!

¿No es este el peligro? ¿No es esta la tendencia: menospreciar el sentimiento, el cual es una parte esencial del hombre puesta en nosotros por Dios? No sabemos lo que es dejarse llevar, no sabemos lo que es conmoverse profundamente. Acordémonos de la descripción de la religión que hizo Matthew Arnold. Dijo que "la religión es moralidad teñida de emoción". ¡Que típico de Matthew Arnold, y qué equivocado y completamente ciego! "La moralidad 'teñida' de emoción". Solamente un "tinte". Sería brusco y de mala educación tener algo más que un tinte. El "caballerito" nunca muestra su emoción. No olvidemos que Matthew Arnold fue hijo de Thomas Arnold, el director de la famosa escuela pública en Rugby. Él enseñaba que el auténtico caballero nunca mostraba sus sentimientos, sino que los mantenía siempre bajo control. Ese concepto parece haber permeado la vida de la Iglesia y de muchos cristianos. La emoción está considerada como casi indecente. Mi respuesta a todo eso es, una vez más, decir sencillamente que si tú eres capaz de considerar esas verdades gloriosas que nos han sido encomendadas como predicadores sin ser conmovido por ellas, hay algo defectuoso en tu vista espiritual.

El apóstol Pablo, como digo, no podía nunca considerar estas cosas sin conmoverse en lo más profundo de su inmensa alma. Permítaseme dar un ejemplo de lo que estoy diciendo. Recordemos de qué manera en Romanos 9, 10 y 11 desarrolla el singular problema de los judíos. ¿Dónde encajan? ¿Cuál es su situación a la luz de lo que ha estado diciendo sobre la justificación por la fe, etc.? Él ha tomado este tema, lo ha argumentado y razonado y ha llegado a su gran conclusión. Pero no lo deja ahí, sino que exclama:

> ¡Oh profundidad de las riquezas de la sabiduría y de la
> [ciencia de Dios!
> ¡Cuán insondables son sus juicios, e inescrutables sus
> [caminos!
> Porque ¿quién entendió la mente del Señor? ¿O quién fue
> [su consejero?
> ¿O quién le dio a él primero, para que le fuese
> [recompensado?
> Porque de él, y por él, y para él, son todas las cosas.
> A él sea la gloria por todos los siglos. Amén.

Eso es pura y sublime emoción. Adviértase que digo emoción y no "emocionalismo". Yo repruebo este último. No hay nada más despreciable que el que un hombre esté deliberadamente tratando de jugar con las emociones externas y superficiales de la gente. Eso no me interesa salvo para denunciarlo. Lo que yo defiendo es que, cuando un hombre entiende realmente esta verdad que está manifestando creer, esta le conmueve. Si no ocurre así, entonces no pertenece al grupo o a la categoría de persona en que se incluye el gran Apóstol mismo. Pero ahora está de moda desaprobar la emoción.

Recuerdo cómo hace unos cuantos años, cuando hubo una gran campaña evangelística en Londres, un hombre que era líder en los círculos religiosos vino a mí un día y me preguntó: "¿Ha asistido usted a la campaña?". Le dije: "No, aún no". Y dijo él: "Es maravilloso, maravilloso". Y continuó diciendo: "La gente pasa adelante a cientos. Sin emoción, ya sabe, maravilloso". Y seguía repitiendo: "Sin emoción". Lo que para él resultaba tan maravilloso era que toda aquella gente que pasaba adelante como respuesta a la invitación no mostraba emoción. Esto era algo glorioso. ¡Sin emoción, maravilloso! ¡Sin emoción, estupendo!

¿Qué se puede decir acerca de tal actitud? Me conformo con plantear unas cuantas preguntas. ¿Puede alguien verse a sí mismo como un pecador condenado sin emoción? ¿Puede alguien considerar el Infierno sin emoción? ¿Puede alguien oír los truenos de la Ley y no sentir nada? O a la inversa: ¿Puede alguien realmente considerar el amor de Dios en Cristo Jesús y no sentir emoción? Todo eso es absolutamente ridículo. Me temo que mucha gente hoy día, en su reacción contra los excesos y el "emocionalismo", se coloca en una posición en la cual, finalmente, niega virtualmente la Verdad. El Evangelio de Jesucristo implica a toda la persona y, si lo que pretende ser el Evangelio no hace eso, es que no es el Evangelio. El Evangelio pretende hacer eso y lo hace. Toda la persona se involucra porque el Evangelio conduce a la regeneración; y por eso digo que este elemento de patetismo y de emoción, este elemento de ser conmovidos, debiera ser siempre muy prominente en la predicación.

Por último tengo que introducir la palabra poder. No voy a extenderme demasiado en esto ahora, porque es tan importante que merece que se le dedique toda una sección, lo cual no será en la próxima conferencia sino más adelante. Pero si no hay poder no hay predicación. La verdadera predicación es, al fin y al cabo, Dios actuando. No es simplemente que un hombre pronuncie palabras; es Dios utilizándolo. Está siendo utilizado por Dios. Está bajo la influencia del Espíritu Santo. A esto es a lo que Pablo llama en 1 Corintios 2 "predicación [...] con demostración del Espíritu y de poder". O, como dice en 1 Tesalonicenses 1:5: "Nuestro evangelio no llegó a vosotros en palabras solamente, sino también en poder, en el Espíritu Santo y en plena certidumbre [...]". Ahí lo tienes; y ese es un elemento esencial en la verdadera predicación.

En resumen, la verdadera predicación consiste, por tanto, en estos dos elementos combinados en sus debidas proporciones: el sermón y el acto de predicar. Este "acto" hay que añadirlo al sermón. Esa es la verdadera predicación. Ambas cosas han de ser recalcadas. Ya he señalado la diferencia que hay entre ellas, pero aún he de decir una palabra más acerca de esto. Si no sabes qué diferencia existe entre el sermón y el acto de predicar, muy pronto la descubrirás como predicador. Una de las maneras por la que muy probablemente la descubrirás es como yo mismo la he descubierto muchas veces. Ocurre así. Estás en tu propia iglesia predicando un domingo. Predicas un sermón y, por alguna razón, este parece salir con facilidad, uniformemente y con cierto poder. Tú mismo te sientes conmovido; has tenido lo que se llama "un buen culto" y la gente lo ha percibido tanto como tú. Muy bien; pero ahora te toca predicar en algún otro sitio, ya sea el domingo siguiente o al otro, y te dices a ti mismo: "Predicaré el sermón que prediqué el domingo pasado. Tuvimos un domingo maravilloso por medio de él". Subes, pues, a este otro púlpito, escoges el mismo texto y comienzas a predicar. Pero de repente te das cuenta de que no estás obteniendo realmente nada; parece que todo se deshace en tus manos. ¿Cuál es la explicación? Una es esta. Lo que pasó el domingo anterior fue que, cuando estabas predicando el sermón en tu propio púlpito, el Espíritu Santo vino sobre ti, o quizá sobre la congregación (muy bien pudo ser, como ya expliqué con anterioridad, que fuera mayormente sobre la congregación y que tú lo recibieras de ellos), y tomó tu pobre sermón y a ti te fue dada esa unción especial y esa autoridad de una manera inusitada, y por eso tuviste ese culto excepcional. Pero ahora estás en circunstancias diferentes, con una congregación diferente, y tú también puedes sentirte diferente. Ahora tienes, pues, que apoyarte en tu sermón y te encuentras de repente con que no tienes mucho sermón.

Esto ayuda a ilustrar la diferencia entre un sermón y el acto de predicar el sermón. Esto es un gran misterio. Espero abundar en este asunto más adelante. Pero digo esto ahora para hacer hincapié en que las dos cosas son diferentes y la verdadera predicación implica la combinación de ambas cosas. No debes apoyarte ni en la una ni en la otra. No has de apoyarte solamente en tu sermón ni tampoco debes apoyarte en el acto de predicar solamente; ambas cosas son esenciales para la verdadera predicación.

Voy a expresar esto de nuevo en forma de una historia, de una anécdota. Hubo un viejo predicador en Gales al que yo conocía muy bien. Era un anciano muy capaz y además un buen teólogo; pero siento decir que tenía tendencia al cinismo. Pero era un crítico muy agudo. En cierta ocasión estaba presente en la última parte de un sínodo en el que predicaban dos hombres. Estos eran ambos profesores de teología. Predicó el primero y, cuando había terminado, este viejo predicador, este viejo crítico, se volvió a quien estaba sentado a su lado y le dijo: "Luz sin calor". Luego predicó el segundo profesor, el cual era de más edad y algo emocional. Cuando hubo terminado, el anciano cínico se volvió a su amigo y le dijo: "Calor sin luz". Ahora bien, estaba en lo cierto en ambos casos. Pero lo importante es que a ambos predicadores les faltaba algo. Has de tener luz y calor; sermón más predicación. La luz sin el calor no afecta a nadie; y el calor sin la luz no tiene valor permanente. Puede ser que tenga un pasajero efecto transitorio, pero eso realmente no ayuda a tu congregación, ni la edifica ni obra eficazmente en ella.

¿Qué es la predicación? ¡Lógica apasionada! ¡Razonamiento elocuente! ¿Son estas cosas contradictorias? Por supuesto que no. La argumentación concerniente a la Verdad debe ser poderosamente elocuente, como se puede ver en el caso del apóstol Pablo y de otros. Eso es teología apasionada. Y yo considero que una teología no apasionada es una teología deficiente; o, al menos, el entendimiento que ese hombre tiene de ella es deficiente. La predicación es teología que viene a través de un hombre fervoroso. Un verdadero entendimiento y una experiencia de la Verdad han de conducir a esto. Otra vez digo que un hombre que puede hablar sobre estas cosas desapasionadamente no tiene derecho alguno a estar en un púlpito, y no se le debiera permitir nunca subir a ninguno.

¿Cuál es el fin principal de la predicación? Me gusta pensar que es el siguiente: proporcionar a los hombres y a las mujeres una conciencia de Dios y de su presencia. Como ya he dicho anteriormente, durante este último año he estado enfermo, y debido a ello he tenido la oportunidad, y el privilegio, de escuchar a otros en vez de estar yo mismo predicando. Y, como he estado escuchando físicamente débil, esto es lo que he estado buscando, anhelando y deseando. Puedo perdonar a un hombre por un mal sermón, puedo perdonar al predicador casi todo con tal de que me proporcione un sentimiento de Dios; con tal de que me proporcione algo para mi alma; con tal de que me dé la sensación de que, aunque él mismo sea inadecuado, está manejando algo que es muy grande y muy glorioso; con tal de que me ofrezca algún tenue atisbo de la majestad y de la gloria de Dios, del amor de Cristo mi Salvador y de la magnificencia del Evangelio. Si hace eso, yo soy deudor suyo y le estoy profundamente agradecido. La predicación es la actividad más sorprendente y emocionante en la que uno puede estar ocupado, debido a todo lo que contiene para todos nosotros en el presente y debido a todas las posibilidades gloriosas sin fin en un futuro eterno.

Voy a terminar con dos citas. Hubo un gran predicador en los Estados Unidos hace unos 100 años que se llamaba James Henry Thornwell. Probablemente sea el teólogo más grande que la Iglesia presbiteriana del Sur haya producido jamás; pero fue además un gran predicador y un hombre en extremo elocuente. Hay quienes dicen que, después de Samuel Davies, él fue el más elocuente predicador que el continente americano ha producido jamás. Por eso su biógrafo trata de transmitirnos cierta impresión de lo que era ver y oír a Thornwell predicando. Y hago notar que esto confirma e ilustra mi definición de la verdadera predicación como algo en que se mira además de oír, debido a que todo el hombre se implica en la acción. Así es como él lo describe:

> ¿Qué símbolos podrían transmitir esa amable mirada, esos tonos temblorosos y variados, la postura expresiva, el ademán típico y prefigurado, toda su estremecedora constitución que eran en él el complemento de un autor consumado? El relámpago, las aborregadas nubes que adornan el cielo y la blanca cresta de la ola del océano sobrepasan la habilidad del pintor. Era indescriptible.

Esta fue la impresión que recibió de la predicación de Thornwell.

Y ahora consideremos lo que el propio Thornwell dijo acerca de la predicación y de sí mismo como predicador:

> Es muy importante comprender qué es ser predicador y cómo se debe predicar. Los sermones eficaces son fruto del estudio, la disciplina, la oración y, especialmente, la unción del Espíritu Santo. Deben combinar las excelencias características de los demás géneros de composición destinados a la divulgación y deben ser pronunciados no meramente con el ardor de la fe, sino también con la influencia impulsora de la caridad procedente del Cielo. Debe verse que vienen del corazón, y de un corazón lleno del amor de Cristo y de amor hacia las almas. Por esta razón hay tan poca predicación en el mundo, y vemos que es un misterio de la gracia y del poder divino el que la causa de Dios no se haya echado a perder en el mundo cuando consideramos las cualidades para predicarla de los que profesan ser ministros. Mis propias actuaciones en este campo me llenan de desagrado. Yo nunca he elaborado, y mucho menos predicado, un sermón en mi vida, y estoy empezando a perder la esperanza de ser alguna vez capaz de hacerlo. Quiera el Señor darme más conocimiento,

gracia y sencillez de propósito.

No hay nada que añadir a eso. Cualquier hombre que haya vislumbrado algo de lo que es predicar sentirá inevitablemente que él nunca ha predicado. Pero continuará intentándolo con la esperanza de que, por la gracia de Dios, algún día pueda en verdad predicar.

Capítulo 6

El predicador

Deseo recordar de nuevo nuestro método para abordar nuestro tema. Estamos en un culto y mirando a un hombre que se halla en el púlpito y que se dirige a personas. Habiendo mostrado la vital importancia de la predicación y que esta es el principal asunto y tarea de la Iglesia, hemos considerado los dos aspectos de la predicación: el sermón y el acto mismo de predicar. Confío en que he dejado claro que, al menos tal como yo veo las cosas, los dos aspectos son de vital importancia; no puedes tener uno de ellos sin el otro. Ambos son esenciales, y la verdadera predicación consiste en la correcta mezcla de estos dos elementos.

Siguiendo ahora con este mismo enfoque, y centrándonos aún en la predicación en general, a mí me parece que la siguiente pregunta lógica que debemos plantear es: ¿Quién debe hacer esto? ¿Quién debe predicar? O expresándolo en los términos de la Escritura: "Para estas cosas, ¿quién es suficiente?". ¿Quién lo es para presentar este mensaje tal como lo hemos definido y en la forma en que hemos indicado? He aquí una pregunta sumamente importante, y especialmente hoy, cuando algunos dicen que no necesitamos la Iglesia para nada y hablan del "cristianismo sin religión". Pero hasta entre aquellos que aún creen en la Iglesia es necesario plantear esta pregunta: ¿Quién puede predicar así?

El primer principio que deseo establecer es que claramente no todos los cristianos están llamados a predicar, y ni siquiera todos los hombres cristianos están llamados a ello, ¡y menos las mujeres! En otras palabras, hemos de considerar la llamada "predicación laica". Esta ha sido muy comúnmente practicada durante 100 años o más. Anteriormente era relativamente rara, pero ha llegado a ser muy común. Sería interesante ir a la historia de esto, pero la falta de tiempo nos lo impide. Es interesante observar que este cambio, una vez más, fue principalmente debido a causas teológicas. Fue el apartarse teológicamente, en el siglo XIX, de una posición calvinista reformada a una actitud esencialmente arminiana lo que motivó el crecimiento de la predicación laica. La explicación de esa causa y su efecto es que el arminianismo, en último término, no es teológico. Por ese motivo, la mayoría de las denominaciones hoy día son por lo general no teológicas. Y, siendo ese el caso, no es de sorprender que ganara aceptación la idea de que la predicación estaba abierta prácticamente a cualquier hombre que se hubiera convertido y, más adelante, también a cualquier mujer.

Yo afirmo que esta idea de la predicación es antibíblica. Hay, desde luego, circunstancias excepcionales cuando esto pudiera ser necesario; pero entonces yo cuestionaría si se trata realmente de una "predicación laica". Lo que quiero decir al referirme a circunstancias excepcionales es que muy bien pudiera darse el caso, debido al estado y a la situación de una iglesia —falta de medios, etc.— de que la iglesia no pudiera permitirse sostener a un hombre a tiempo completo en la obra del ministerio, y en particular de la predicación. Las definiciones son importantes en este punto. La idea moderna de la predicación laica, en gran parte derivada de la enseñanza de los metodistas y de los hermanos de Plymouth, es que esta debiera ser la práctica normal y no la excepción, y que el predicador es un hombre que se gana su sustento por medio de una profesión o negocio y que predica, por decirlo así, en su tiempo libre.

La situación excepcional que yo estoy considerando es la de un hombre que se siente llamado al ministerio y a quien le gustaría dedicar todo su tiempo a ello pero que, debido a las circunstancias que he descrito, no puede hacerlo. Él anhela que llegue el día cuando la iglesia sea suficientemente fuerte económicamente y en otros aspectos como para sostenerle y así poder dedicar la totalidad de su tiempo a esta tarea. De manera que yo no le llamaría, hablando estrictamente, un predicador laico; es un hombre que por el momento tiene que ganarse su sostenimiento, en parte, haciendo otra cosa para que le sea posible predicar. Lo que deseo examinar es la idea de que cualquier hombre cristiano puede predicar y debe predicar. Hay algunos sectores de la Iglesia cristiana que enseñan esto asiduamente. Prima el eslogan siguiente: "Dale al recién convertido algo que hacer; envíalo a predicar y a dar su testimonio", etc. Hay tendencia a empujar a la gente a la predicación. Mucho de esto debe atribuirse a la influencia de Charles G. Finney y también de D.L. Moody, quien fue un defensor muy entusiasta de esa idea de darle algo que hacer a los nuevos conversos.

¿En qué nos basamos nosotros para criticar esta actitud hacia la predicación? Quiero señalar que se debe a no haber entendido la diferencia entre decir que cada cristiano debe estar dispuesto a —como escribe Pedro en 1 Pedro 3:15— "presentar [...] razón de la esperanza que hay en vosotros" y decir que cada cristiano debe predicar el Evangelio. Es diferente. Todo cristiano debiera ser capaz de dar una explicación de por qué es cristiano; pero eso no quiere decir que cada cristiano deba predicar.

La diferencia se hace patente de una manera sumamente interesante en Hechos 8:4-5. Allí se nos relata que se levantó en Jerusalén una gran persecución contra la Iglesia y que todos los miembros de la Iglesia fueron esparcidos excepto los Apóstoles. Entonces se nos dice en los versículos 4 y 5: "Pero los que fueron esparcidos iban por todas partes anunciando el evangelio. Entonces Felipe, descendiendo a la ciudad de Samaria, les predicaba a Cristo". En el original, las palabras "anunciar" y "predicar" también son diferentes, y es una importante distinción. Lo que hizo la gente que fue esparcida por todas partes fue, tal como alguien ha indicado que debería traducirse, "charlar" acerca de la Palabra, hablar de ella en sus conversaciones. Pero, en cambio, Felipe hizo algo diferente; él fue "anunciando como un heraldo" el Evangelio. Esto es, estrictamente hablando, lo que quiere decir "predicar" en el sentido en el que yo he venido utilizando el término. No es casualidad que señale tal distinción en este texto.

Por tanto, el hecho es que todo cristiano debe ser capaz

de hacer lo que se indica en el versículo 4, pero solamente algunos son llamados a hacer lo que se indica en el versículo 5. En el Nuevo Testamento, esta distinción está muy claramente delineada; solo ciertas personas son apartadas y llamadas para presentar el mensaje, digamos, de parte de la Iglesia de una manera oficial. Ese acto se limita a ancianos y solamente a algunos de ellos: a los ancianos maestros, al anciano que ha recibido el don de la enseñanza, a los pastores y a los maestros. Está claro que, en el Nuevo Testamento, la predicación se limitaba a los apóstoles, a los evangelistas y a estos otros.

¿Por qué digo que esto es importante? ¿Cuál es la crítica esencial que se le hace a la "predicación laica"? La respuesta se reduce a esto: que parece hacer caso omiso de toda la idea del "llamamiento". Hay además otras razones que a mí me parecen militar contra esta idea. Mi principal argumento es que la imagen que ya he ofrecido del predicador, y de lo que hace, asevera no solamente que esto es algo a lo que alguien tiene que ser llamado, sino también algo que debiera ocupar la totalidad de su tiempo salvo en circunstancias excepcionales. No se puede hacer como algo secundario, por así decirlo; ese es un enfoque erróneo, una actitud errónea.

En primer lugar examinémoslo en los términos de esta cuestión del llamamiento. ¿Qué es el predicador? Bien, obviamente, el predicador es un cristiano como cualquier otro. Eso es básico y absolutamente esencial. Pero es más que eso, hay algo más; y es aquí donde se introduce toda esta cuestión del llamamiento. El predicador no es un cristiano que decide predicar, no es alguien que simplemente decide hacerlo, ni que decide tomarse la predicación como una profesión. Esto ha pasado con frecuencia. Hay hombres a quienes les gusta bastante la idea de ser ministros. Les parece ser un tipo de vida ideal, una vida con abundancia de tiempo libre, que proporciona amplia oportunidad para la lectura de filosofía, teología o cualquier cosa que se les antoje leer. Si resulta que son poetas, pues bien, esto les dará tiempo abundante para escribir poesía. Y esto es aplicable también a los ensayistas o novelistas. Esta imagen del tipo de vida que vive un ministro ha atraído con frecuencia a los jóvenes y ha habido muchos que han entrado en el ministerio de esta manera.

Apenas necesito decir que esto es enteramente erróneo y bastante ajeno a la imagen que uno obtiene de las Escrituras, así como a la de las vidas de los grandes predicadores a través de los siglos. La respuesta a esa falsa idea es que la predicación no es nunca algo que un hombre decide hacer. Más bien lo que sucede es que llega a ser consciente de un "llamamiento". Toda esta cuestión del llamamiento no es un asunto fácil; y todos los ministros han tenido conflictos por esta causa porque es algo de vital importancia para nosotros.

¿Estoy yo llamado a ser predicador o no? ¿Cómo lo sabes? Quiero hacer notar que existen ciertas pruebas para saberlo. Un llamamiento comienza generalmente en forma de conocimiento o percepción dentro del propio espíritu de uno, una conciencia de una especie de presión que gravita en el propio espíritu, una cierta turbación en la esfera del espíritu, y de esta manera tu mente se dirige a todo el asunto de la predicación. Tú no lo has pensado deliberadamente, no te has sentado en frío a considerar posibilidades, y después, habiendo tenido en cuenta varias, te has decidido por ello. No es eso. Es algo que te sucede; es que Dios está tratando contigo, y que Dios actúa en ti por su Espíritu; es algo de lo que te das cuenta y no algo que haces. Lo recibes sin buscarlo, se te presenta y casi se te impone a la fuerza constantemente de esta manera.

Después, lo que ha estado ocurriendo de esa forma en la esfera de tu espíritu se ve confirmado o acentuado por la influencia de otros que quizá hablen contigo y te planteen preguntas. Esta suele ser a menudo la forma en que los hombres son llamados a ser predicadores. En muchas biografías podrás leer que un joven que nunca había pensado en predicar fue abordado por un anciano de la iglesia o por un hermano espiritual miembro de la iglesia que le planteó la siguiente pregunta: "¿No crees que quizá tú estás llamado a predicar este Evangelio?". Y entonces el que hace la pregunta le da sus razones para decir eso. Y quizá por medio de él dé el paso inicial. Mi experiencia me dice que, generalmente, estas dos cosas vienen juntas.

Después, esto se va desarrollando y lleva a tener un interés por otros. Estoy contrastando esto con la idea tan común de que se entra en el ministerio como se escoge una profesión o una ocupación. El verdadero llamamiento siempre incluye preocupación por los demás, interés en ellos, una percepción de su estado de perdición y de su situación, un deseo de hacer algo por ellos y de comunicarles el mensaje e indicarles el camino de la salvación. Esta es una parte esencial del llamamiento; y esto es importante, en particular como un medio para probarnos a nosotros mismos.

Frecuentemente ha ocurrido que jóvenes que tienen ciertos dones oyen a un gran predicador y quedan fascinados por él y por lo que hace. Les fascina su personalidad o su elocuencia, son conmovidos por él e inconscientemente comienzan a sentir un deseo de ser como él y de hacer lo que él está haciendo. Ahora bien, eso puede ser algo correcto o puede ser una equivocación muy grande. Puede que solamente estén fascinados por el encanto de la predicación, y se vean atraídos por la idea de dirigirse a audiencias e influir en ellas. Pueden asomarse todo tipo de motivaciones equivocadas y falsas. La manera de examinarse a sí mismo contra ese peligro es preguntarse: ¿Por qué quiero yo hacer esto? ¿Por qué tengo interés en esto? Y, a menos que uno descubra un genuino interés por los demás y por su estado y situación, y un deseo de ayudarles, hará muy bien en dudar de sus motivaciones.

Pero hemos de proseguir a algo aún más profundo; debiera haber también un sentimiento de constreñimiento. Esta es sin duda una prueba crucial. Esto quiere decir que tienes la sensación de que no puedes hacer ninguna otra cosa. Creo que fue el Sr. Spurgeon quien solía decir a los jóvenes: "Si podéis hacer cualquier otra cosa, hacedla. Si podéis permanecer fuera del ministerio, quedaos fuera del ministerio".

Yo ciertamente diría lo mismo sin titubeo alguno. Yo diría que el único hombre que está llamado a predicar es aquel que no puede hacer ninguna otra cosa en el sentido de que ninguna otra cosa le satisface. El llamamiento a predicar está de tal manera sobre él, y hay tal presión gravitando sobre él, que dice: "No puedo hacer ninguna otra cosa; tengo que predicar".

O puedo expresarlo de la siguiente manera (y hablo por experiencia personal). Estás seguro del llamamiento cuando eres incapaz de detenerlo y de resistirlo. Tratas por todos los medios de hacerlo. Dices: "No, continuaré con lo que estoy haciendo; soy capaz de hacerlo y es un buen trabajo". Haces todo lo que puedes para apartar y quitarte de encima esa turbación que sientes en tu espíritu y que te llega de estas diversas formas. Pero llegas a un punto cuando ya no puedes más. Casi se vuelve una obsesión, y tan abrumadora que al final dices: "No puedo hacer ninguna otra cosa, no puedo resistir por más tiempo".

Eso es, tal como yo lo entiendo, lo que significa ser llamado a predicar. Pero sigamos adelante con una prueba más por medio de algo que es igualmente importante. Ya lo había señalado anteriormente: se trata de un sentido interior de falta de confianza en uno mismo, una sensación de indignidad, una sensación de insuficiencia. Ninguna expresión más perfecta de esto se puede hallar en sitio alguno que la que se encuentra en 1 Corintios 2, en donde Pablo habla de "debilidad, y mucho temor y temblor". Él repite la misma idea en 2 Corintios 2:16, donde se pregunta: "Y para estas cosas, ¿quién es suficiente?". La enseñanza de Pablo concerniente al llamamiento de Dios a este singular trabajo, que hemos estado exponiendo detalladamente, conduce inevitablemente a esa pregunta. Él lo expresa de esta manera:

> Mas a Dios gracias, el cual nos lleva siempre en triunfo en Cristo Jesús, y por medio de nosotros manifiesta en todo lugar el olor de su conocimiento. Porque para Dios somos grato olor de Cristo en los que se salvan, y en los que se pier-

> den; a estos ciertamente olor de muerte para muerte, y a aquellos olor de vida para vida. Y para estas cosas, ¿quién es suficiente?

Al darse cuenta de todo lo que está involucrado en la predicación, es inevitable que un hombre se sienta indigno e inadecuado. Por tanto, no solamente se siente indeciso, sino que cuestiona sus sentimientos, los pone en duda y los examina cuidadosamente; hace todo lo posible por apartar esto de sí.

Estoy recalcando todo esto porque, por alguna extraña razón, este es un aspecto del asunto que raramente se menciona alguna vez en nuestra época y en nuestra generación. Esta es también mi razón definitiva para estar en contra de la idea de la predicación laica. El hombre que se constituye él mismo en predicador no titubea en correr al púlpito y predicar, y pretende poder hacerlo como algo secundario en su tiempo libre. ¿Qué sabe él de "debilidad, y mucho temor y temblor"? Pero, ¡ay!, a veces ocurre exactamente lo contrario, y en su confianza en sí mismo es sumamente crítico, y aun altivo respecto a los predicadores ordenados. Aunque ellos no tienen ninguna otra cosa que hacer, lo hacen miserablemente mal; ¡pero él puede hacerlo en sus ratos libres! Eso es exactamente contradecir al gran Apóstol y lo que ha sido cierto de todos los más grandes predicadores en la Iglesia en todos los siglos anteriores. Lo que en realidad parece que ocurre es que, cuanto más grande el predicador, más dudas tiene generalmente en cuanto a predicar. Con mucha frecuencia, tales hombres han tenido que ser persuadidos por ministros, ancianos y otros a hacerlo; se retiraban de la temida responsabilidad. Esto fue así en el caso de George Whitefield, uno de los predicadores más grandes y más elocuentes que jamás han engalanado un púlpito. Y ha sido así en el caso de muchos otros. Mi razonamiento es, por tanto, que un hombre que siente ser competente y que puede hacerlo fácilmente y, por tanto, se apresura a predicar sin sentido alguno de temor o temblor y sin titubeo de ninguna clase, el tal hombre está proclamando que nunca ha sido "llamado" a ser un predicador. El hombre que es llamado por Dios es alguien que sabe a qué ha sido llamado, y también que se da cuenta de la solemnidad de la tarea y se retrae ante ella. Ninguna otra cosa sino esta abrumadora sensación de ser llamado, y de compulsión, debieran llevar jamás a alguien a predicar.

* * *

Esa es, por tanto, la primera cosa que coloca a un hombre en un púlpito para predicar. Debo apresurarme a añadir que aun esto necesita ser examinado y confirmado; y lo hace la Iglesia. El primer aspecto lo indica de nuevo el Apóstol en la Epístola a los Romanos, capítulo 10: "Todo aquel que invocare el nombre del Señor, será salvo. ¿Cómo, pues, invocarán a aquel en el cual no han creído? ¿Y cómo creerán en aquel de quien no han oído? ¿Y cómo oirán sin haber quien les predique? ¿Y cómo predicarán si no fueren enviados?" (Romanos 10:13-15). El predicador es "enviado". ¿Pero cómo podemos estar seguros de haber sido "enviados" en este sentido y de que no estamos simplemente designándonos a nosotros mismos? Es aquí donde entra la Iglesia. Esta es la enseñanza del Nuevo Testamento, y no solamente en relación con la predicación y la enseñanza, sino también en relación con los otros cargos en la Iglesia. Tan prematuramente como en el capítulo 6 del libro de Hechos de los Apóstoles se establecen ciertas cualidades propias de los diáconos. La Iglesia selecciona a estos hombres según ciertos principios; a ella se le enseña qué cosas debe buscar y entonces busca tales cualidades. Lo mismo encontramos en las Epístolas Pastorales, en donde se comunican las instrucciones respecto a las cualidades de los ancianos y de los diáconos. Por tanto, antes de poder estar seguro de que un hombre ha sido llamado a ser predicador, su llamamiento personal ha de ser confirmado por la Iglesia, ha de ser atestiguado por la Iglesia.

Una vez más he de matizar esto diciendo que la historia de la Iglesia y de los predicadores muestra con bastante claridad que a veces la Iglesia ha cometido errores. Los ha cometido muchas veces rechazando a hombres que han demostrado por sus testimonios como predicadores que fueron obviamente llamados por Dios. Por ejemplo, el Dr. Campbell Morgan fue rechazado por la Iglesia metodista de Inglaterra. Pero esa es una excepción, una excepción que confirma la regla; y no se legisla para los casos excepcionales y difíciles. Me refiero a la generalidad. Cuando hay un hombre excepcional y destacado, Dios lo dará a conocer de alguna manera y a pesar de los hombres; pero eso no ocurre muy frecuentemente.

Lo que acontece más comúnmente es que hay hombres que se sienten llamados pero que en realidad no lo son; y es tarea de la Iglesia ver esto y manejar la situación. Yo podría poner muchos ejemplos y dar muchas ilustraciones de esto. Cuando alguien ha venido a mí y me ha dicho que ha sido llamado a ser predicador, siempre he sentido que lo mejor que podía hacer era poner cualquier obstáculo imaginable en su camino. Además de eso, utilizo todos los criterios a mi alcance para tantear su personalidad, su inteligencia y su habilidad para hablar. La correspondencia entre lo que el hombre siente y lo que la iglesia debe sentir es sumamente importante. Una historia muy conocida sobre Spurgeon ilustra esto bien. Un domingo, al terminar el culto de la tarde, un hombre acudió a él y le dijo:

—Sr. Spurgeon, el Espíritu Santo me dice que tengo que predicar aquí, en este Tabernáculo, el próximo jueves por la noche.

—Bien, es una cosa muy curiosa —dijo Spurgeon— que el Espíritu Santo no me lo haya dicho a mí.

¡Obviamente, pues, aquel hombre no predicó el jueves en el Tabernáculo! Aquello era de pura lógica. Si el Espíritu Santo le hubiera dicho a aquel hombre que hiciera eso, se lo habría dicho también al Sr. Spurgeon. El Espíritu Santo actúa siempre de manera ordenada.

Este es un asunto sumamente sutil. Nuestra naturaleza, nuestra ambición o el gusto por determinados oficios, o determinadas tareas, pueden crear en uno el deseo de ser predicador, y nos convencemos a nosotros mismos de que se trata del Espíritu de Dios guiándonos. Sé que esto ha pasado muchas veces; y una de las más dolorosas tareas a las que se enfrenta un ministro es la de desanimar a alguien que acude a él de esta forma. ¿En qué se basa para desanimarle? Existen ciertas pruebas que tiene que aplicar, y lo mismo debe hacer la Iglesia. ¿Qué es lo que la Iglesia espera de un hombre que dice que ha sido llamado a ser predicador? Obviamente debe esperar algo excepcional en él. Ha de ser cristiano, por supuesto, pero debe haber algo más, tiene que haber algo adicional.

¿Qué es lo que esperas tú? Bien, recordemos de qué manera en Hechos 6, aun en el asunto de nombrar diáconos que simplemente habrían de gestionar una cuestión financiera, una obra caritativa relacionada con el sustento de las viudas, se insistió en que debían ser hombres "llenos del Espíritu Santo". Esta es la primera y principal cualidad. Debes esperar un grado de espiritualidad inusual, y esto ha de ser lo primero debido a la naturaleza de la tarea. Además debes esperar un cierto grado de seguridad respecto a su conocimiento de la Verdad y su relación con ella. Si es un hombre que siempre está luchando él mismo con problemas, dificultades y confusiones, y tratando de descubrir las verdades, y si es tan inseguro que siempre se ve influido por el último libro que lee y es "llevado por doquiera de todo viento de doctrina" y de cada nueva moda teológica, entonces está muy claro que es *ipso facto* un hombre que no está llamado al ministerio. Alguien que tiene grandes problemas él mismo y se halla en un estado de perplejidad, claramente, no es apto para ser predicador, porque predicaría a personas con problemas y su principal función es ayudarles y ocuparse de ellas. "¿Acaso puede un ciego guiar a otro ciego?". Esa es la propia pregunta del Señor para tal situación. El predicador, por tanto, debe ser un hombre que se caracteriza por una espiritualidad en un grado inusual, y un hombre que ha llegado a un conocimiento y entendimiento estable y seguro de la Verdad y siente ser capaz de predicarla a otros.

¿Qué más falta? Procedamos ahora a examinar lo que se llama comúnmente el carácter. Yo no describiría el estar "lleno del Espíritu Santo" como carácter, lo cual quiere decir que es un hombre que se caracteriza por una vida piadosa. Esto lo encontramos de nuevo y con claridad en las Escrituras; por ejemplo, en la carta de Pablo a Tito: "Exhorta asimismo a los jóvenes a que sean prudentes; presentándote tú en todo como ejemplo de buenas obras; en la enseñanza mostrando integridad, seriedad, palabra sana e irreprochable, de modo que el adversario se avergüence, y no tenga nada malo que decir de vosotros" (Tito 2:6-8). El predicador ha de ser un hombre santo. Pero además debe tener sabiduría. Y no solo eso, sino que también ha de tener paciencia y capacidad de aguante. Esto es sumamente importante en un predicador. El Apóstol lo expresa así: "El siervo del Señor no debe ser contencioso, sino amable para con todos, apto para enseñar, sufrido" (2 Timoteo 2:24).

Estas son cualidades básicas. Un hombre puede ser un buen cristiano y muchas otras cosas; pero si le faltan estas cualidades no podrá ser predicador. Ha de ser, además de esto, un hombre que comprende a las personas y la naturaleza humana. Estas son cualidades y características generales que deben esperarse y en las que hemos de insistir.

Solamente después de haber hecho hincapié en tales cualidades podemos hablar de la cuestión de la habilidad. Me parece que una de las tragedias de la Iglesia moderna es que tendemos a poner la habilidad en primer lugar. No debe ser lo primero, sino ocupar su debido lugar. Pero ciertamente ha de tenerse en cuenta eso. Recuerdo a un joven que vino a mí hace muchos años diciéndome que estaba completamente seguro de haber sido llamado al ministerio. No solamente me lo dijo a mí, sino que además hizo algo que me preocupó mucho más. Resulta que el domingo anterior yo había estado ausente de mi iglesia y otro predicador de fuera había ocupado mi lugar. Mi joven amigo había ido a este predicador y le había dicho que se sentía llamado a predicar y al ministerio; y el predicador que estaba de visita, no sabiendo nada en absoluto acerca de él, le había animado, encomiado y urgido a seguir. La realidad era que el pobre muchacho carecía de la necesaria habilidad mental para ser predicador. Era así de sencillo. Él nunca hubiera sido capaz de pasar ni siquiera los exámenes preliminares; y si apenas los hubiera aprobado de alguna manera, carecía de la capacidad mental requerida para la obra que hemos estado describiendo. Hemos de recalcar, pues, la inteligencia y la habilidad natural. Para que un hombre utilice "bien la palabra de verdad", ha de tener la capacidad para ello. El apóstol Pablo dice que ha de ser "apto para enseñar". Ya que predicar significa presentar el mensaje de Dios de la manera que hemos descrito, que incluye la relación entre la teología sistemática y el significado exacto de un texto concreto, obviamente esto requiere un cierto grado de intelecto y de habilidad. De forma que, si un hombre carece de ese mínimo básico en ese aspecto, claramente no está llamado a ser predicador.

Después yo añadiría a eso "el don de la palabra". Tenemos de nuevo algo aquí que, con seguridad, tendemos a olvidar en la actualidad. De ahí mi insistencia en el acto de predicar, en lo que se refiere al acto mismo de hablar. ¿Qué es un predicador? Lo primero, obviamente, es que se trata de un orador. No es, en primer lugar, un escritor de libros, ni un ensayista ni un literato; el predicador es primeramente un orador. Por tanto, si el candidato no posee el don de la palabra, por mucho que posea cualquier otra cosa no va a poder ser predicador. Puede que sea un gran teólogo, puede que sea un hombre excelente dando asesoramiento y consejo personal, y muchas otras cosas; pero, por definición, si no tiene el don de la palabra no puede ser predicador.

Quisiera una vez más ilustrar esto por medio de un ejemplo. Recuerdo el caso de un joven que era muy buen científico y que lo había hecho bien y lo estaba haciendo bien en su propia actividad. Vino a mí diciendo que estaba seguro de que estaba llamado a ser predicador. Pero yo supe inmediatamente que estaba equivocado. ¿Por qué? No por un discernimiento especial por mi parte, sino simplemente porque era obvio que apenas podía expresarse ni siquiera en conversación privada y, por tanto, mucho menos en público. Era un hombre muy capacitado, pero obviamente no tenía el don de la comunicación. No podía hablar con libertad, titubeaba, vacilaba, era inseguro y apocado en su manera de hablar. Hice todo lo que pude para impedir que prosiguiera su preparación. Sin embargo, no quiso escucharme, porque él estaba seguro de su llamamiento. Empezó a estudiar teología y lo hizo muy bien en Oxford y finalmente fue ordenado como ministro. Creo que estoy en lo cierto al decir que en total estuvo en tres iglesias diferentes en unos siete años. Entonces, como resultado de esa experiencia, él mismo llegó a ver claramente que nunca había sido llamado a predicar. Volvió a su trabajo como científico y lo está haciendo muy bien. Ahí es donde siempre debiera haber estado, ya que carecía de este don particular y esencial de la palabra.

Estos puntos concretos son de la mayor importancia. Hablo como alguien que ha tenido que considerar este problema muy a menudo durante los últimos cuarenta años. Voy a contar otra historia que ejemplifica lo que estoy diciendo. Algunas veces, este error en cuanto a un llamamiento lo comete no tanto el hombre en cuestión, sino algún ministro o anciano de la iglesia que se encarga de indicar al hombre que debiera ser predicador y hasta le insiste y presiona para que lo haga. Recuerdo muy bien un incidente ocurrido un domingo por la noche. Después de predicar me fui a mi despacho en la iglesia y un joven vino a verme. Parecía estar muy inquieto y le dije:

—Y bien, ¿qué pasa? ¿En que puedo ayudarte?

Me dijo que no quería robarme mucho tiempo, que solamente quería que le dijera una cosa: si yo conocía a algún psiquiatra cristiano.

—Bueno —le dije—, ¿para qué necesitas ver a un psiquiatra cristiano?

Él me respondió diciendo:

—Estoy muy preocupado, tengo una gran confusión.

Le pregunté acerca de la causa de la confusión. Dicho sea de paso, no deberíamos enviar a alguien a un psiquiatra a menos que estemos bastante seguros de que necesita tal ayuda; y mi experiencia es que la mayoría de la gente que pregunta por el nombre de un psiquiatra cristiano necesita ayuda espiritual más que tratamiento psiquiátrico. De cualquier modo, yo le pregunté al joven:

—¿Por qué necesitas ver a un psiquiatra?

Y de nuevo respondió:

—Tengo una gran confusión.

—¿Cuál es la causa de tu confusión? —le pregunté.

Entonces me contó su historia. Había estado las dos últimas semanas en cierta escuela que se había abierto recientemente para preparar evangelistas. Hasta entonces, él había estado ejerciendo su profesión como panadero en el oeste de Inglaterra. Había sido dotado con una buena voz para cantar que utilizaba para ayudar en la obra de su iglesia local. Recientemente había habido una campaña evangelística en su pequeña ciudad y él había cantado como solista cada noche. Al terminar la campaña, el evangelista visitante habló a solas con este joven y le dijo: "¿No crees que tú estas llamado al ministerio?". Habló largamente con él y finalmente convenció al muchacho de que verdaderamente debería estar en el ministerio. Ambos se pusieron de acuerdo en que, desde luego, necesitaría un poco de preparación, y el evangelista pudo decirle que, afortunadamente, en aquel momento había una escuela bíblica a su disposición. Envió al joven, pues, a aquella nueva escuela bíblica y allí estuvo durante dos semanas. Pero ahora venía a verme a mí en medio de una gran inquietud.

—¿Qué ha pasado? —le pregunté.

—Bueno —me dijo—, yo no puedo seguir las clases. Veo a los otros estudiantes tomando notas pero yo no sé cómo tomar notas.

Él nunca había leído bien ni había asistido a clases; por tanto, se encontraba sumamente confuso. El evangelista le había dicho que estaba llamado al ministerio, ¿y quién era él para cuestionar el veredicto de aquel hombre? Sin embargo, él sentía que no podía continuar. Había llegado a estar tan descontento y tan confuso que había ido a ver al director de la escuela bíblica; y lo primero que el director le dijo después de oír la historia fue: "Creo que necesitas visitar a un psiquiatra". Parece que se ha convertido en algo rutinario en estos días el aconsejar esto a los cristianos que se hallan perplejos. Por tanto, el joven andaba buscando el nombre de un psiquiatra cristiano. Le dije: "Yo no creo que necesites en absoluto ver a un psiquiatra. El hecho mismo de que te halles perplejo y confuso y que sientas que no puedes seguir me esta mostrando con bastante claridad que has 'vuelto en ti' de nuevo y que tu salud mental está en buen estado". Y añadí: "Cuando realmente estabas para ir al psiquiatra fue cuando escuchaste al evangelista y fuiste a la escuela bíblica. Ahora has llegado a ver la situación tal como en realidad es. Vuelve, retoma tu trabajo como panadero y utiliza también tu voz, ese don que Dios te ha dado para cantar. Reconoce que no estás llamado al ministerio y continúa haciendo lo que sí puedes hacer". El hombre literalmente no poseía la necesaria capacidad mental, y él lo sabía y lo había visto claramente. Inmediatamente quedó aliviado y salió regocijándose. Actuó según mi consejo y reanudó su valioso y dichoso servicio para la gloria de Dios en su iglesia local.

* * *

Estos son los caminos por los que la Iglesia examina a un hombre que dice que ha recibido el llamamiento. Mi argumento es que Dios obra a través del hombre mismo y a través de la voz de la Iglesia. Es el mismo Espíritu Santo el que opera en ambos, y cuando hay acuerdo y consenso en la opinión se está en lo cierto en suponer que aquello es un llamamiento de Dios. Un hombre no se designa a sí mismo; ni tampoco entra en el ministerio meramente por presión de la Iglesia. Ambas cosas han de ir unidas. Y ambos aspectos han sido descuidados. He conocido a muchos hombres que se engañaban a ellos mismos. He conocido también muchos casos en que los hombres son empujados al ministerio, en el que nunca debieron estar, por una falsa enseñanza de parte de la Iglesia. Ambas cosas han de ir unidas.

* * *

Aquí tenemos, por tanto, el comienzo de un proceso; aquí tenemos a un hombre llamado a predicar el Evangelio. Ahora viene todo el asunto de la instrucción y de la preparación. No me propongo profundizar en esto ni entrar en valoraciones sobre los seminarios teológicos, pero hay algunas cosas generales que me gustaría decir de paso. Mi opinión es que todo el asunto de la preparación para el ministerio necesita ser revisado urgentemente y que hacen falta cambios drásticos y radicales. ¿Qué es lo que necesita un hombre a modo de preparación? Lo primero y principal que necesita es cierta dosis de conocimiento general y de experiencia de la vida. Es cristiano. Ha tenido una experiencia de conversión. Pero solamente eso no le prepara para ser predicador. Eso es así en el caso de muchos que no son llamados a ser predicadores. Este hombre necesita además cierta dosis de conocimiento general y de experiencia de la vida.

¿Por qué hago hincapié en esto? La razón es que, si carece de esto, su tendencia será a ser demasiado teórico en su predicación, demasiado intelectual. Probablemente subirá al púlpito y abordará sus propios problemas en vez de los problemas de la gente que está sentada en los bancos escuchándole. Pero él está allí para predicarles a ellos, para ayudarles, y no para tratar de resolver sus propios problemas y sus perplejidades personales. La forma de prevenir que eso ocurra es que ese hombre tenga un mínimo de conocimiento general y de experiencia de la vida, y cuanto más mejor. Hay quienes dicen —y mi tendencia es a estar de acuerdo con ellos— que sería bueno que todos los hombres que entran en el ministerio tuvieran alguna experiencia de haber vivido en este mundo, en algún negocio o ejerciendo alguna profesión.

Ponen en duda la sabiduría de un sistema en el que los jóvenes pasan de la escuela directamente al seminario y después al ministerio sin haber vivido otra experiencia aparte de esa. Existe el peligro, como mínimo, de dar un enfoque demasiado teórico e intelectual de tal manera que el hombre que está en el púlpito esté en realidad apartado de la vida de la gente que se encuentra sentada en los bancos escuchándole. Por tanto, el conocimiento general y la experiencia son de inestimable valor.

Además yo haría gran hincapié en la importancia de una capacitación general de la mente. Todos necesitamos tener nuestras mentes preparadas. Puede que tengamos un buen intelecto, pero este necesita disciplinarse. Y, por tanto, una buena preparación general en cualquier enseñanza técnica o científica es buena porque nos enseña a pensar y a razonar sistemática y lógicamente. Recalco esto porque, como hemos visto, en el sermón ha de haber un elemento de razonamiento y de progresión de pensamiento. Y para asegurar eso se requiere cierta dosis de preparación. Lanzar unas cuantas ideas a la ventura sin ponerlas en orden no ayuda a la congregación; por tanto, el predicador necesita tener su mente capacitada en ese sentido general. La forma en particular de prepararse carece de importancia con tal de que el resultado sea una mente preparada; esta puede aplicarse luego a la tarea concreta del predicador.

De la misma manera, el conocimiento general y la información serán de gran valor al predicador y a su predicación. Le ayudarán a ilustrar y adornar el mensaje que está dando a la gente y a hacer que sea más fácil para ellos poder seguirlo y asimilarlo.

Pero dejemos ya la preparación general para pasar a la preparación especial. ¿Qué se necesita para ella? Haré solamente un amplio bosquejo general. Lo primero y principal es el conocimiento de la Biblia y su mensaje. Un hombre que es deficiente en este sentido no puede ser un verdadero predicador. He hecho hincapié en "todo el consejo de Dios"; he hecho hincapié en todo el proyecto y el plan de la salvación y en la importancia de la "teología sistemática". No puedes tener eso sin un adecuado conocimiento de la Biblia, un conocimiento de toda la Biblia y de su mensaje. Esta es, por tanto, una parte vital de la preparación.

¿Qué lugar ocupa el conocimiento de las lenguas originales? Estas son de gran valor pensando en la precisión; pero nada más; eso es todo. No pueden garantizar la precisión, pero la fomentan. Esto es parte de la mecánica de la predicación, no lo principal, no lo vital; pero es importante. El predicador debe ser riguroso, nunca debe decir cosas respecto a las cuales algún miembro erudito de su congregación le pueda demostrar que está equivocado y que se basa en una interpretación errónea. El conocimiento de los idiomas originales es importante en ese aspecto. Pero no olvidemos nunca que el objetivo último de la preparación de este hombre es estar capacitado para predicar, para transmitir el mensaje de la Biblia a las personas, de las cuales la gran mayoría no serán expertas en lenguas ni en filosofía. Su tarea es transmitirles el mensaje y que le entiendan. El objetivo de la preparación no es tanto hacer del estudiante un gran experto en lingüística como hacer de él un hombre preciso.

Manifiesto esto porque, en la actualidad, gran parte de la preparación invierte el tiempo en tratar la crítica negativa, los huesos secos; y los hombres están ahora más interesados en esto que en el mensaje. "Los árboles no les dejan ver el bosque" y olvidan que están llamados a ser predicadores que transmiten un mensaje a las personas que tienen delante tal como son. Por tanto, si se pierden en el asunto de la crítica y en defender y responder y dedican todo su tiempo a esto pensando que eso es todo, entonces es que no saben lo que es la predicación, y "las hambrientas ovejas buscan y no son alimentadas". Todo eso es parte del andamiaje, como lo llamaré más adelante. Uno no se detiene tras colocar el andamio; eso es solo lo preliminar del edificio. O considerémoslo como si fuera un esqueleto. El esqueleto es esencial, pero un esqueleto solo es una monstruosidad, necesita estar revestido de carne.

Pasamos entonces al estudio de la teología. Esto de nuevo es evidente por lo que ya hemos venido diciendo. No basta meramente con que un hombre conozca las Escrituras, tiene que conocerlas en el sentido de haber extraído de ellas la esencia de la teología bíblica y haberla comprendido de una manera sistemática. Ha de estar tan versado en esto que toda su predicación sea controlada por ello.

A continuación yo pondría el estudio de la historia de la Iglesia. Y aquí recalcaría particularmente la importancia de aprender el peligro de las herejías. Puede que un hombre sea un buen cristiano o tenga una gran experiencia y, por tanto, piense que no es necesario nada más. Tiene las Escrituras, tiene el Espíritu de Dios en él, está entregado al bien, etc., y por consiguiente tiene tendencia a pensar que está a salvo y que todo va bien. Pero quizá algún tiempo después se vea acusado de herejía y eso le deje atónito y asombrado. La manera de salvaguardarse uno mismo de esto es aprender algo sobre las herejías, sobre cómo surgieron en el pasado, generalmente por medio de hombres muy buenos y rectos. La Historia muestra la sutileza de todo esto y cómo muchos, por falta de equilibrio o por no conservar la proporción de la fe y el equilibrio entre las distintas partes del mensaje, han sido presionados por el diablo a hacer demasiado hincapié en un aspecto en particular, y finalmente la presión ha sido tal que han llegado a hallarse en una posición en la que realmente contradicen la Verdad, llegando a ser herejes. Por tanto, la historia de la Iglesia es de ayuda inestimable para el predicador. No es coto reservado a los académicos. Yo diría que la historia de la Iglesia es una de las materias de estudio más esenciales para el predicador, aunque solo sea para mostrarle el terrible peligro de deslizarse hacia la herejía o hacia el error sin darse cuenta de que algo le ha pasado.

Al mismo tiempo, la historia de la Iglesia le contará los grandes avivamientos en ella. En mi experiencia no conozco nada que haya sido más estimulante y provechoso, y que haya actuado más frecuentemente como tónico para mí, que la historia de los avivamientos. Observemos los tiempos en que vivimos. ¡Qué desalentadores son estos días!; ¡tanto que hasta un hombre con la Biblia en sus manos y que cree en ella, y con el Espíritu Santo en él, puede a veces caer en el desaliento y en un abatimiento cercano a la desesperación más profunda! No hay mejor tónico para este estado que familiarizarse con épocas anteriores de la historia de la Iglesia que hayan sido similares y ver la forma en que Dios ha actuado en ellas. El predicador es alguien —espero tratar esta cuestión más adelante— atacado desde muchos frentes, y quizá su mayor peligro sea el de desanimarse y deprimirse y sentir que ya no puede más. La historia de la Iglesia, y especialmente la historia de los avivamientos, es uno de los mejores antídotos para eso.

Recuerdo haber leído en algún lugar que el novelista Anatole France, cuando se encontraba cansado y desalentado con tendencia a estar deprimido y abatido, solía decir: "Nunca viajo al campo para cambiar de ambiente o ir de vacaciones, en vez de eso me voy al siglo XVIII". A menudo yo he dicho exactamente lo mismo; pero, por supuesto, no en el mismo sentido al que él se refería. Cuando me desanimo y estoy demasiado cansado y abrumado, acudo también invariablemente al siglo XVIII. Nunca me he encontrado con que George Whitefield me fallara. ¡Ve al siglo XVIII! En otras palabras, lee los relatos de las grandes corrientes y los movimientos del Espíritu Santo experimentados en ese siglo. Esta es la experiencia más estimulante, el mejor tónico que jamás se pueda conocer. Para un predicador es absolutamente inestimable; nada hay comparable a esto. Cuanto más aprenda de esta manera sobre la historia de la Iglesia, mejor predicador será.

Al mismo tiempo, por supuesto, durante su preparación debe familiarizarse con los relatos de las vidas de los grandes hombres del pasado, los grandes santos y predicadores. Esto no solamente actuará como un tónico maravilloso para él en tiempos de depresión, también lo conservará humilde cuando sea tentado al orgullo y a un espíritu de engreimiento. Y eso es igualmente necesario. Cuando un hombre comienza a predicar y lleva uno o dos sermones, ¡piensa que realmente ya es predicador! La mejor medicina para eso es leer sobre Whitefield o sobre Jonathan Edwards, o sobre Spurgeon o alguno de aquellos grandes hombres de Dios. Eso le hará poner pronto los pies sobre la tierra.

En último lugar, y solo en último lugar, está la homilética. Esta, para mí, es casi una abominación. Existen libros que llevan títulos tales como "La habilidad para construir sermones" y "La habilidad para ilustrar sermones". A mi entender, eso es prostitución. La homilética simplemente viene dada, nada más.

¿Qué diremos acerca de la predicación como tal, del acto de predicar del que he estado hablado? Solamente hay una cosa que decir sobre esto: que no se puede enseñar. Es imposible. Los predicadores nacen, no se hacen. Esto es así de tajante. Nunca enseñarás a un hombre a ser predicador si no lo es ya. Todos los libros con títulos como "El ABC de la predicación" o "Cómo hacer fácil la predicación" debieran ser echados al fuego lo antes posible. Pero si un hombre es predicador de nacimiento le puedes ayudar un poco, no mucho. Quizá pueda mejorar un poquito en algún que otro aspecto.

¿Cómo se puede hacer? En esto posiblemente voy a ser un tanto polémico. Yo diría que no dándole clases sobre sermones, ni haciendo que un estudiante predique un sermón a otros estudiantes, los cuales después proceden a criticar el tema y la forma. Yo prohibiría eso. ¿Por qué? Porque el sermón en tales circunstancias es predicado con un propósito equivocado en mente; y la gente que lo oye lo hace de manera errónea. El mensaje de la Biblia no debiera oírse nunca de esa forma. Siempre es la Palabra de Dios, y nadie debiera oírlo nunca salvo que sea con espíritu de reverencia y con el deseo santo de recibir un mensaje.

Cuando llegamos a los refinamientos modernos en cuanto a esto, tales como las cintas de vídeo, de manera que uno posteriormente puede examinar sus propios gestos, etc., esto para mí es en extremo reprensible. Y lo mismo se puede decir acerca de instruirse en cuanto al "porte en el púlpito", como le llaman, o "porte televisivo". Hay únicamente una palabra para todo esto: es pura prostitución, es instruir en el arte de la prostitución. El predicador ha de ser siempre natural y genuino; y si resulta que en la preparación le enseñas a ser consciente de sus manos, de lo que hace con su cabeza o de cualquier otra cosa, le estás causando un gran daño. ¡Eso no se debe hacer, debería estar prohibido! No puedes enseñar a un predicador de esa manera; y pienso que tratar de hacerlo es ser injusto con la Palabra de Dios.

¿Qué tiene que hacer entonces el joven predicador? Que oiga a otros predicadores, a los mejores y más experimentados. Aprenderá mucho de ellos, tanto positiva como negativamente. Aprenderá lo que no hay que hacer y bastante de lo que debe hacer. ¡Escucha a predicadores! Y también lee sermones. ¡Pero asegúrate de que fueron publicados antes de 1900! Lee los sermones de Spurgeon, de Whitefield, de Edwards y de todos los gigantes. Estos hombres a su vez leyeron a los puritanos y fueron grandemente ayudados por ellos. Parece que se alimentaban de los puritanos. Pues bien, que ahora el joven predicador se alimente a su vez de ellos, o quizá que ellos le lleven a los puritanos. Precisamente en este punto (quizá lo amplíe más adelante) hago una gran diferencia entre la predicación de los puritanos y la predicación de los hombres del siglo XVIII. Yo mismo soy un hombre del siglo XVIII, no del XVII; pero soy partidario de hacer uso de los hombres del siglo XVII como lo hicieron los hombres del siglo XVIII.

¿Qué es, entonces, lo principal? Yo creo que ninguna de estas mecánicas, excepto un mínimo. ¿Qué es lo que importa? Lo principal es el amor a Dios, el amor a las almas, el conocimiento de la Verdad y el Espíritu Santo en nosotros. Estas son las cosas que hacen al predicador. Si tiene el amor de Dios en su corazón y si ama a Dios; si ama las almas de las personas y tiene interés por ellas, si conoce la verdad de las Escrituras y tiene el Espíritu Santo dentro de él, ese hombre predicará. Eso es lo importante. Las otras cosas pueden ayudar; pero hay que mantenerlas en su propio lugar y nunca permitir que usurpen otra posición.

Al pasar a considerar a la gente a la que este hombre está predicando descubriremos nuevos asuntos relativos a la preparación del predicador.

Capítulo 7

La congregación

Estamos aún considerando en general esa imagen de un hombre que está en un púlpito predicando a un grupo de personas. Ya hemos estado considerando, de una manera general, al predicador y su llamamiento, y qué es lo que tiene que hacer. Ahora bien, a mí me parece ser igualmente esencial que consideremos a la gente que está escuchándole, a las personas que están sentadas en los bancos. Al fin y al cabo, está predicándoles a ellas; no está allí para proclamar algunas de sus ideas y opiniones propias, ni para ofrecer un determinado análisis teórico o académico sobre la enseñanza de las Escrituras. Está allí principalmente para dirigirse a la gente que se ha congregado con el propósito de escucharle a él y lo que tiene que decir. Esto suscita, pues, la cuestión de la relación entre los bancos y el púlpito, entre la gente que escucha y el hombre que predica. Esto ha venido a ser un problema bastante agudo en estos tiempos y de una manera nueva. La idea tradicional antigua de esta relación parece ir desapareciendo. Por lo menos está siendo cuestionada y puesta en duda muy seriamente, y esto tiene que ver claramente con el último asunto que hemos tratado; esto es, la preparación del predicador. Evidentemente, la relación entre los bancos y el púlpito ha de afectar a la preparación del predicador, y que esto es así se hace cada vez más evidente en la actualidad.

Está bastante claro que el nuevo factor en conexión con esto es la gran importancia que se da hoy día a la congregación. Admitamos que en el pasado puede haber habido una fuerte tendencia a que el púlpito fuera casi independiente de los bancos, a la vez que la gente de los bancos tenía tendencia a reverenciar al predicador en ocasiones casi al punto de la idolatría. Quizá recuerdes la historia de la pobre mujer que salía de un culto en una famosa iglesia de Edimburgo en donde un importante y erudito profesor había estado predicando. A la salida alguien le preguntó si le había gustado el sermón, y al responder ella que sí, le volvió a preguntar: "¿Pudo usted comprenderlo?". A lo que ella respondió: "¡Lejos esté de mí presumir de que yo pueda entender a un hombre tan importante como ese!". Esa era la antigua actitud con demasiada frecuencia; pero eso ya no existe, ese ya no es el caso. Ahora estamos en una situación en la que la congregación hace valer sus derechos y más o menos trata de dictar al púlpito lo que tiene que hacer.

Esto se hace evidente de muchas maneras distintas. He aquí algunas manifestaciones de ello desde ángulos diferentes. Por ejemplo, un escritor dice: "El mundo se muere de necesidad no de buena predicación sino de buen oír". Esa es una crítica al oyente de los bancos. Por tanto, él piensa que el gran problema de hoy es la falta de buen oír, y no de buena predicación. Sin embargo, cualquiera que sea la forma de la crítica, se hace mucho hincapié en el hombre moderno y en la situación moderna a la que hoy nos enfrentamos. Aquí tenemos declaraciones del teólogo alemán Kuitert, de la Universidad Libre de Amsterdam, cuya popularidad está aumentando en Europa. Este hombre dice: "Por otra parte, no representa ninguna auténtica ayuda para el cristiano tratar de hallar su camino a través del mundo de Dios aquí y ahora". Esa es la crítica que se le hace a la teología tradicional y a la manera tradicional de predicar. O también: "Un gran número de cristianos, convencidos de que la fe y las obras son inseparables, son sin embargo incapaces de descubrir por ellos mismos cómo ver esta unidad en los acontecimientos de nuestro propio tiempo". Ese es el enfoque. Otro ejemplo: "Hemos de comprender los acontecimientos, lo que está en juego aquí y ahora. Es aquí y no en otro lugar donde se debe hacer realidad". Notemos el acento constante sobre "aquí y ahora", "la situación actual", "el hombre de hoy". Y el mismo acento se encuentra en Bultmann, cuyo argumento básico para desmitificar el Evangelio es que no se puede esperar que el hombre moderno, con su trasfondo y perspectiva científica, crea en él (en el mensaje que él dice estar deseoso de transmitir) mientras esté atado al elemento milagroso que tal hombre no puede de ninguna manera aceptar. En otras palabras, podemos ver que el factor determinante ha venido a ser aquello que el hombre moderno puede "aceptar". Esto es lo mismo que todo el argumento sobre la "mayoría de edad" del hombre y otros característicos clichés modernos.

Hemos de examinar algunas de las formas en que esta actitud tiende a manifestarse. Lo hace en su enfoque de lo que podríamos llamar "personas corrientes". Se nos dice que hoy no son capaces de pensar y seguir declaraciones razonadas, que están tan acostumbradas a la clase de perspectiva y de mentalidad producida por los periódicos, la televisión y las películas, que son incapaces de seguir una afirmación argumentada y razonada. Por tanto, hemos de darles películas, traer estrellas de cine para que les hablen y cantantes pop para que les canten y les den "breves charlas" y testimonios que contengan alguna palabra sobre el Evangelio. Lo importante es "crear un ambiente" y después que reciban al final una palabra muy breve sobre el Evangelio.

Otra forma que esto adopta es la opinión de que estas personas no pueden entender la terminología bíblica, que palabras como justificación, santificación y glorificación carecen de sentido alguno para ellos. Hemos de darnos cuenta de que estamos viviendo en una era "poscristiana" y este es el mayor obstáculo hoy día para la predicación, que la gente no entiende nuestro vocabulario, le suena arcaico, no es moderno, no está al día. Como resultado tenemos esta manía moderna de nuevas traducciones de la Biblia al lenguaje cotidiano, familiar y corriente. De manera que tenemos que cambiar nuestro lenguaje y esto lo hacemos en nuestras modernas traducciones de las Escrituras, en nuestras oraciones, en nuestro estilo general de predicación y en todas nuestras actividades religiosas. Esta es la manera como esta actitud moderna, que considera que los bancos deben controlar el púlpito, se manifiesta respecto a la persona corriente.

Además, en cuanto a los intelectuales, se nos dice que ahora son científicos en su perspectiva, que aceptan la teoría de la evolución y la totalidad de la perspectiva científica que hace imposible un mundo tridimensional, etc. y que, por tanto, hemos de dejarles claro que la Biblia solamente trata de asuntos relacionados con la salvación, la experiencia religiosa y la manera de vivir. Si cometemos el error de mostrar que la Biblia y la Naturaleza (tal como lo exponen los científicos) son complementarias y tienen la misma autoridad como formas de Revelación, ofenderemos a este intelectual moderno y ni siquiera escuchará el Evangelio. Por tanto, hemos de dejar de hablar como lo hemos hecho en el pasado acerca del origen del mundo y del hombre, sobre la Caída del hombre y sobre los milagros y las intervenciones sobrenaturales en la Historia, y hemos de concentrarnos solamente en el mensaje religioso. Esto no es nada nuevo, desde luego; ya lo dijo Ritschl hace 100 años. Pero ahora ha vuelto con una nueva forma.

Otro punto que viene siendo recalcado cada vez más es que tenemos que darnos cuenta de que el hombre moderno, este intelectual, es sofisticado y piensa en los términos de la literatura moderna, del arte moderno, del atuendo moderno, las novelas, etc., y que a menos que nos dirijamos a él en este lenguaje con el cual está tan familiarizado, no parece probable que hagamos el más mínimo impacto en él. Hemos de entender que esto es lo que controla su pensamiento. No hace muchos meses, en una reseña sobre un libro que apareció en un periódico religioso en Gran Bretaña, tuvimos un ejemplo extraordinario de esta actitud. El que escribía terminó su reseña diciendo que él creía que, si todos los predicadores leyeran ese libro, habría una renovada esperanza para la predicación, porque este libro induciría a los predicadores a darse cuenta de que la manera más provechosa de pasar los sábados por la noche era ver en la televisión el llamado "teatro del sábado noche". Viendo el "teatro del sábado noche" llegarían a conocer y entender la mentalidad, la perspectiva y la jerga del hombre moderno. ¡Y por tanto, estarían más cualificados para predicarle el domingo! Esta es, pues, la forma en que el predicador debe prepararse para el domingo; no con más oración y meditación, sino con el "teatro del sábado noche" y la comprensión de "la mentalidad moderna".

Otra forma que adopta esta manera de pensar es la insistencia en que el hombre moderno y sofisticado tiene una particular aversión a las afirmaciones dogmáticas y que no tolerará los antiguos pronunciamientos dogmáticos desde el púlpito. Es un hombre erudito y no hay que hablarle como "con superioridad"; está a la misma altura que el hombre que está en el púlpito y probablemente sea superior a él. Cree que hay que examinar las cosas cuidadosa, racional y científicamente y expresar las posibles ideas diferentes. De hecho he leído recientemente en una revista perteneciente a una organización de estudiantes evangélicos una demanda en cuanto a que lo que se debería hacer ahora desde el púlpito es leer porciones de la Biblia, en particular de las traducciones más modernas, y tener un coloquio-debate. De esta manera se tendría un "culto inteligente" en vez de un hombre que desde allí arriba establece la ley, por decirlo así, y les dice a otras personas todo sobre el asunto. La participación de la gente desde los bancos es esencial. Y lo que realmente debe hacer el hombre que está en el púlpito es simplemente leer las Escrituras de una manera inteligente y lenta, según las diferentes traducciones para dar entonces paso al debate. ¡El intercambio de ideas, la confrontación y el diálogo están a la orden del día!

Luego, en un nivel práctico, en relación con la preparación de los ministros, esta nueva actitud se manifiesta igualmente. Están los que dicen que un hombre no está realmente preparado para predicar a una comunidad industrial a menos que él mismo haya tenido una cierta experiencia en fábricas. Ha habido una seria propuesta de que todos los predicadores, una vez terminada su preparación académica, vayan a trabajar en una fábrica, digamos que durante seis meses, con el fin de llegar a comprender la perspectiva y la mentalidad del trabajador de una fábrica. Han de comprender su lenguaje y cómo se expresa, porque es casi imposible predicarles a menos que se haya tenido esta experiencia.

* * *

He expuesto esa postura en general y la forma en que esta se expresa más comúnmente. ¿Qué podemos decir de esto? ¿Hasta qué punto los bancos han de controlar el púlpito? Yo sostengo que esta clase de mentalidad acerca de estos asuntos es enteramente errónea por las razones siguientes. Voy a dividir mis respuestas en una categoría general y otra más particular. Es errónea en general, en primer lugar, porque lo es en los hechos y también en la experiencia. Es errónea en toda la interpretación psicológica de la situación.

Voy a desarrollar esto. Nunca olvidaré una ocasión (y refiero esto aquí porque creo que ayuda a esclarecer este punto) en que prediqué hace unos veintisiete años en la capilla de una facultad de la Universidad de Oxford un domingo por la mañana. Había predicado exactamente de la misma manera que lo habría hecho en cualquier otro lugar. En el momento en que terminó el culto, y antes de que hubiera tenido el tiempo justo de bajar del púlpito, la esposa del rector vino a mí apresuradamente y dijo:

—¿Sabe una cosa? Esto es lo más extraordinario que he visto en esta capilla.

Le pregunté:

—¿Qué quiere decir?

—Bueno —dijo ella—, ¿sabe que es usted literalmente el primero al que he oído en esta capilla predicarnos como si fuéramos pecadores?

Y añadió:

—Todos los predicadores que vienen aquí, debido a que esta es una capilla en la Universidad de Oxford, se esfuerzan excepcionalmente por preparar sermones intelectuales y llenos de erudición pensando que aquí todos tenemos grandes intelectos. Para empezar diré que los pobres muchachos muestran a menudo que no tienen demasiado intelecto, pero obviamente se esfuerzan en un intento de producir la última gota del saber y de la cultura, y el resultado es que salimos de aquí absolutamente vacíos e impasibles. Oímos esos ensayos y nuestras almas quedan secas. Parece que no entienden que, aunque vivimos en Oxford, no obstante, somos pecadores.

Ahora bien, esa fue una manifestación real por parte de una señora altamente inteligente, la esposa del rector de una facultad.

Recuerdo a un predicador, un buen hombre que había hecho un buen trabajo en una iglesia situada en un distrito de clase obrera y recibió entonces un llamamiento para ir a una iglesia en un barrio residencial a las afueras de otra ciudad. Después de un tiempo empecé a notar (ya que yo lo veía con cierta regularidad) que el hombre empezaba a estar cansado y en tensión, y hablé con él acerca de ello. Estuvimos hablando un día y admitió que se sentía con mucha tensión y cansado. Le dije:

—Y bien, ¿qué es lo que pasa? Tiene experiencia, ha estado unos cuantos años en la otra iglesia y ha ido muy bien.

—Ay, bueno —dijo él—, pero ahora tengo otra clase de congregación. Tengo que predicar a gente que vive en un barrio residencial.

Algunos de ellos eran profesionales, otros eran gente de negocios a quienes les había ido bien, que anteriormente tenían sus viviendas encima de sus tiendas y ahora se habían mudado a vivir a una zona residencial. Y he ahí a aquel pobre hombre tratando de producir grandes sermones intelectuales para aquellas personas a las cuales él había catalogado de aquella manera. El resultado de todo ello fue, según supe, que aquella gente se quejaba de la sequedad de su predicación. No era eso lo que ellos querían. La verdad es que yo no dudaría mucho en decir que aquel pobre hombre al final se suicidó debido a su equivocada actitud hacia la predicación. Su salud se resintió y murió a una edad relativamente temprana. Eso no era lo que las personas deseaban en absoluto, ni tampoco lo que necesitaban y esperaban.

Consideremos ahora eso que se dice de que la gente en general está incapacitada hoy día para oír sermones y especialmente sermones largos. Estuve enfermo hace un año y en ese tiempo recibí unas cuantas cartas. Pero hay una que siempre apreciaré más que ninguna otra. Tengo que decir que, según el estándar moderno, mis ideas sobre la predicación son todas erróneas. ¡Tiendo a predicar sermones largos (cuarenta y cinco minutos o así) y ciertamente no pierdo el tiempo contando historias! Sin embargo, esa carta que yo valoro era de una niña de doce años que la escribió de parte de ella y de su hermano, sin que sus padres lo supieran, diciendo que estaban orando por mi recuperación y deseando que pronto estuviera de nuevo en el púlpito. Y entonces me dio la razón para ello, y eso fue lo que me agradó tanto. Decía: "Porque usted es el único predicador al que podemos entender". Pero según las ideas y las teorías modernas, yo no soy un predicador fácil de entender, doy demasiada enseñanza y hay demasiado razonamiento y argumentación en mis sermones. He oído que ciertas personas nunca traen a sus amigos recién convertidos a oírme a mí, o que no aconsejan a nadie que parezca estar bajo convicción de pecado que venga a oírme. Dicen que sería demasiado para ellos, que no serían capaces de seguir mi predicación, etc. Más adelante sí, mas no en esa etapa. Pero he aquí una niña que dice: "Usted es el único predicador a quien podemos entender". ¡Y estoy seguro de que era cierto!

Pero para reforzar esto aún más, añadiré que con frecuencia he tenido la experiencia de ver personas que se han convertido y han continuado y crecido en la iglesia que más tarde han venido a mí y me han contado acerca de lo que les pasó. Y lo que con frecuencia me han dicho es lo siguiente: "Cuando comenzamos a venir a la iglesia realmente no entendíamos mucho de lo que usted estaba hablando". Yo les preguntaba entonces que por qué razón continuaban viniendo y una y otra vez me dijeron que "había algo en el ambiente que nos atraía y nos hacía sentir que estábamos en el sitio adecuado. Eso nos hizo continuar viniendo y gradualmente empezamos a ver que estábamos absorbiendo la Verdad inconscientemente. Empezó a tener cada vez más sentido para nosotros". Ellos no se beneficiaban de un sermón tanto como otras personas, pero obtenían algo, y ese algo era de gran valor. Y continuaron creciendo en su entendimiento hasta que fueron capaces de disfrutar de todo el culto, del mensaje completo. Esta es una experiencia muy común; la gente, a diferentes niveles, parece ser capaz de extraer, bajo la influencia del Espíritu Santo, lo que necesita, lo que le sirve de ayuda. Esa es la razón por que puedes predicar a una congregación mixta de personas con diferentes intelectos, entendimiento, conocimiento y cultura y todos pueden obtener beneficio.

Pero además de eso, esta idea moderna se ve enteramente refutada por la tradición de los siglos. No somos ni los primeros ni los únicos que han vivido en este mundo. Tenemos tendencia a hablar como si lo fuéramos o como si fuéramos de alguna raza peculiar y especial. Pero no es así, porque en este mundo siempre han existido estas diferentes clases. Esto es lo que Lutero dice sobre este asunto: "Un predicador —dice Lutero— debe tener la habilidad de enseñar al ignorante de forma simple, completa y clara; porque la enseñanza es más importante que la exhortación". Después añade: "Cuando predico no tengo en cuenta ni a los doctores ni a los magistrados, de los cuales tengo cuarenta en la congregación. Tengo mis ojos puestos en los sirvientes y en los niños. Y si a los eruditos no les complace lo que oyen, pues bien, la puerta está abierta". No hay duda de que esa es la actitud correcta. Quizá algunos "doctores y magistrados" sientan que no se les presta demasiada atención por parte del predicador en el púlpito. Pero el predicador sabio tiene sus ojos puestos en los sirvientes y en los niños. Si este hombre tan importante y erudito piensa que no obtiene nada se está condenando a sí mismo. Se está condenando a sí mismo en el sentido de que no es un hombre espiritual, no es capaz de recibir verdad espiritual. Está tan envanecido y tan inflado con su conocimiento mental que ha olvidado que tiene un corazón y un alma. Se condena a sí mismo y, si se marcha, bueno, él es quien sale perdiendo. ¡Estoy dando por sentado, claro está, que el predicador está realmente predicando la Palabra de Dios!

Voy a subrayar este punto contando un incidente que me ocurrió en mi propia experiencia, curiosamente, una vez más en aquella Universidad de Oxford. Fui invitado a predicar allí en una campaña evangelística en 1941. Me tocó predicar el domingo por la noche, en el primer culto de la misión, en el famoso púlpito de John Henry Newman (más tarde Cardenal Newman) en la iglesia de Sta. María, donde él predicó mientras permaneció en la Iglesia de Inglaterra. Era, por supuesto, en su mayoría una congregación formada por estudiantes. Les prediqué a ellos como hubiera predicado en cualquier otro sitio. Se había dispuesto, y anunciado, que si algunas personas tenían preguntas que hacerme se les daría esa oportunidad pasando a otro edificio detrás de la iglesia después de que el culto hubiera terminado. Por tanto, el párroco y yo nos fuimos allí esperando solamente unas cuantas personas. Pero hallamos que el lugar estaba abarrotado de gente. El párroco, como moderador, preguntó si había preguntas. Inmediatamente un brillante joven que estaba sentado en la primera fila se puso de pie. Después supe que estaba estudiando Derecho y que era uno de los principales oficiales de la famosa *Oxford University Union Debating Society*, en donde los futuros estadistas, jueces, letrados y obispos a menudo aprenden el arte de la oratoria y del debate público. Su misma forma de vestir y su porte delataban lo que era. Se levantó y dijo que tenía una pregunta que plantear; y procedió a hacerla con todo el donaire y la cortesía característicos de un polemista de dicha sociedad. Hizo algunos elogios acerca del predicador y dijo que le había gustado mucho el sermón, pero en su mente le había quedado una gran dificultad y perplejidad como resultado de este. Él no podía dejar de observar que aquel sermón, que él había escuchado con placer y que admitía que estaba bien construido y bien presentado, podría haber sido predicado igualmente a una congregación de trabajadores del campo o de cualquier otra clase de personas. Entonces se sentó inmediatamente. Todo el mundo soltó una sonora carcajada. El moderador se volvió a mí esperando mi respuesta. Me levanté y di la respuesta que debe darse siempre ante tal actitud. Dije que yo estaba sumamente interesado en la pregunta, pero que realmente no podía ver cuál era el problema para el que la había formulado, porque yo confesaba abiertamente que, aunque fuera un hereje, tenía que admitir que hasta aquel momento yo había considerado a los estudiantes no licenciados, como por supuesto a los licenciados, de la Universidad de Oxford como barro humano común y corriente y pecadores miserables como todos los demás, y que yo opinaba que sus necesidades eran exactamente las mismas que las de los agricultores o las de cualquiera. ¡He predicado de esa manera deliberadamente! Esto ocasionó de nuevo bastantes carcajadas y hasta voces de apoyo; pero el caso es que apreciaron lo que yo estaba diciendo y a partir de ese momento me prestaron mucha más atención. Por cierto, que como resultado de eso fui invitado a tener el debate, al cual me referí anteriormente, con el famoso Dr. Joad en la *Oxford Union*. No hay falacia mayor que pensar que necesitas otro Evangelio para clases especiales de personas. Eso es enteramente contrario a la clara enseñanza bíblica. Esto es igualmente desmentido por lo que leemos en las biografías de todos los grandes predicadores, tales como Whitefield o Spurgeon, y también en las vidas de evangelistas como D.L. Moody. Ellos nunca reconocieron estas falsas distinciones y sus ministerios fueron de bendición para toda clase (intelectual, social, etc.) de gente.

En tercer lugar, esta idea moderna se basa en realidad en una errónea manera de pensar. Esto para mí es sumamente importante. Da por sentado que la dificultad y el problema del hombre moderno, lo que le impide creer en el Evangelio, es casi enteramente el lenguaje y la terminología, ¡lo que hoy se describe grandilocuentemente como "el problema de la comunicación!". Esta es la razón que hay detrás de mucha de esta forma de pensar.

Permítaseme decir inmediatamente que estoy totalmente de acuerdo en que debemos procurar siempre las mejores traducciones posibles. No hemos de ser oscurantistas en estos asuntos. Tengamos lo mejor que puedan darnos los traductores. Pero esa no es la verdadera cuestión que está detrás de la idea de emplear un lenguaje más coloquial para "comunicar" el Evangelio al hombre moderno. Detrás de esa forma de pensar se está aceptando básicamente que la razón por que esta gente no cree en Dios, ni ora a Él ni acepta el Evangelio es el lenguaje arcaico de la Versión Autorizada de la Biblia (la versión del Rey Jacobo), y que solo con corregir eso toda la situación cambiaría y el hombre moderno sería capaz de creer esas cosas. La respuesta simple a todo eso es que la gente siempre ha encontrado extraño este lenguaje. La respuesta al argumento de que la gente de esta era poscristiana no comprende términos como justificación, santificación y glorificación da lugar a otra pregunta: ¿Cuándo los ha comprendido la gente? ¿Cuándo ha comprendido este lenguaje el inconverso? La respuesta es: ¡Nunca! Estos términos son propios y especiales del Evangelio, y es tarea nuestra como predicadores mostrar que nuestro Evangelio es esencialmente diferente y que no estamos hablando de temas corrientes. Hemos de resaltar el hecho de que estamos hablando de algo único y especial. Hemos de llevar a la gente a esperar esto, y por tanto nosotros hemos de afirmarlo. Nuestra tarea es enseñar a la gente el significado de estos términos. No son ellos los que deciden y determinan lo que se debe predicar y cómo; somos nosotros los que tenemos la Revelación, el Mensaje, y hemos de hacer que se entienda. Ese fue el gran principio sobre el que actuaron los reformadores protestantes. Por esto produjeron sus nuevas traducciones; querían que el mensaje fuera "entendido por el pueblo", como decían ellos. Hay toda la diferencia del mundo entre que un hombre no alcance a entender latín y que no alcance a entender los términos relacionados con la salvación, como por ejemplo la justificación. Siempre es bueno que la Biblia y la predicación sean en la lengua nativa del pueblo, pero eso deja aún sin resolver el problema de la comprensión de la terminología especial de la salvación. Esa es la tarea especial de la predicación. No debemos esperar que la gente comprenda de antemano estos términos; el propósito de la predicación es proporcionarles este entendimiento. "El hombre natural no percibe las cosas que son del Espíritu de Dios, porque para él son locura, y no las puede entender, porque se han de discernir espiritualmente" (1 Corintios 2:14). Bien haremos en atender a las palabras del profesor J.H.S. Burleigh en sus discursos sobre la filosofía de S. Agustín, y especialmente sobre el libro de este *La ciudad de Dios*. Citando a Agustín dice:

> Si Moisés estuviera vivo, le agarraría y le preguntaría e imploraría que me descifrara estas cosas. Ofrecería mis oídos físicos a los sonidos que brotaran de su boca. Pero, si él me hablara en lengua hebrea, en vano sus palabras llegarían a mis órganos auditivos. Nunca alcanzarían mi mente en absoluto. Y aun si él hablara en latín, ¿serían sus palabras la causa de mi entendimiento?

El profesor Burleigh continúa diciendo:

> En el *De magistro*, S. Agustín analiza el complejo proceso de la comunicación de la Verdad desde una mente a otra. Además del proceso físico de hablar y de oír, ha de operar también un proceso espiritual. Las palabras, tanto habladas como escritas, son ayudas mecánicas indispensables para la comprensión, pero no son la causa de la comprensión. Son señales que indican la Verdad, la cual solamente es captada porque la mente tiene su propio maestro interior identificado con Cristo, quien es la Verdad misma, hablando al oído interior.

Muchos de los que afirmarían estar en teoría de acuerdo con esto parecen olvidarlo completamente en la práctica.

Consideremos ahora ese otro falso argumento que dice que hemos de conocer la situación exacta de las personas antes de poder predicarles de verdad, y que, por tanto, el predicador debe ir a trabajar en una fábrica durante seis meses para poder predicar con eficacia a los obreros de las fábricas. A mi modo de ver, este es el argumento más monstruoso y fatuo de todos porque, si esto es verdad y se lleva a sus conclusiones lógicas, la preparación no terminará nunca, puesto que para predicar a los borrachos tendrías que dedicar seis meses a estar en las tabernas y en los bares, y así sucesivamente; tendrías que ir recorriendo diferentes negocios, profesiones y especialidades e invertir seis meses en cada uno de ellos. Entonces, y solo entonces, estarías preparado para predicarles. Esta idea, como digo, es completamente ridícula, porque según ese argumento y planteamiento uno nunca podría predicar a una congregación general mixta. Deberías tener a la fuerza una congregación de personas no intelectuales y un culto para ellos, luego un culto especial para los intelectuales y después probablemente otro para aquellos que se encuentran entre los unos y los otros. También podrías tener cultos para las diferentes edades, y uno para obreros de las fábricas, otro para los profesionales y así sucesivamente, sin fin. El resultado sería que estarías dividiendo y pulverizando tu congregación; no podrías tener nunca un acto común de adoración con un sermón predicado para todos. Tendrías que dividirte de esta manera y tu labor resultaría interminable. En cualquier caso estaría enteramente en contra de ese gran principio fundamental del Nuevo Testamento de que todos somos uno: "No hay ni judío ni gentil, bárbaro, escita, siervo ni libre, varón o hembra". Y yo añado que no hay ni intelectual ni no intelectual, obrero de fábrica, profesional ni otra cosa. Todos somos uno en pecado, uno en fracaso, uno en desesperanza, uno en necesidad del Señor Jesucristo y de su gran salvación.

Voy a expresarlo de la siguiente manera. Habiendo dedicado la primera parte de mi vida adulta a trabajar como médico, he estado a menudo interesado en la diferencia que hay entre la labor de un médico y la de un predicador. Hay, por supuesto, muchas similitudes, pero existe un diferencia esencial que se manifiesta de la siguiente manera. ¿De qué forma trata el médico al paciente? Pues bien, lo primero que hace es pedirle que le relate sus síntomas y sus problemas (sus males, dolores, dónde los tiene, por cuánto tiempo los ha tenido, cuándo comenzaron, cómo han ido evolucionando, etc.). Todo ello ha de explicarse con todo lujo de detalles. El médico hace un cuidadoso historial del caso y después investiga sobre la historia del paciente desde su niñez en adelante. Habiendo hecho eso, toma nota del historial familiar, ya que este puede aportar considerable luz sobre esa dolencia en particular. Hay enfermedades que son hereditarias y de familia, y hay predisposiciones familiares a determinadas enfermedades; por tanto, el historial familiar es sumamente importante. Habiendo determinado, pues, estos hechos, procede entonces a efectuar su examen físico del paciente.

Sin este conocimiento detallado, específico y especial del paciente, el médico no puede hacer su trabajo; y digo que es en este punto donde existe un notable contraste entre el trabajo de un médico y el de un predicador. El predicador no necesita conocer estos datos personales en relación con su congregación. A propósito, este es un punto que surge en otros contextos, por ejemplo al dar testimonio en campañas de evangelización. Algunos le otorgan gran importancia a esto y arguyen que es de gran ayuda oír la historia de alguien que tuvo antes una debilidad y un pecado concreto y de qué manera fue liberado de ello al "aceptar a Cristo". Y el mismo argumento se puede aplicar a esto. La diferencia es que el predicador no necesita conocer esos detalles. ¿Por qué no? Porque él sabe que todas las personas que tiene delante están sufriendo de la misma enfermedad: el pecado (todos y cada uno de ellos). Los síntomas pueden variar tremendamente de un caso a otro, pero la tarea del predicador no es recetar algo para los síntomas, sino tratar la enfermedad. El predicador, por tanto, no debe estar demasiado interesado en la forma particular que adopta el pecado.

El mismo punto surge, y es también igualmente importante, cuando el predicador entrevista a personas al final del culto. Algunas de esas personas vienen a hablarte y hallarás que, casi invariablemente, quieren hablar de su pecado concreto. Algunos parecen tener la sensación de que, si pudieran quitarse de encima ese problema concreto, todo iría bien. Pero ahí es precisamente donde el predicador debe intervenir y corregirlos. Hemos de mostrarles que, aunque se liberaran de ese pecado en particular, estarían aún en la misma gran necesidad que antes, porque el asunto de la salvación no consiste meramente en liberarse de algunos problemas concretos sino en poner al "hombre completo" en una correcta relación con Dios.

Por tanto, el predicador no necesita conocer estos hechos particulares detallados sobre las personas, porque sabe que hay esta necesidad general y común. Es una parte vital de la predicación reducir a todos los oyentes a ese denominador común. El predicador ha de mostrar al fariseo satisfecho consigo mismo que su necesidad es tremendamente grande, tan grande como la del publicano, por no decir que es aún mayor. Ha de mostrar al gran intelectual, que se jacta de su conocimiento y de su entendimiento, que es culpable de orgullo intelectual, el cual es uno de los mayores pecados, mucho peor que muchos de los pecados de la carne. El predicador ha de denunciar ese orgullo del hombre que confía en sí mismo y en su saber y conocimiento. A través de su mensaje ha de humillar a ese hombre que se acerca a oír más como inspector y juez que como pecador. Ha de sentirse convicto, ha de ser llevado a darse cuenta de su terrible necesidad. Por tanto, el predicador se halla en una posición en que no necesita introducirse en esas diferentes secciones, gradaciones y divisiones de la sociedad. Puede que uno se emborrache con cerveza y otro con vino, por decirlo así, pero la cuestión es que ambos se emborrachan; puede que uno peque vestido con harapos y otro con traje de fiesta, pero ambos pecan. "Todos pecaron, y están destituidos de la gloria de Dios". "No hay justo, ni aun uno". "Todo el mundo quede bajo el juicio de Dios".

Este enfoque moderno se basa en una manera de pensar enteramente errónea. Y, por supuesto, ello se debe finalmente a una mala teología. Se basa en una falta de comprensión de la verdadera naturaleza del pecado y de que el problema es el pecado, y no los pecados; la especialización sobre las formas y manifestaciones particulares del pecado son irrelevantes y en general una pérdida de tiempo. La historia de la Iglesia y de su predicación a través de los siglos corrobora este argumento. La predicación general del Evangelio es aplicada concretamente por el Espíritu Santo a cada caso concreto. Los hombres y las mujeres son llevados a darse cuenta de su necesidad común fundamental y son convertidos y regenerados de la misma manera y por medio del mismo Espíritu. Por tanto, están todos mezclados en la misma Iglesia; y si piensan que no pueden estar así, y de hecho no lo están, entonces es que no han sido regenerados. Es así de sencillo. Si algunos de ellos piensan que han sido desatendidos debido a sus grandes intelectos, muestran que hay en ellos una ausencia fundamental de humildad, que aun no se han humillado como debieran. La gloria de la Iglesia consiste en que se compone de todo tipo de personas, de todas las clases y las posibles variedades y variantes de seres humanos; y que, sin embargo, debido a que todos comparten esta vida común, es posible participar juntos y disfrutar de la misma predicación.

* * *

Esta es la situación en general. Pero me imagino que se puede plantear una pregunta en cuanto a este punto. "¿Y 1 Corintios 9:19-23?". Pablo, describiendo su propio ministerio dice:

> Por lo cual, siendo libre de todos, me he hecho siervo de todos para ganar a mayor número. Me he hecho a los judíos como judío, para ganar a los judíos; a los que están sujetos a la ley (aunque yo no esté sujeto a la ley) como sujeto a la ley, para ganar a los que están sujetos a la ley; a los que están sin ley, como si yo estuviera sin ley (no estando yo sin ley de Dios, sino bajo la ley de Cristo), para ganar a los que están sin ley. Me he hecho débil a los débiles, para ganar a los débiles; a todos me he hecho de todo, para que de todos modos salve a algunos. Y esto hago por causa del Evangelio, para hacerme copartícipe de él.

Este es un pasaje muy adecuado. Visto superficialmente pudiera parecer que justifica gran parte del argumento actual que indica que la congregación debe realmente controlar el púlpito. El Apóstol parece decir que lo que él hace viene determinado por la gente a la que está hablando.

¿Cómo respondemos a esto? Sin duda el Apóstol estaba hablando aquí principalmente de su conducta y su comportamiento general más que de su predicación misma; pero creo que, al mismo tiempo, hablaba del método o de la manera de presentar la Verdad. Sin duda podemos llegar a ciertas conclusiones. Este Apóstol en especial —entre todos los Apóstoles, aunque también en los otros casos fue así— obviamente no quiere decir que el contenido de su mensaje variara en función de las personas. Aquí a él solo le interesa la forma de la presentación. Pero respecto a este asunto de la presentación —que es lo que nos interesa por el momento—, ¿cuál es la enseñanza? Es obvio que aquí hay clara enseñanza en cuanto a que nosotros como predicadores hemos de ser flexibles: no debemos ser tradicionalistas ni legalistas en este asunto. Muchos de nosotros corremos el peligro grave y real de llegar a ser tradicionalistas y legalistas. Hay algunos que parecen deleitarse en utilizar frases arcaicas; y si tú no las utilizas, dudan de que realmente estés predicando el Evangelio en absoluto. Son esclavos de las frases. He observado que ciertos jóvenes que han desarrollado un nuevo interés, por ejemplo, en los puritanos, están comenzando a hablar y a escribir como si vivieran en el siglo XVII. Eso es bastante ridículo. Utilizan frases que eran comunes y corrientes entonces, y hasta tratan de imitar el porte y la apariencia que supongo que eran característicos de los puritanos, pero que ya no caracterizan a los cristianos de hoy día, y adoptan sus gestos. Todo esto es absolutamente erróneo.

No debiéramos interesarnos en aquello que es circunstancial, en los aspectos materiales o pasajeros de la religión; debemos poner nuestro interés en los principios y las cosas que son permanentes. Y sin duda eso es lo que el Apóstol está diciendo. Él tuvo que pelear una gran batalla sobre todo este asunto. En la Primera Epístola a los Corintios, y en el capítulo anterior, había abordado el asunto de la carne sacrificada a los ídolos. Trata de lo mismo también en el capítulo 14 de la Epístola a los Romanos. Las personas estaban atadas por tradiciones que pertenecían a su anterior estado como inconversas y ahora se hallaban en un auténtico conflicto sobre estos asuntos. Los cristianos judíos tenían problemas, como igualmente algunos de los cristianos gentiles, acerca de la carne que había sido ofrecida a los ídolos y de otros diversos asuntos. Lo que el Apóstol dice repetidamente es que, a la vez que hemos de continuar firmes en las cosas esenciales, hemos de ser flexibles en relación con aquellas cosas que no son esenciales. Él modifica esto porque se preocupa del "hermano más débil". No se puede atropellar la conciencia de tal hermano, hay que tratar de ayudarle, hasta dejar de hacer cosas que son legítimas en sí mismas si estas son una ofensa para el hermano. "Por lo cual —dice él—, si la comida le es a mi hermano ocasión de caer, no comeré carne jamás, para no poner tropiezo a mi hermano". "La conciencia, digo, no la tuya, sino también la del otro", y así sucesivamente. Pero lo que dice muy simple y claramente es que no debes permitir que los prejuicios se interpongan entre la gente y tu mensaje; no debes permitir que tus debilidades personales te controlen. Has de hacer todo lo que esté en tu mano para ayudar a las personas a quienes estás predicando a que vengan al conocimiento de la Verdad. Por tanto, cuando estás predicando a los gentiles, no insistas sobre cosas en las que ciertos cristianos judíos aún están insistiendo, porque se equivocan al hacerlo. Acuérdate también de cómo Pablo tuvo que "resistir cara a cara" a Pedro en Antioquía sobre este mismo asunto. Pedro estaba confuso acerca de todo eso y Pablo tuvo que corregirle en público. Él nos relata esto en Gálatas 2. Se trata del mismo principio esencial del que está hablando aquí.

Voy a hacer un resumen de esto en términos modernos afirmando que nuestra tarea es ser siempre contemporáneos; nuestro objetivo es tratar a las personas que están delante de nosotros y oyéndonos. No debo subir al púlpito con una imagen ideal del predicador en mi mente, por ejemplo del predicador puritano de hace trescientos años o de uno de hace 100 años, y actuar como si estuviéramos aún en aquel contexto. Hacer eso hace daño. Es una ofensa para una congregación moderna; hará que les resulte más difícil oír; en cualquier caso, esa no es una parte esencial del mensaje. Puedo aprender de los predicadores del pasado y debo hacerlo; pero no debo ser un servil imitador suyo. Me ayuda el conocimiento de la Verdad que ellos tenían y sus exposiciones del mismo, pero en cuanto a las cosas que fueron meramente ocasionales en relación con su predicación (las cosas que fueron pasajeras, transitorias y meras costumbres y modas de su tiempo) no debo tomarlas y hacer de ellas casi una parte esencial de la Verdad misma. Eso no es seguir la Verdad; es tradicionalismo. Esto es aplicable, desde luego, no solo a la manera de predicar, sino también a la forma de culto, de vestir y otros muchos asuntos.

El argumento del Apóstol, sin duda, es que ha de haber flexibilidad en nuestro modo de exposición. Pero tengamos claro que hay ciertos límites, y uno de estos límites, obviamente, es que "el fin no justifica los medios". Este es un argumento muy común en la actualidad. Lo que con mucha frecuencia se dice es "que la gente se convierte como resultado de esto". No tenemos que aceptar ese argumento jesuítico, y tenemos buenas razones para no hacerlo.

En segundo lugar, nuestros métodos siempre han de ser consecuentes y compatibles con nuestro mensaje y no contradecirlo. Este es, de nuevo, un punto de suma importancia en nuestros días. Hay hombres que son bastante sinceros, genuinos y honrados, y cuyos motivos son, sin lugar a dudas, buenos y cuyo interés es llevar a las personas a la salvación. Pero esto opera en ellos de tal manera que, en su deseo de contactar con la gente y hacer que les sea fácil creer el mensaje, hacen cosas que a menudo contradicen ese mismo mensaje. En el momento en que el método contradice el mensaje, se vuelve malo. Seamos flexibles, pero nunca hasta el punto de contradecir nuestro mensaje.

Esto es cierto no solamente en términos de principios bíblicos, sino que está comprobado que es así en la práctica. Lo que siempre me sorprende de esas personas que están tan interesadas en los métodos modernos es su patética ignorancia de la psicología; parece que no conocen la naturaleza humana. El hecho es que el mundo espera que nosotros seamos diferentes; y esa idea de que puedes ganar al mundo mostrando que, al fin y al cabo, eres muy parecido a él, que prácticamente no te diferencias en absoluto o muy ligeramente, es básicamente erróneo, no solo desde el punto de vista teológico sino hasta psicológico.

Voy a permitirme ilustrar esto por medio de un conocido ejemplo. Al final de la Segunda Guerra Mundial hubo en Inglaterra un famoso clérigo a quien se conocía como "Woodbine Willie". ¿Por qué le llamaban "Woodbine Willie"? La explicación es que había sido capellán en el Ejército y había tenido mucho éxito como tal. Él atribuía su éxito al hecho (y muchos estaban de acuerdo con él en esto) de que se mezclaba con los hombres en las trincheras de una manera campechana. Fumaba con ellos y concretamente fumaba la misma marca barata de cigarrillos que ellos, que se conocían como "Wild Woodbine", comúnmente llamados "Woodbines". En los días previos a 1914 se podían comprar cinco de estos cigarrillos por un penique. Ahora bien, esa clase barata de cigarrillos no era la marca que generalmente fumaba un oficial, pero sí lo hacía el soldado raso. Este hombre, pues, cuyo nombre era Studdert-Kennedy, con el fin de que aquellos hombres se encontraran cómodos con él, y para facilitar su tarea como capellán, fumaba "Woodbines", y de ahí le venía el nombre de "Woodbine Willie". Y no solo eso, sino que se percató de que la mayoría de aquellos hombres eran incapaces de hablar sin decir palabrotas, y él hacía lo mismo. No es que él quisiera decir palabrotas; pero su opinión era que, si quieres ganarte a las personas, has de utilizar su propio lenguaje y tienes que hacerte como ellas en todos los aspectos. Todo esto hizo ciertamente de él una figura popular, no hay duda de ello. Después de terminar la Segunda

Guerra Mundial solía recorrer el país enseñando esto e insistiendo en que los predicadores tenían que hacer lo mismo. Y muchos trataron de hacerlo y comenzaron a hacerlo. Pero el veredicto de la Historia nos dice que fue un completo fracaso, un truco publicitario y un señuelo transitorio para alcanzar notoriedad por un tiempo, pero que pronto desapareció por completo del pensamiento de la Iglesia. Pero por un tiempo estuvo muy de moda.

Según el enfoque del Nuevo Testamento, se basaba en una completa falacia. Nuestro Señor atrajo a los pecadores porque Él era diferente. Se acercaban a Él porque percibían que había algo diferente en Él. La pobre pecadora de quien leemos en Lucas 7 no se acercó a los fariseos y lavó los pies de ellos con sus lágrimas y los secó con los cabellos de su cabeza. No, pero sí percibió algo en nuestro Señor (su pureza, su santidad, su amor) y por ello se acercó a Él. Fue su diferencia esencial lo que la atrajo. Y el mundo siempre espera que seamos diferentes. Esa idea de que se puede ganar gente para la fe cristiana por medio de mostrarles que somos notablemente iguales a ellos es teológica y psicológicamente un profundo disparate.

Este mismo principio tiene otra aplicación en la actualidad. Hay algunos necios protestantes que al parecer creen que el camino para ganar a los católicos es mostrarles que prácticamente no hay diferencia entre nosotros y ellos, mientras que el católico que se convierte te dirá siempre que lo que más le llamaba la atención era el contraste. "La acción y la reacción son fuerzas iguales y contrarias". La idea moderna es tanto psicológica como teológicamente errónea.

Lo que hace que inevitablemente esto sea así es que el asunto que estamos tratando es muy diferente. En esta esfera estamos hablando de Dios, de nuestro conocimiento de Él y nuestra relación con Él. Por tanto, todo tiene que estar sometido a Dios y ha de ser hecho "con temor y reverencia". Nosotros no somos los que decidimos esto; nosotros no mandamos ni controlamos. Es Dios. Le servimos a Él y hemos de acercarnos a Él "con temor y reverencia; porque nuestro Dios es fuego consumidor".

Además de esto, la diversión pasajera, la familiaridad indebida y la jocosidad no son compatibles con una conciencia de la gravedad de la situación de las almas de todos los hombres por naturaleza, del hecho de que están perdidos y en peligro de condenarse eternamente y de la consecuente necesidad que tienen de la salvación. Y no solamente eso, tales métodos no pueden hacer relucir la Verdad; y nuestra tarea es predicar la Verdad. Estos métodos pueden afectar a la gente a un nivel psicológico y en otros aspectos, y pueden llevar a "tomar decisiones"; pero nuestro objetivo no es meramente obtener decisiones, sino llevar a la gente al conocimiento de la Verdad. Y, además, nunca hemos de dar la impresión de que lo único necesario es que la gente haga un pequeño reajuste en sus pensamientos, sus ideas y sus conductas; eso sería militar en contra de nuestro mensaje. Nuestro mensaje es que a toda persona le es "necesario nacer de nuevo" y que cualquier otra cosa que le ocurra que no sea eso carece de valor en absoluto desde el punto de vista de su relación con Dios. La enseñanza del Nuevo Testamento es que el inconverso está totalmente equivocado. No son meramente sus ideas sobre el arte o el teatro las que están equivocadas; todo en él esta equivocado. Sus ideas particulares están equivocadas porque toda su visión está equivocada, porque todo él esta equivocado. La regla es: "Buscad primeramente el reino de Dios y su justicia, y todas estas (otras) cosas os serán añadidas". Si pones el acento en estas "otras cosas" en vez de en "buscar primeramente el reino de Dios" estás destinado al fracaso y haciendo ultraje al mensaje que te ha sido encomendado.

Nadie ha entrado jamás en el Reino de Dios por medio de argumentos meramente intelectuales; nunca ha ocurrido y nunca ocurrirá. Todos somos uno en pecado: "Todo el mundo queda bajo el juicio de Dios". Todos estamos en la misma situación espiritual. Por tanto, afirmo que lo que se enseña en ese pasaje en 1 Corintios 9:15-27 es que hemos de hacer todo lo posible para ser claros y sencillos y hacer que se nos entienda. Nunca hemos de permitir que nuestros propios prejuicios, nuestras debilidades o cosas que son meramente accesorias al mensaje sean un obstáculo para este. Hemos de hacernos "a todos de todo" en ese sentido, y solo en ese sentido.

* * *

Mi último comentario es que el verdadero problema que plantea esta actitud moderna es que olvida al Espíritu Santo y su poder. Nos hemos hecho tan expertos, en nuestra opinión, en entendimiento psicológico y en clasificar a las personas en grupos (psicológicos, culturales, nacionales, etc.) que concluimos como resultado que lo que es bueno para uno no lo es para otro, y de esa manera llegamos finalmente a negar el Evangelio. "No hay judío ni gentil, bárbaro ni escita, siervo ni libre". Solamente hay UN Evangelio, el ÚNICO Evangelio. Es para todo el mundo y para toda la Humanidad. El género humano es uno. Hemos caído en el grave error de adoptar teorías psicológicas modernas hasta tal punto que eludimos la Verdad, a veces para protegernos a nosotros mismos del mensaje, y seguro que frecuentemente para justificar métodos que no son consecuentes ni están en consonancia con el mensaje que tenemos el privilegio de presentar.

Capítulo 8

El carácter del mensaje

Este asunto de la relación de los bancos con el púlpito, o del oyente con el predicador, es de suma importancia. Habiendo examinado la enseñanza del Apóstol en 1 Corintios 9 en relación con esto, voy a presentar algunas conclusiones.

Doy por sentado como algo axiomático que los bancos nunca deben dictar o controlar el púlpito. En estos tiempos es necesario hacer hincapié en esto.

Pero, habiendo dicho eso, quiero insistir igualmente en que el predicador tiene, sin embargo, que evaluar la situación de aquellos que están en los bancos y tenerlos en cuenta en la preparación y en la presentación de su mensaje. Adviértase la forma en que he dicho esto. No es que el oyente tenga que controlar, sino que el predicador debe valorar el estado y la situación del oyente. Permítaseme presentar con qué autoridad escrituraria hago esta afirmación. Hay varias cosas que la justifican; por tanto, voy a escoger algunas de las más evidentes. Tomemos, por ejemplo, lo que el apóstol Pablo dice al principio de 1 Corintios 3: "De manera que yo, hermanos, no pude hablaros como a espirituales, sino como a carnales, como a niños en Cristo. Os di a beber leche y no viandas; porque aún no erais capaces, ni sois capaces aún, porque aún sois carnales [...]". Evidentemente, aquí está diciendo que en lo que él había hecho había influido en la situación de la gente de Corinto. No es que le dictaran lo que tenía que hacer, sino que él había evaluado su situación y eso, en parte, había determinado la manera de predicarles.

Pero pongamos un segundo ejemplo. Se encuentra en la Epístola a los Hebreos, en el capítulo 5, comenzando en el versículo 11. El autor ha estado refiriéndose a nuestro Señor como "un sumo sacerdote según el orden de Melquisedec". Y prosigue diciendo:

> Acerca de esto tenemos mucho que decir, y difícil de explicar, por cuanto os habéis hecho tardos para oír. Porque debiendo ser ya maestros después de tanto tiempo, tenéis necesidad de que se os vuelva a enseñar cuáles son los primeros rudimentos de las palabras de Dios; y habéis llegado a ser tales que tenéis necesidad de leche, y no de alimento sólido. Y todo aquel que participa de la leche es inexperto en la palabra de justicia, porque es niño; pero el alimento sólido es para los que han alcanzado madurez, para los que por el uso tienen los sentidos ejercitados en el discernimiento del bien y del mal.

Tenemos aquí exactamente la misma cosa. Quiere comunicarles esta doctrina en relación con nuestro Señor como el gran Sumo Sacerdote, pero tiene la sensación de que no puede hacerlo porque considera que aún no son capaces de recibirla.

Este es, por supuesto, un punto elemental en conexión con la enseñanza. La primera cosa que debe hacer un maestro en cualquier campo es evaluar la capacidad de sus oyentes, sus alumnos, sus estudiantes o quienes quiera que sean. Esta regla fundamental debe estar constantemente en la mente del predicador, y tenemos que estar recordándola constantemente, especialmente cuando somos jóvenes. El mayor error del predicador joven es predicar a las personas como le gustaría que fueran en vez de hacerlo tal como son. Esto es más o menos inevitable. Ha estado leyendo biografías de grandes predicadores, o quizá haya estado leyendo a los puritanos, y tiene, como resultado de ello, una imagen en su mente, una especie de imagen ideal de lo que la predicación debe ser. Y entonces procede a tratar de hacer lo mismo, olvidándose de que aquella gente que escuchaba a los puritanos (que a veces predicaban durante tres horas seguidas) había sido preparada para ello de varias maneras durante un siglo más o menos. No debo divagar sobre esto, pero me parece que la gente a menudo olvida que las obras de los principales puritanos, que son las más accesibles a nosotros, fueron escritas alrededor de mediados del siglo XVII, cuando el puritanismo ya llevaba establecido unos 100 años. La gente que oía aquellos sermones estaba preparada, formada e instruida y, por tanto, era capaz de seguir el razonamiento preciso y la argumentación de aquellos largos sermones. Si un predicador joven no entiende hoy este punto y trata de predicar como lo hicieron los puritanos y durante dos horas, pronto hallará que no le queda congregación a la que seguir predicando. Es de vital importancia que el predicador haga una evaluación de la gente a la que está predicando.

Voy a poner un ejemplo que suena ridículo pero que realmente ha ocurrido recientemente. Se estaba teniendo cada semana una reunión de señoras en conexión con una determinada iglesia en Londres. No era para las mujeres miembros de la iglesia, sino para otras mujeres más pobres del barrio. Estas reuniones habían contribuido a un buen propósito durante años y eran principalmente evangelísticas en su naturaleza. Se invitaba a diferentes hombres cada semana a hablar en la reunión. La mayoría de las oyentes eran mujeres mayores y pobres; la edad media de las que asistían tendía a subir más y más debido a que las mujeres más jóvenes estaban ocupadas en sus hogares y tenían que salir fuera a trabajar de distintas maneras. Pero acudían entre cuarenta y cincuenta mujeres cada semana. El problema de encontrar predicadores se iba haciendo cada vez mayor, pero había aún muchos que estaban dispuestos a ayudar. Una semana fue a hablarles un joven con una profesión secular que era miembro de la iglesia. ¡Les dio a aquellas pobres mujeres una charla sobre "la Trinidad"! Cuento esta historia con el fin de ridiculizar tal proceder. He ahí un hombre, un profesional inteligente y bien preparado, de quien habrías pensado que tendría bastante idea de cómo dirigirse a las personas; pero que era evidente que no tenía la menor idea y que probablemente había estado leyendo un artículo o un libro sobre la Trinidad recientemente. Pero, desde luego, lo que hizo fue totalmente inútil. No puedes darle "alimento sólido" a los bebés; les das leche. Ese es el principio que nos enseñan tanto el apóstol Pablo como la Epístola a los Hebreos.

Pero debo añadir algo a eso. A la vez que es deber y tarea

del predicador hacer una evaluación de su congregación, debe tener cuidado de que sea una evaluación sincera y fiel. Esto no necesita recalcarse. El peligro surge tanto desde el punto de vista del púlpito como de los bancos. El púlpito puede hacer una errónea evaluación de los bancos y los bancos pueden hacer una errónea evaluación de ellos mismos. Tengo la sensación de que ambos errores se manifiestan mucho y de que esta es una de la causas y explicaciones principales de nuestra situación presente.

El principal peligro al que se enfrenta el púlpito en este asunto es dar por hecho que los que dicen ser cristianos y creen serlo y son miembros de la Iglesia son, por tanto, necesariamente cristianos. Este, a mi entender, es el desatino más fatal de todos; y sin duda el más común. Se da por sentado que porque la persona sea miembro de la Iglesia ya es por ello cristiana. Esto es peligroso y erróneo por la razón de que, si supones eso, tendrás tendencia a predicar en todos los cultos de una manera adecuada para creyentes cristianos. Tus mensajes serán siempre instructivos, pero el elemento y el carácter evangelístico serán descuidados, quizá casi por completo.

Esta es una falacia grande y grave. Voy a dar razones de por qué digo eso. Quiero empezar con mi propia experiencia personal. Durante muchos años creí que yo era cristiano cuando en realidad no lo era. Llegó un momento en que me di cuenta de que nunca había sido cristiano y me convertí. Pero había sido miembro de una iglesia y asistía a mi iglesia y a sus cultos regularmente. Por tanto, cualquiera que diera por sentado, como hicieron la mayoría de los predicadores, que yo era cristiano estaba haciendo una suposición falsa. Esa no era una verdadera evaluación de mi estado. Lo que yo necesitaba era una predicación que me convenciera de pecado y que me hiciera ver mi necesidad y me llevara a un verdadero arrepentimiento y me enseñara algo de la regeneración. Pero yo nunca había oído hablar de esto. La predicación que teníamos se basaba siempre en la asunción de que todos éramos cristianos, de que no estaríamos allí, en la congregación, si no fuéramos cristianos. Creo que este ha sido uno de los errores fundamentales de la Iglesia, especialmente en este siglo XX. Pero esto ha sido reforzado muchas veces en mi propia experiencia como predicador y como pastor. Creo que puedo decir con bastante exactitud que la experiencia más común que he tenido en conversación con personas que han venido a mí en mi despacho de la iglesia para tratar el tema de hacerse miembros de la iglesia ha sido esta. Les preguntaba por qué querían hacerse miembros, cuál había sido su experiencia, etc. La repuesta más común que recibía, en particular en Londres durante más de treinta años, fue algo así. Esas personas (y con bastante frecuencia eran estudiantes universitarios o jóvenes licenciados universitarios) me decían que habían ido a Londres a la Universidad desde sus iglesias en sus respectivas ciudades creyendo por completo que eran cristianos. No tenían duda alguna al respecto y, o bien habían preguntado a sus iglesias locales antes de venir a Londres adónde debían ir los domingos, o bien nos habían sido enviados por sus iglesias. Proseguían diciéndome que, habiendo venido de esa forma y habiendo oído la predicación, especialmente la de los domingos por la noche —cuando, tal como ya he dicho, mi predicación era invariablemente evangelística—, lo primero que habían descubierto era que antes no eran cristianos en absoluto y que estaban viviendo en una falsa suposición. Al principio, algunos de ellos fueron lo suficientemente honrados como para confesar que se habían sentido muy molestos por este motivo. No les gustó esto y estaban resentidos; pero esa era la realidad. Luego, dándose cuenta de que esa era —a pesar de que eso no les gustara— la verdad, no obstante continuaron viniendo. Esto había continuado así quizá durante meses y habían pasado por un período de arrepentimiento y de gran conflicto en sus almas. Tenían temor de confiar en casi cualquier otra cosa ya que, habiendo supuesto erróneamente que eran cristianos, tenían ahora miedo de repetir el mismo error. Finalmente llegaron a ver la Verdad claramente, experimentaron su poder y se convirtieron de verdad. Esa ha sido mi experiencia más común en el ministerio. Esto muestra la absoluta y peligrosa falacia que es suponer que cualquier persona que viene regularmente a los cultos es cristiana.

Voy a relatar otra historia aún más sorprendente. Hago esto simplemente para mostrar este punto tan vital. Fue un placer y un privilegio para mí predicar durante nueve domingos en Canadá, en Toronto, en 1932. Recuerdo muy bien cómo me dio la bienvenida el primer domingo por la mañana el ministro de la iglesia que, aunque estaba de vacaciones, aún no se había ido de la ciudad. Me presentó y, como respuesta a esa bienvenida, creí que sería sabio por mi parte indicar a la congregación mi método como predicador. Le dije a la congregación que mi método era presuponer generalmente los domingos por la mañana que estaba hablando a creyentes, a los santos, y que trataría de edificarlos; pero que en el culto de la tarde predicaría basándome en la suposición de que estoy hablando a los que no son cristianos, como indudablemente habría muchos en aquella reunión. En un sentido, esto lo dije de paso.

Tuvimos el culto de la mañana y, al final, el ministro me preguntó si quería ponerme en la puerta con él para dar la mano a la gente mientras iban saliendo. Así lo hice. Les habíamos dado ya la mano a muchos de ellos cuando, de repente, él me susurró: "¿Ve usted a aquella anciana que se acerca despacio? Ella es el miembro más importante de la iglesia. Es una mujer muy adinerada y es la que más contribuye al sostenimiento de esta obra". En otras palabras, estaba diciéndome que ejercitara con ella todo el encanto del que fuera capaz. ¡No necesitó explicar más! Pues bien, la anciana llegó a nosotros y le hablamos, y nunca olvidaré lo que pasó. Esto me enseñó un gran lección que nunca he olvidado. La anciana dijo:

—¿Ha dicho usted que por las tardes predicará bajo la suposición de que los oyentes no son cristianos y por las mañanas lo hará bajo la suposición de que son cristianos?.

—Si —le dije.

—Pues bien, habiéndole oído esta mañana, he decidido venir esta tarde.

Aquella mujer nunca había asistido al culto de la tarde;

nunca. Solo asistía por las mañanas. Dijo:

—Vendré esta tarde.

No puedo describir lo embarazoso de la situación. Tuve la sensación de que el ministro que estaba a mi lado pensaba que yo estaba echando a perder su ministerio y que estaba lamentando amargamente haberme invitado a ocupar su púlpito. Pero el hecho fue que la anciana asistió al culto aquella tarde y cada domingo mientras estuve allí. Hablé con ella en su casa en una conversación privada y descubrí que se encontraba sumamente insatisfecha con su estado espiritual y que no sabía cuál era su situación. Tenía una personalidad excelente y era muy generosa, y llevaba una vida ejemplar. Todo el mundo daba por supuesto (no solo el ministro, sino también todos los demás) que era una cristiana excepcionalmente buena; pero no era cristiana. Esta idea de que, por el hecho de que las personas sean miembros de la iglesia y asistan a ella regularmente, son cristianas es una de las conjeturas más fatales, y digo que eso explica principalmente el estado de la Iglesia en la actualidad. Por tanto, tengamos cuidado en este punto.

Esto se puede aplicar igualmente a los oyentes, ya que tienden a presuponer lo mismo. Debido a que tales personas dan por hecho que son cristianas cuando no lo son, les ofende la predicación que presupone que no son cristianas, aunque eso sea lo que necesitan por encima de todo. Esto también lo puedo ilustrar por medio de algo que sucedió. Conocí a una señora que dejó de asistir a cierta capilla después de haber estado oyendo la predicación de un ministro nuevo durante un año más o menos. Y dio la razón de por qué lo había hecho. Dijo: "Este hombre nos predica como si fuéramos pecadores". ¡Eso era terrible! Acabó sintiéndose incómoda y forzada a examinarse a sí misma y verse como era verdaderamente, y eso no le gustó. Había estado asistiendo a aquella iglesia durante casi treinta años; pero demostró estar en contra de la Verdad cuando se enfrentó a ella de una manera directa y personal. Le gustaban las exposiciones generales de las Escrituras y los sermones basados en la Biblia para creyentes; esos no le hacían daño, no la inquietaban, no la condenaban, no la dejaban con convicción de pecado. Eso la divertía, pero no le gustaba la predicación cuando esta se hacía personal y directa.

Esta es una actitud muy común, y es aquí donde debemos tener cuidado con todo este asunto de la evaluación. Recuerdo haber recibido un carta en cierta ocasión de uno de los más prominentes líderes de una asociación muy conocida de creyentes evangélicos en Londres. Conocía bien su nombre, pero no lo conocía personalmente. Al abrir la carta reconocí el nombre. Me dijo que había estado en la congregación en nuestra iglesia el domingo anterior por la tarde y que había hecho un extraño descubrimiento. Se trataba de que era posible para un creyente de su edad y de su posición obtener beneficio de lo que era clara y evidentemente un culto evangelístico. Me dijo que toda su vida había dado por hecho que eso era imposible; que, cuando un creyente como él iba al culto un domingo por la tarde, lo único que tenía que hacer era orar por los inconversos, pero que no debía esperar obtener beneficio alguno de él, porque él ya había pasado por esa etapa. A pesar de eso había descubierto, para su sorpresa, que el culto le había conmovido y alcanzado, que había producido algo en él y le había aportado algo. Hasta entonces pensaba que eso no era posible. Había hecho este descubrimiento por primera vez en su vida y había sentido que tenía que escribirme para hacérmelo saber.

Este es, obviamente, un asunto muy grave, debido a que tiene mucha influencia en el predicador y en lo que hace. ¿Cómo podemos explicar esta falsa suposición? Me parece que surge del hecho de que muchas personas que se creen cristianas y que han aceptado la enseñanza de la Escritura intelectualmente no han sentido nunca el poder de la Palabra. Nunca han experimentado su poder; lo que han aceptado es una enseñanza puramente intelectual. Y, puesto que nunca han experimentado su poder, tampoco se han arrepentido verdaderamente nunca. Puede que hayan sentido alguna clase de tristeza por el pecado, pero eso puede ser distinto del arrepentimiento. Esta es, a menudo, la razón de su situación. El verdadero creyente siempre experimenta el poder de la Palabra y siempre puede verse convencido de pecado por medio de ella. En un sentido, se cree una sola vez para siempre; pero, en otro sentido, hay algo esencialmente erróneo en alguien que es capaz de oír un verdadero sermón evangelístico sin sentirse de nuevo bajo convicción de pecado, sin sentir algo de su propia indignidad y sin gozarse cuando oye que se está presentando el remedio del Evangelio. Eso es lo que le había ocurrido a aquel hombre que me escribió. Su corazón estaba mucho más sano que su cabeza y que la enseñanza que había recibido.

Si una persona puede oír un sermón así sin ser tocado o conmovido, yo me tomo la libertad de poner en duda que esa persona sea cristiana en absoluto. Para mí es inconcebible que alguien que sea un verdadero creyente pueda oír una exposición acerca de la extrema perversidad del pecado y de la gloria del Evangelio sin ser conmovido de dos maneras. Una es la de sentir durante algún tiempo, a la vista de lo que sabe acerca de la inmundicia de su propio corazón, que quizá no sea cristiano; y luego regocijarse en el glorioso Evangelio que le proporciona la liberación. Una y otra vez se me ha dicho, al terminar un culto de este tipo, algo así. Un hombre o una mujer ha venido a mí y me ha dicho: "¿Sabe usted una cosa? Si es que no me había convertido anteriormente, esta noche me he convertido con toda seguridad". Siempre me gusta oír eso. Significa que han vuelto a sentir el poder del Evangelio, que han vuelto a entenderlo todo otra vez y que, por así decirlo, casi han pasado de nuevo por la experiencia de la conversión. Lo que estoy afirmando es que necesariamente hay algo que está radicalmente mal en alguien que profesa ser cristiano y que no siente el poder de este glorioso Evangelio cada vez que este es presentado y de cualquier forma.

En otras palabras, como predicadores hemos de tener mucho cuidado de no ser culpables de clasificar con demasiada rigidez a las personas diciendo: "Estos son cristianos, por tanto...". Tienes que estar muy seguro de que son cristianos, porque la tendencia de muchos es a decir: "Sí, nosotros nos convertimos como resultado de una decisión que tomamos en una reunión evangelística y ahora que ya somos cristianos lo único que necesitamos es enseñanza y edificación". Yo me opongo a eso con fuerza e insisto en que siempre debiera haber un culto evangelístico en cada iglesia cada semana. Yo haría de esto un regla absoluta sin la menor duda. Y lo hago, como digo, porque creo que esta confusión es el problema principal que existe en la actualidad en todos los países.

Siempre me acuerdo de algo que me dijo un anciano hace muchos años. Estábamos charlando juntos sobre la decadencia del tono espiritual y de la espiritualidad de las iglesias en Gales en particular. Nos preocupaba especialmente la Iglesia presbiteriana que había comenzado en el siglo XVIII como resultado del "despertar evangélico", la Iglesia calvinista metodista. Yo había leído la historia de aquel gran y glorioso período y, por tanto, le dije:

—¿Cuándo tuvo lugar la transición desde lo que leemos de aquel período primero y los primeros 100 años de esta denominación y lo que tú y yo sabemos sobre cuál es la situación ahora? ¿Cuándo tuvo lugar esa transición?

Respondió:

—No tengo duda alguna al decirte que la respuesta es que eso ocurrió inmediatamente después del avivamiento de 1859.

—¿Pero cómo? —le pregunté. Y me dijo:

—Bien, pues ocurrió de la siguiente manera: el avivamiento fue tan poderoso que más o menos arrastró a todo el mundo a la Iglesia. Antes de eso había existido diferencia entre "la Iglesia" y "el mundo". Las pruebas de admisión para ser miembros eran muy estrictas, con el resultado de que antes de 1859 siempre había un número de personas que venían a los cultos y a oír la predicación que eran solamente oyentes y simpatizantes, pero que no se habían hecho miembros de la Iglesia.

Este es un punto sumamente interesante e importante. Qué raro es encontrar esto en la Iglesia de hoy. Pero, hasta mediados del siglo XIX, siempre había oyentes y simpatizantes a la vez que miembros en la mayoría de las iglesias que no eran episcopales. El cambio tuvo lugar como consecuencia del gran movimiento del Espíritu Santo en el avivamiento y de la tendencia creciente a considerar cristianos a los hijos bautizados de los miembros de la iglesia y dejar de predicar evangelísticamente, a menudo con ausencia de culto evangelístico alguno. Se daba por hecho que todos eran cristianos y el ministerio estaba enteramente dedicado a la edificación, y como resultado surgió una generación que no había conocido nunca el poder del Evangelio y que prácticamente no había oído nunca aquella predicación que puede convencer de pecado. Como ya he dicho, yo mismo pertenezco a esa generación. Yo fui de la segunda generación después del avivamiento de 1859 y más tarde descubrí que nunca había oído realmente un sermón evangelístico que verdaderamente convenciera de pecado. Fui recibido dentro de la Iglesia porque era capaz de dar las respuestas correctas a varias preguntas establecidas; pero nadie me preguntó ni me examinó nunca en un sentido experimental. Repruebo con todas mis fuerzas esta tendencia a dar por sentado que porque la gente venga a la iglesia ya es cristiana, o que los hijos de los cristianos sean necesariamente cristianos. Considerando esto mismo desde otro ángulo, yo diría que una de las experiencias más estimulantes en la vida de un predicador es lo que ocurre cuando personas que todos daban por sentado que eran creyentes de repente experimentan la conversión y se vuelven verdaderamente cristianas. Ninguna otra cosa tiene tan poderoso efecto sobre la vida de la iglesia que cuando eso les ocurre a varias personas.

Exhorto con urgencia a que todas las personas que asisten a una iglesia sean llevadas bajo el poder del Evangelio. El Evangelio no es meramente y solo para el intelecto; y, si nuestra predicación es siempre expositiva y para edificación y enseñanza, producirá miembros endurecidos y fríos, y a menudo rígidos y satisfechos consigo mismos. No conozco ninguna otra cosa que más fácilmente pueda producir una congregación de fariseos que precisamente eso mismo. Un segundo efecto de esta errónea actitud es que tales personas solo asisten a un culto cada domingo; uno ya es suficiente para ellos, ¡no necesitan otro! Generalmente asisten solo el domingo por la mañana.

Esto es verdaderamente deplorable; y mi primera puntualización es que se remonta a esa errónea evaluación de la gente por parte del púlpito y de la congregación. Ambos están de acuerdo en diagnosticar que esas personas son cristianas y, por tanto, nunca oyen la clase de predicación que les haga asegurarse de que realmente lo son. El camino para corregir esto, como he dicho, es asegurarse de que cada semana un culto sea claramente evangelístico en un sentido bíblico.

Eso, por supuesto, significa que hay que explicar todo esto claramente a los oyentes. Esto forma parte de nuestra predicación porque, actuando sobre la base de esa falsa suposición, muchos de esos oyentes no acudirán al culto evangelístico, ya que sienten que no lo necesitan, que no tiene nada que aportarles a ellos.

Creo que esta es la esencia misma de todo el problema de la Iglesia hoy día. ¿Qué podemos responder a tales personas? Hemos de convencerlas de la importancia de estar presentes en cada culto de la iglesia. ¡Cada culto! ¿Por qué? La primera respuesta (y a menudo he utilizado este argumento y la gente ha llegado a entenderlo) es que, si no están presentes en cada culto, podría muy bien ocurrir que se encontraran un día con que no estaban presentes cuando algo notable tuviera lugar.

Esto saca a relucir de nuevo toda la cuestión de qué es la predicación. Me estoy refiriendo una vez más a lo que he denominado su esencia, es decir, el poder del Espíritu Santo. Desarrollaré esto más adelante. Este es el elemento más importante que tenemos que recuperar en relación con nuestros cultos, es decir, la idea de que nunca se sabe lo que va a ocurrir. Si el predicador sabe siempre exactamente lo que va a pasar, bajo mi punto de vista ese hombre no debiera estar en absoluto en el púlpito. La verdadera gloria del ministerio está en que no sabes lo que puede pasar. En una conferencia sabes lo que está pasando, llevas el control de todo; pero ese no es el caso cuando estás predicando. Repentinamente, inesperadamente, puede irrumpir en un culto ese otro elemento: el toque del poder del Espíritu de Dios. Esto es lo más glorioso que puede ocurrir a una persona o a un grupo de personas. Por tanto, le digo a todo aquel que asiste una sola vez: Si no vienes a todos los cultos, puedes encontrarte un día con que alguien te hablará de un acontecimiento sorprendente acaecido en un culto un domingo por la tarde o por la mañana que tú te habrás perdido por no estar allí. En otras palabras, debiéramos fomentar este espíritu de expectativa en la gente y hacerles ver el peligro de perderse algunos maravillosos "tiempos de refrigerio de la presencia del Señor" (Hechos 3:19).

Esto debiera ir seguido de una pregunta: ¿Por qué no todos los cristianos anhelan esto tanto como les sea posible conseguir? Sin duda eso es bastante antinatural. Ciertamente no es bíblico. Consideremos la forma en que el Salmista, en el Salmo 84, expresa su sufrimiento y su tristeza porque no podía ir con los otros a la Casa del Señor. "¡Cuán amables son tus moradas, oh Jehová de los ejércitos! Anhela mi alma y aun ardientemente desea los atrios de Jehová; Mi corazón y mi carne cantan al Dios vivo". Luego piensa en aquellos que están teniendo ese privilegio: "Bienaventurados los que habitan en tu casa; perpetuamente te alabarán". Los envidia porque no puede estar con ellos. Nada es comparable a estar en la casa del Señor. "Porque mejor es un día en tus atrios que mil [...]". Ciertamente esto debiera ser instintivo en el verdadero cristiano. Alguien que dice ser cristiano pero que no desea tener todo lo que puede obtenerse del ministerio de la Iglesia comete un grave error espiritual.

O veamos otro aspecto de la misma cuestión. Oigo de muchas fuentes en muchos países que hay una creciente tendencia en las congregaciones a indicarle al predicador cuál debe ser la duración de su sermón. Oigo que a muchos jóvenes predicadores, cuando llegan a una iglesia a predicar, se les entrega un papel con un orden de culto en el que todo está detallado y cronometrado: "A las 11:00, llamada a la adoración; a las 12:00, oración final". Y, como entre una cosa y otra introducen una o dos lecturas bíblicas, varias oraciones, tres o cuatro himnos, unas palabras para los niños, quizá un solo, un tiempo de anuncios y la ofrenda, el sermón ha de ser necesariamente muy breve.

Ahora bien, ¿por qué es esto así? ¿No hay algo que va muy mal en tales personas? Esa no sería la actitud que tendrían hacia una obra de teatro o cualquier otro programa de televisión. En ese caso, el problema es que termina demasiado pronto. Lo mismo ocurre con un partido de fútbol o de béisbol, o con cualquier otra cosa que les interese: el problema es que estas cosas terminan muy pronto. ¿Pero a qué se debe la diferencia en este otro caso? Esta es una pregunta sumamente seria. En esas otras esferas no ponen objeción alguna a la duración porque se lo pasan bien, porque les gusta y desean más y más. ¿Por qué no ocurre lo mismo con el cristiano? De nuevo saco a relucir el asunto de la presuposición de que estas personas son cristianas simplemente porque acuden a los cultos. Mi opinión es que, si ponen estos límites de tiempo a los sermones, es que están faltos de vida espiritual. ¿Por qué tan frecuentemente no prestan atención cuando oyen? A menudo le dan la impresión al predicador de que le conceden permiso para predicar con la condición de que sea breve. Hasta hay algunas personas que, en un sentido físico literal, se acomodan para soportar el sermón.

Recuerdo que uno de mis predecesores en la iglesia *Westminster Chapel,* John A. Hutton, a quien ya me he referido, solía contar un historia muy divertida en relación con esto. Él sostenía esta opinión que yo he expuesto de que es el púlpito el que realmente determina el carácter de la congregación y del oyente. Una buena predicación produce buenos oyentes. Solía contar la siguiente historia. Estaba predicando en una iglesia en cierta ocasión y, en el momento en que iba a anunciar su texto, vio a un hombre que estaba sentado atrás en una esquina de la iglesia acomodándose en la esquina y, de hecho, poniendo sus pies en el asiento, obviamente para dormir. Ahora bien, John Hutton no pudo dejar pasar algo así, de manera que se dirigió a aquel hombre directamente. Le dijo:

"Caballero, no le conozco a usted, pero quienquiera que usted sea, no creo que esté siendo muy justo". Y continuó diciendo: "Si al final de mi sermón está usted dormido, entonces la culpa será mía; pero debe saber que no me ha concedido oportunidad alguna; usted se ha acomodado para dormir cuando aún estaba anunciando mi texto. No está usted siendo justo".

Es sin duda cierto que muchos miembros de las congregaciones acuden con esa disposición mental y con esa actitud. De hecho, yo he llegado a la conclusión durante este año pasado, a lo largo de mi convalecencia y mientras estaba sentado detrás en muchas congregaciones, ¡de que hay un número de personas que parecen ir a un lugar de culto para poder volver a sus casas! La principal idea de estas personas es la de salir y volver a casa. ¿Para qué van entonces? Esa es la pregunta que, en mi opinión, hay que hacerse. ¿Por qué esa gran ansiedad por que termine el culto, y especialmente el sermón? Solamente se puede llegar a una conclusión: esa gente necesita ser humillada. Esta gente carece de espiritualidad, de una mentalidad y perspectiva espirituales y de entendimiento espiritual.

Esto no es simplemente una opinión. Lo digo sobre la base de una comparación con lo que se nos dice de los primeros cristianos en Hechos 2, que es sin duda la norma de lo que todos debiéramos ser. Esto es lo que se nos relata: "Y perseveraban en la doctrina de los apóstoles, en la comunión unos con otros, en el partimiento del pan y en las oraciones [...]. Y perseverando unánimes cada día —¡cada día!—, y partiendo el pan en las casas, comían juntos con alegría y sencillez de corazón, alabando a Dios, y teniendo favor con todo el pueblo. Y el Señor añadía cada día a la iglesia los que habían de ser salvos".

Allí había cristianos que se reunían cada día para la predicación, la enseñanza y la instrucción. No solamente el domingo, o una sola vez el domingo y deseando volver a casa tan pronto como pudieran, con la esperanza de que el sermón fuera corto y enojándose con el predicador si no lo era.

¡"Cada día"! "Y perseveraban unánimes cada día". Eso era lo que ellos deseaban y en lo que se gozaban por encima de cualquier otra cosa. Y, por supuesto, eso es inevitable en el verdadero cristiano. El apóstol Pedro lo expresa de esta manera: "Desead, como niños recién nacidos, la leche espiritual no adulterada, para que por ella crezcáis". El niño recién nacido en Cristo desea la leche no adulterada de la Palabra. Si no la desea es que está enfermo, está atrofiado, está en mal estado, y lo mejor que puedes hacer es llevarlo al médico. La naturaleza clama pidiendo el alimento que le es apropiado; y si conoces a personas que crees que son cristianas, y que ellas mismas piensan que son cristianas, pero que no desean la predicación de la Palabra y no se deleitan en ella, ni se gozan en ella, ni desean de ella cuanto más mejor, yo creo que la pregunta correcta a plantearse acerca de ellos es: ¿Son cristianas estas personas? Su comportamiento es contrario a la Naturaleza. No se conforman a lo que se nos dice sobre los cristianos en el Nuevo Testamento. Ellos se deleitaban en la Palabra, se gloriaban en ella; y eran personas de alabanza. No asistían a sus reuniones mecánicamente, no lo hacían por obligación, no lo hacían meramente porque eso era lo que se esperaba ni diciéndose a sí mismos: "Bien, pues ya he ido al culto, ya he cumplido con mi deber y ahora puedo escribir mis cartas y dedicar el resto del día a leer y a hacer otras muchas cosas que me gustan". De ninguna manera. No se cansaban de la Palabra.

Los predicadores del Nuevo Testamento, los Apóstoles, no tenían que estar yendo a las casas a insistir a la gente para que fuera a los cultos. ¡La dificultad con la que se tenían que enfrentar los Apóstoles era cómo hacerlos volver a casa! Querían pasar todo su tiempo en aquel ambiente; y cuanto más recibían, más querían. ¡Perseverando! ¡Unánimes! ¡Cada día! No podías despedirlos. Y esta ha sido siempre la característica de la Iglesia en cada período de reforma o de avivamiento. Juan Calvino solía predicar cada día en Ginebra. ¡Cada día! Y la gente tenía sed de oírle a él y a los demás. Lo mismo ocurría con Martín Lutero. Esto ha sido así en cada período de la vida de la Iglesia cuando realmente estaba funcionando de verdad como la Iglesia. Mi argumento es que la gente no asiste a los lugares de culto en la actualidad debido a esta errónea evaluación que conduce a un tipo de predicación equivocada. O bien la predicación es mala, o bien la escucha es mala o, lo que es más probable, ambas cosas son malas.

Quiero dirigir mi exhortación a aquellos oyentes que se encuentran en su punto más bajo diciéndoles que, aunque no vean ninguna otra razón para estar presentes en cada culto de la iglesia, al menos se den cuenta de que los números tienen un gran valor. Considerémoslo de la siguiente manera. Pensemos en un hombre que no es cristiano, un hombre del mundo que repentinamente se encuentra muy inquieto. Tiene un terrible problema y nadie parece poder ayudarle. Caminando a la deriva por las calles pasa junto a una iglesia, un lugar de culto, y decide entrar preguntándose si podrá encontrar ayuda allí. Ahora bien, si se encuentra allí solamente con un pequeño puñado de personas que además parecen tristes y que, cuando el predicador comienza a predicar, miran repetidamente sus relojes, llegará a la conclusión de que no allí no hay nada. Concluirá que ese puñado de personas hacen esas cosas porque fueron educadas para hacerlas y no han pensado lo suficiente ni siquiera para dejar de hacerlas. Obviamente no significa mucho para ellas; lo hacen claramente movidas por la rutina o la tradición o por un sentido del deber. El pobre hombre se desanimará por completo; eso no le ayudará en absoluto. Pero si entra en una iglesia que está a rebosar de gente y percibe en ella un espíritu de expectación y ve a unas personas que esperan con entusiasmo e interés algo, él dirá: “Aquí hay algo. ¿Qué es lo que trae aquí a esta gente, a tanta gente?”. Por tanto, inmediatamente se interesará y comenzará a prestar mucha atención a todo. El hecho mismo de ver a una gran cantidad de gente haciendo esto ha sido a menudo utilizado por el Espíritu de Dios para conducir a la gente a la convicción y a la conversión. He tenido noticias de esto muchas veces.

El problema es que hay muchos que no se paran a pensar

en esto. Simplemente van al culto por un sentido del deber y, una vez hecho esto, se sienten mejor porque han cumplido con su deber. Esa actitud hacia el culto se expresa obviamente de por sí, y los visitantes lo perciben y llegan a la conclusión de que no hay nada de mucho valor allí si esa es la actitud de los que se congregan regularmente. Pero, a la inversa, cuando entran en un lugar de culto donde la gente asiste porque siente que Dios se manifiesta allí, esto también se transmite por sí mismo a ellos de alguna extraña manera que uno no llega a entender bien. Por tanto, sentirán que algo real está pasando y muy bien puede ser utilizado por Dios para llevarlos al conocimiento de la Verdad.

Esto equivale a decir que lo que se necesita en el púlpito es autoridad, una gran autoridad. Los oyentes en los bancos no se hallan en situación de determinar el mensaje o el método, ni de dictarle al púlpito lo que debe hacer. El púlpito ha de hacer su valoración y hacerlo con autoridad. La mayor necesidad que tiene la Iglesia en la actualidad es restaurar esta autoridad del púlpito.

¿Cómo tiene que hacerse esto? ¿Cómo puede ser restaurada esta autoridad? Debemos tener mucho cuidado en esto, porque este ha sido frecuentemente el problema y ha sido afrontado de un forma equivocada. Ese fue el caso del movimiento de Oxford del siglo XIX, vinculado a los nombres de Keble, el cardenal Newman, E.B. Pusey, el cardenal Manning y otros. Estaban preocupados por este asunto de la autoridad. Eran conscientes del hecho de que el púlpito, la Iglesia, había perdido su autoridad, y comenzaron a buscar una forma de recuperarla y restaurarla. Pero, desde el punto de vista protestante, dieron un paso totalmente equivocado. Dijeron que la forma de restaurar la autoridad era distanciar radicalmente al predicador o ministro de la gente. La forma de llevar esto a cabo fue ponerle vestimentas con diversas descripciones que destacaban el elemento misterioso en sus funciones. Dicho de otra manera, trataron de edificar su autoridad de esta forma externa y espectacular, llamándole sacerdote y pretendiendo conferirle una especial autoridad por medio de los sacramentos, etc. Concedamos que su intención era buena, pero dieron un paso en falso que condujo finalmente a una depreciación de la predicación y a una insistencia equivocada en los sacramentos y, en muchos casos, en un mero aspecto estético del culto.

Y en lo que se refiere a las iglesias no episcopales, a mí me parece que en el siglo XIX también ellas dieron un paso en falso; creyeron que la clave para obtener autoridad era la erudición. Ahora bien, la erudición es obviamente de gran valor e importancia; pero por sí sola no dará autoridad al predicador. Le otorgará categoría entre otros eruditos y le hará atractivo a los ojos del "sabio"; pero eso no es lo que se necesita en primer lugar en el púlpito. La principal y mayor necesidad en el púlpito es la autoridad espiritual. Ya he dicho que cuanto más capacitado esté un hombre, mejor predicador debiera ser. El conocimiento y la cultura son de mucho valor, pero solamente con la condición de que sean utilizados como siervos y ayudantes; por sí mismos no otorgan autoridad. Solo hay una cosa que otorga autoridad al predicador, y es que "esté lleno del Espíritu Santo". La historia de la Iglesia a través de los siglos, y especialmente durante los últimos 100 años, demuestra y prueba lo que estoy diciendo.

Llegados a este punto quiero añadir una palabra que puede sorprender a más de uno, y que ciertamente suena casi ridícula en vista de lo que he estado diciendo. Creo que es bueno y correcto que el predicador lleve toga en el púlpito. ¿Cómo reconciliar eso con lo que acabo de decir acerca de la autoridad espiritual? La toga es para mí una señal de llamamiento, una señal del hecho de que un hombre ha sido "apartado" para llevar a cabo esta obra. No es más que eso, pero es eso. Por supuesto, debo añadir inmediatamente que, aunque creo que se debe llevar toga en el púlpito, no creo que se deba llevar muceta con ella. Esto llama la atención sobre el hombre y su capacidad, no sobre su llamamiento. No es una señal de oficio, sino de los logros escolásticos del hombre; por tanto, uno lleva muceta de licenciado, otro de doctor, otro de profesor, etc. Eso solo siembra confusión; pero sobre todo distrae la atención de la autoridad espiritual del predicador. ¡Lleva toga, pero no muceta!

De estas distintas maneras estoy afirmando que muchos intelectuales modernos, que ponen objeciones a la autoridad del púlpito y que desean una sencilla lectura de las Escrituras con unos cuantos comentarios y un coloquio, necesitan que se les diga que ese hombre que está en el púlpito está allí no porque esté más capacitado que otros, sino porque Dios le ha dado ciertos dones especiales que no le ha dado a otros. Está allí porque ha tenido ese "llamamiento" que ha sido confirmado por la Iglesia. No debieran pensar que están compitiendo con él ni cuestionar su derecho a predicarles con autoridad por el hecho de que tengan tanto conocimiento como él y puedan leer los mismos libros que él. Todo eso puede ser verdad, hasta pueden estar más capacitados y tener más conocimiento; pero aun así, ese hombre ha sido apartado. ¿Por qué? No solamente por sus dones naturales, sino especialmente por lo que Dios ha hecho en él. Eso es lo que le confiere esa autoridad que no es dada a todos. Y si un cristiano, por mucha capacidad, erudición y conocimiento que tenga, no está dispuesto a sentarse y oír a ese hombre a quien Dios ha llamado, nombrado y enviado para llevar a cabo esta tarea, con gozo y viva esperanza, me tomo la licencia de poner en duda que sea cristiano. Es cuestión de autoridad espiritual, no de autoridad intelectual o cultural; y todos debieran reconocer esto y estar en consecuencia dispuestos a oír al predicador.

* * *

Esto nos lleva al final de esta consideración general sobre lo que es la predicación, este "acto" de predicar. Para poder completar esto he de añadir otra cosa que puede sonar muy poco espiritual después de lo que he venido diciendo. Pero es realmente importante; se trata del edificio. Al fin y al cabo la congregación está en un edificio, sentada y oyendo al hombre que les está predicando. Por tanto, el edificio tiene importancia. Puede ayudar o estorbar la realización del propósito para el que las personas acuden. El edificio tiene su importancia, pero tampoco ha de exagerarse. Los católicos y sus diversos sucesores e imitadores lo han exagerado. Podemos reconocer que, en el mejor de los casos, estaban animados por motivos excelentes. Los grandes, imponentes y vistosos edificios que fueron erigidos (catedrales, etc.) fueron un intento de dar expresión al sentido que tenían de la gloria y de la grandeza de Dios, al cual deseaban adorar en "la hermosura de la santidad". Pero lo exageraron de tal manera que hicieron de ellos lugares imposibles desde el punto de vista de la predicación, y por consiguiente vinieron a ser culpables de descuidar lo más importante de todo. El edificio de una iglesia nos habla mucho acerca de las personas que lo edificaron.

Alrededor de la mitad del siglo XIX tuvo lugar un cambio muy interesante no solamente en Gran Bretaña, sino también en los Estados Unidos de América. Hasta entonces, las iglesias, las capillas, eran por lo general edificios muy sencillos. Se llamaban "casas de reunión" porque habían sido edificados para que las gente pudiera reunirse para adorar a Dios y oír la predicación del Evangelio. Lo que se necesitaba era un lugar que fuera apropiado y conveniente para tales fines. Pero hacia la mitad del siglo XIX hubo un cambio y comenzaron a erigir esos edificios grandes y vistosos de estilo gótico. Se invirtieron grandes cantidades de dinero en hacer esos altos y abovedados edificios con arcos de crucero. Se acentuaron la belleza y la magnificencia. ¡De qué manera tan triste se traicionaron a sí mismos! Comenzaron a decir: "Nosotros, los independientes y los de la Iglesia libre hemos llegado a ser respetables. Ya somos gente de estudios y de cultura y hemos ocupado un lugar en la sociedad junto a los eruditos y las clases dirigentes". Por tanto, comenzaron a imitar los edificios de las Iglesias anglicana y católica y a introducir grandes cúpulas, columnas y otros ornamentos que hacen que en la mayoría de esos edificios la acústica sea imposible. La idea era demostrar que habían superado el analfabetismo y la ordinariez del movimiento evangélico, pero lo que eso estaba anunciando era una trágica decadencia de su espiritualidad. En la medida en que los edificios se hacen más vistosos, la espiritualidad invariablemente decae. Los edificios de las iglesias nos hablan bastante de la gente que se reúne en ellos y se deleita en ellos, pero aún más nos hablan de la gente que los edificó.

¿Qué debemos, por tanto, desear que tenga un edificio? Sin duda, la primera cosa absolutamente esencial es una buena acústica. Nunca será excesivo lo que recalquemos esto. Hablo desde una experiencia de muchos años de predicar en edificios de iglesias en diversos países. Y casi parece increíble, pero es totalmente cierto que no puedo recordar ni un solo ejemplo de edificio nuevo que se haya levantado en Gran Bretaña desde la última guerra (muchos tuvieron que ser reconstruidos debido a los bombardeos), no puedo recordar ni uno solo donde no hayan tenido que instalar un equipo de megafonía. ¿Por qué? No es debido a que los edificios sean grandes (algunos de ellos son bastante pequeños), sino a que la acústica es muy mala. ¿Por qué ocurre esto? Porque los arquitectos, por lo general, no saben nada de acústica. Les interesa la belleza, en apariencia, les interesa la línea, la curva, etc.; pero no saben nada de acústica, no saben nada acerca de la predicación. La primera cosa esencial en el edificio de una iglesia es que tenga buenas propiedades acústicas. ¿Cómo podemos asegurarnos de que esto sea así? La primera gran regla, la regla esencial respecto a esto es que tenga un techo plano. Cualquier variación de esta norma, por muy pequeña que sea, crea siempre problemas. Las curvas y los ángulos son una abominación. Debería ser obligatorio el techo liso. Nuestros antepasados lo sabían. Ellos edificaban edificios cuadrados con techos planos y el resultado era, y sigue siendo, que por muy grandes que sean, tienen una acústica casi perfecta. Lo que importa no es el tamaño del edificio; lo que determina la acústica es principalmente el techo. Los huecos son fatales y también va mal tener un techo muy alto. En esto la tendencia a imitar a los católicos y a los anglicanos ha hecho mucho daño a la predicación. La presencia de tornavoces sobre muchos de sus púlpitos es testimonio elocuente de lo que estoy diciendo. ¿Elocuentes? ¡Quizá debiera haber dicho "retumbante"! El predicador ha de estar libre. Tener que concentrarse en la producción de la voz irá en detrimento de la eficacia de su predicación. Ha de estar libre, y las características del edificio desempeñan un papel importante en ello.

¿Y el púlpito? Ponlo en el centro; no lo arrincones en cualquier lugar. La predicación es el acto más importante en relación con la Iglesia y la función que esta tiene. Es lo más necesario, por encima de cualquier otra cosa. Por tanto, pon el púlpito en el centro. ¿Y a qué altura debe estar el púlpito? Es importante que esté colocado a la altura correcta en relación con los oyentes. La tendencia actual es a poner el púlpito bajo, y ello es debido a que los diseñadores no saben lo que es la predicación. No me malinterpretes en esto, pero desde el punto de vista mecánico y arquitectónico, el predicador debe siempre predicar a su congregación de arriba abajo. Por tanto, el púlpito debe estar siempre a la altura apropiada. Si en la capilla hay una tribuna para la gente lo que ha de guiarnos es que, cuando el predicador esté en el púlpito, sus ojos estén más o menos a la altura de la gente que está sentada en la primera fila. Si la gente está más alta, él tendrá que echar su cabeza hacia atrás cuando los mire, y eso es malo para la garganta, la cual debe estar siempre relajada. Y después, la altura del púlpito, del mueble mismo, es también importante. Para mí fue extremadamente difícil predicar recientemente en cierta iglesia porque el púlpito estaba a la altura de la parte alta del pecho. Me sentía como luchando constantemente por sacar la cabeza nadando a la braza. Desde el punto de vista de la predicación, la situación era totalmente ridícula. No necesito decir que se trataba de un edificio nuevo. No se puede predicar cuando uno esta confinado en una especie de cajón. El predicador no es un preso en el banquillo de los acusados. Ha de tener libertad; y ha de insistir en tenerla.

Permítaseme concluir con una historia que ilustra esta cuestión. Recuerdo que fui a una capilla muy grande en el norte de Gales hace casi cuarenta años. El ministro de aquella iglesia era famoso como lo que entonces se denominaba "predicador del pueblo". Nunca olvidaré lo que hizo en su despacho de la iglesia antes del culto. Me recibió de una manera muy caballerosa, yo diría que aun señorial, por la que era famoso, y entonces procedió a ojearme y a examinarme de arriba abajo. Yo me estaba preguntando si quizá no iba lo suficientemente bien vestido como para complacerle o si acaso había algo malo en mí de lo que no me había dado cuenta. Entonces vino derecho a mí y me tocó alrededor del epigastrio. Yo me preguntaba qué estaba pasando. Entonces me dijo en parte a mí y también a algunos diáconos que se encontraban allí con nosotros: "Creo que dos plataformas serán suficientes". Como consecuencia de esto descubrí que la explicación de este extraño proceder era la siguiente: su capilla era un edificio grande que acomodaba hasta 1400 personas. Él sabía que muy probablemente se llenaría y anhelaba ayudar al pequeño predicador a dirigirse a esa congregación. Dijo: "¿Sabe usted? Ningún hombre puede predicar si el púlpito que hay delante de él está por encima de la boca de su estómago". Por tanto, pensando en los predicadores visitantes, había hecho que se instalaran tres plataformas para el púlpito. Un hombre muy alto no necesitaría ninguna plataforma adicional, otro quizá necesitara una, otro dos y algunos hasta tres. De esa manera, él se cercioraba de que cada predicador estuviera en la misma posición relativa respecto a la congregación. Esto puede parecer ridículo, pero puedo asegurar, como alguien que ha sufrido en muchos púlpitos, que tiene verdadera importancia. El principio de Oliver Cromwell era este: "Confía en Dios y mantén la pólvora seca".

Capítulo 9

La preparación del predicador

Ahora nos introducimos en un nuevo aspecto de nuestro estudio acerca de la predicación, o del predicador y la predicación. Hemos estado considerando lo que tiene lugar cuando un hombre se coloca en un púlpito y predica en el culto en una iglesia. Tuvimos que comenzar con eso. Ese es el hecho en sí, eso es lo que está teniendo lugar. Y, por tanto, hemos considerado qué es la predicación en general y la preparación del hombre que está predicando.

Ahora entramos en un aspecto diferente del asunto. Hasta aquí lo hemos tratado de forma general. Ahora llegamos a la cuestión concreta de cómo este hombre prepara la predicación semana tras semana. Confío en que quede clara mi amplia división del tema. Según mi opinión sobre este asunto tan importante, hemos de ser claros y precisos en nuestra comprensión de la totalidad antes de entrar en cualquier detalle particular. Ya hemos alcanzado ese punto y, por tanto, podemos mirar a este hombre, que es consciente de su llamamiento, preparándose para el ejercicio del ministerio de la predicación.

¿De qué manera? ¿Cuál es el proceso de preparación? Yo establecería, como primer postulado, que él siempre se está preparando. Y digo esto literalmente. Eso no quiere decir que esté siempre sentado a la mesa de su despacho, pero sí que está siempre preparándose. De la misma manera que podemos decir que en la esfera de lo espiritual no existen vacaciones, yo pienso siempre que, en ese mismo sentido, el predicador nunca tiene vacaciones. A veces tiene momentos en los que está ausente de su trabajo habitual, tiene días de descanso; pero, debido a la naturaleza e índole de su llamamiento, nunca está libre de su trabajo. Todo lo que hace, o lo que le ocurre, lo encuentra pertinente para su importante trabajo y forma, por tanto, parte de su preparación.

Pero volviendo ahora a algunos asuntos específicos, la tarea prioritaria y más importante del predicador no es preparar su sermón, sino prepararse él mismo. Cualquiera que haya permanecido en el ministerio durante un tiempo estará absolutamente de acuerdo conmigo al respecto. Esto se aprende por experiencia. Al principio, se tiende a pensar que lo más importante que hay que preparar es el sermón (el cual, tal como he venido diciendo, requiere una preparación sumamente cuidadosa). Pero lo más importante es la preparación del predicador mismo.

En un sentido, el predicador es un hombre que se dedica a una sola cosa. Hay algunos que han dicho en el pasado, como John Wesley, que ellos habían llegado a ser "hombres de un solo Libro". Aunque esto es verdad, hablando en general, es aún más cierto que el predicador es hombre de una sola cosa, aquello para lo que ha sido llamado y también la gran pasión de su vida.

Por tanto, ¿qué es lo que hace respecto a eso? La primera regla importante es tener mucho cuidado de mantener una disciplina general en su vida. Existen muchos peligros en la vida de un ministro. Contrariamente a los que tienen otras profesiones y otros negocios, el ministro no necesariamente está sujeto a un horario de oficina u otros convencionalismos, ni a determinadas situaciones ajenas a sí mismo. Él es, comparándolo con los demás, su propio jefe. Digo esto solamente con referencia a los hombres. Por supuesto, él no es su propio jefe con referencia a Dios. Pero existe esta obvia distinción entre la vida de un ministro y la de la mayoría de los demás hombres; y, debido a que las cosas están en sus propias manos, ha de tener en cuenta que hay ciertos peligros y graves tentaciones que le acechan de una manera muy especial. Uno de ellos es el peligro de desperdiciar su tiempo, especialmente por las mañanas. Comienza leyendo el periódico y es muy fácil dedicar a eso gran cantidad de tiempo casi sin darse cuenta. Y además están las revistas, los suplementos semanales y las interrupciones telefónicas, etc. Puedes descubrir fácilmente que la mañana se ha evaporado tanto si estás trabajando en tu casa como si lo haces en un despacho en tu iglesia. Siempre he tenido la convicción, pues, la cual ha ido aumentando a través de los años, de que una de las reglas de oro para un predicador es salvaguardar las mañanas. Haz de esto una regla absoluta. Trata de desarrollar un sistema en el que no tengas que ponerte al teléfono por las mañanas; que tu esposa o cualquier otra persona tome los mensajes e informa a la gente que te telefonea que no puedes ponerte. ¡Uno tiene literalmente que luchar por su vida en este sentido!

¡Cuán a menudo el trabajo de la mañana en tu despacho es interrumpido por una llamada telefónica sobre un asunto no urgente, a veces para invitarte a predicar dentro de dos años! Este es el tipo de cosas que ocurren. Puedes tratar esta situación de una o dos maneras. Una es pedirle a ese buen hombre que te escriba para que puedas considerar ese asunto cuidadosamente. Y la segunda, que es la forma más eficaz, es no contestar al teléfono tú mismo nunca por las mañanas y darle instrucciones a alguien para que diga de tu parte: "¿Le importaría telefonear de nuevo a tal o tal hora?" (la hora de la comida o cualquier otro momento cuando hayas terminado tu trabajo matinal). Esas interrupciones son realmente nocivas; ¡para lo único que pueden resultar buenas es para nuestra santificación! No permitas ni que aun los asuntos de la iglesia interfieran en ello. ¡Salvaguarda tus mañanas! Estas deben ser ofrecidas para la gran tarea de la preparación para el púlpito.

Deseo añadir una palabra aquí que para mí es importante, pero que puede que no resulte aceptable para todos. Soy contrario a las reglas universales establecidas para todos. No hay nada más importante que llegar a conocerse uno mismo. Incluyo en ello el conocerse tanto física como temperamentalmente y también en otros aspectos. Digo esto porque hay quienes prescribirían un programa para un predicador y ministro; le dirían a qué hora tiene que levantarse por la mañana, qué tiene que hacer antes del desayuno y lo que ha de hacer más tarde, y así sucesivamente. No titubean en redactar sistemas y programas y defenderlos, y además casi indicar que, si alguno no sigue dicho programa, es debido a que es un pecador y un fracasado. Yo he sido siempre contrario a tales ideas por la razón de que todos somos diferentes y no se puede establecer un programa de esta naturaleza para todo el mundo.

Voy a ilustrar lo que quiero decir. Vivimos en el cuerpo, y nuestros cuerpos difieren uno de otro. También tenemos temperamentos y naturalezas diferentes, por lo que no se pueden establecer reglas universales. Permítaseme utilizar una analogía de la esfera de la dietética. Este ha sido siempre un asunto muy controvertido. ¿Qué debe uno comer? ¿Qué dieta se debe seguir? Siempre estarán aquellos que se presentan como los que han resuelto el problema y defienden una clase de dieta universal. Piensan que todos debieran seguir esa dieta y que, si lo haces, nunca más tendrás problema alguno. Hay una repuesta contundente para todo eso. Yo afirmo que la primera regla en dietética es simplemente que "el Sr. Jack Spratt no podía comer grasa y su esposa no podía comer magro". Jack Spratt estaba constituido de tal manera que no podía digerir la grasa. Él no lo había decidido; había nacido así. Tiene que ver con los procesos metabólicos del cuerpo que uno mismo no determina. Su esposa era enteramente diferente; ella no podía digerir carne magra, pero le iba bien la grasa. Ahora bien, prescribir una dieta común para Jack Spratt y su esposa es, obviamente, un completo absurdo.

Afirmo que el mismo principio es también aplicable a un nivel superior. Algunos de nosotros somos lentos al comenzar por la mañana; otros se despiertan despejados y rebosantes de energía por la mañana anhelando comenzar su trabajo, como un perro cuando el amo le pone la correa. No somos nosotros los que determinamos esto, forma parte de nuestra constitución. Depende de muchos factores y en parte, quizá totalmente, de la presión arterial y cosas como la constitución nerviosa, etc. Todos estos factores cuentan. Declaro, por tanto, que nuestra primera tarea es llegar a conocernos a nosotros mismos, llegar a saber cómo funcionas tú con tu constitución concreta, llegar a saber cuándo estás en tu mejor momento y cómo funcionas mejor. Una vez hecho eso, no permitas que nadie te imponga reglas mecánicas o te dicte de qué manera debes trabajar y dividir tu día. Confecciona tu propio programa; tú sabes cuándo puedes hacer mejor tu trabajo. Si no lo haces así, pronto hallarás que es posible que te sientes a la mesa de tu despacho (conforme a las normas y reglamentos) durante un par de horas con un libro abierto delante de ti, pasando sus páginas, pero que en realidad no estés absorbiendo prácticamente nada. Quizá más tarde, durante el día, podrías hacer más en solo media hora de lo que has sido capaz de hacer en las dos horas de la mañana. A eso es a lo que me refiero.

Esto significa que este asunto de la disciplina concierne enteramente a cada uno. Nadie puede decir a otro lo que tiene que hacer. Lo principal es que uno sea consciente de que, para ser lo que debe ser, para llegar a ser un verdadero predicador, un hombre espiritual que está interesado en llevar a cabo su ministerio para la gloria de Dios y para la edificación y la salvación de las almas, ha de hacer esto. Ello le obliga a ejercer esta disciplina. Si sus motivaciones y su objetivo son correctos, si ha sido verdaderamente llamado, estará tan deseoso de hacer todo lo que tenga que hacer de la manera más eficaz, que se tomará la molestia de buscar la mejor forma de organizarse y distribuir su jornada. He conocido a muchos hombres que han tenido dificultades por el hecho de que se les impusiera un sistema que no era el adecuado para ellos.

* * *

Accedo al siguiente asunto con gran temor, muchas dudas y gran sensación de indignidad. Supongo que todos fallamos en este próximo punto más que en cualquier otro; se trata del asunto de la oración. La oración es vital para la vida de un predicador. Lee las biografías y autobiografías de los más grandes predicadores a lo largo de los siglos y hallarás que esta fue la gran característica de sus vidas. Siempre fueron grandes hombres de oración y dedicaron considerable cantidad de tiempo a la oración. Podría citar muchos ejemplos, pero me abstengo debido a que hay muchos y son muy conocidos. Aquellos hombres descubrieron que eso era absolutamente esencial y que iba siéndolo más a medida que continuaban.

Siempre he dudado a la hora de tratar este asunto. He predicado sobre la oración cuando esta aparecía en un pasaje en el que estaba trabajando, pero nunca me he atrevido a producir un libro sobre la oración, ni siquiera un folleto. Ciertas personas lo han hecho de una manera muy mecánica, llevándonos a través de diferentes aspectos y clasificándolo todo. Parece muy simple. Pero la oración no es algo simple. Es cierto, desde luego, que la oración conlleva un elemento de disciplina, pero sin duda no se puede tratar de esa manera debido a su naturaleza misma. Lo único que yo diría es (e insisto en que estoy hablando de esto por propia experiencia) que una vez más es muy importante que uno se conozca a sí mismo en cuanto a este asunto. Realmente no sé si esto es una señal de espiritualidad o no (no creo que lo sea), pero confieso abiertamente que a menudo he hallado difícil comenzar orando por la mañana.

He llegado a aprender ciertas cosas acerca de la oración personal. No podemos orar por obligación. Podemos arrodillarnos por obligación, ¿pero cómo orar? He hallado que no hay nada más importante que aprender a entrar en esa disposición y ese estado en el que uno puede orar. Hay que aprender cómo empezar, y es justamente en este punto en el que el conocimiento de uno mismo es tan importante. Lo que he hallado generalmente es que leer algo que puede ser caracterizado en general como devocional es de gran ayuda. Cuando digo devocional no me refiero a algo sentimental, sino a algo que contenga un verdadero elemento de adoración. Obsérvese que no estoy diciendo que debamos prepararnos para orar siempre leyendo la Biblia, porque ahí nos encontraríamos precisamente con las mismas dificultades. Comencemos leyendo algo que haga entrar en calor a nuestro espíritu. Echemos fuera la frialdad que haya podido desarrollarse en nuestro espíritu. Hay que aprender a encender una llama en el espíritu, a calentarse uno mismo, a prepararse para comenzar. Esto es comparable, podríamos decir, a arrancar el automóvil cuando está frío. Debemos aprender a utilizar un estárter espiritual. Yo he descubierto que es muy provechoso hacer eso en vez de luchar en vano. Cuando uno se halla en esa situación y le resulta difícil orar, no debe luchar en oración por el momento, sino que debe leer algo que le dé calor y le estimule, y descubrirá que eso le pone en condiciones para poder orar con una libertad más grande.

No estoy en absoluto recomendando (más bien todo lo contrario) que tu oración deba limitarse solamente a la mañana, cuando comienzas a hacer tu trabajo en tu despacho. La oración debiera continuar a lo largo del día. La oración no tiene por qué ser necesariamente larga; puede ser breve; solamente una exclamación, en ocasiones, es una verdadera oración. Eso es, sin duda, lo que el apóstol Pablo quiere decir en su exhortación en 1 Tesalonicenses 5:17: "Orad sin cesar". Eso no significa que tengamos que estar perpetuamente de rodillas, sino que estemos siempre en una disposición de oración. Tanto si vamos caminando por una calle como si estamos trabajando en el despacho, acudamos frecuentemente a Dios en oración.

Principalmente —y considero que esto es lo más importante— respondamos siempre a todo impulso a orar. El impulso a orar puede llegar cuando estemos leyendo o cuando estemos batallando con un texto. Yo haría de esto una ley absoluta: obedecer siempre a ese impulso. ¿De dónde procede? Es obra del Espíritu Santo; ese es parte del significado de "ocupaos en vuestra salvación con temor y temblor, porque Dios es el que en vosotros produce así el querer como el hacer, por su buena voluntad" (Filipenses 2:12-13). Esto conduce a menudo a algunas de las experiencias más extraordinarias en la vida del ministro. Por tanto, nunca lo resistamos, nunca lo pospongamos, nunca lo dejemos de lado por estar muy ocupados. Entreguémonos a este impulso, rindámonos a él y hallaremos no solo que no hemos estado perdiendo el tiempo en relación con el asunto que estábamos tratando, sino que nos ha ayudado grandemente al respecto. Experimentaremos que nos resulta más sencillo y fácil comprender lo que estábamos leyendo, pensando, organizando para un sermón, escribiendo, etc., lo cual es bastante sorprendente. Tal llamamiento a orar no debe nunca considerarse como una distracción, sino que se debe responder inmediatamente a él y dar gracias a Dios si nos ocurre frecuentemente.

Desde todo punto de vista el ministro, el predicador, ha de ser un hombre de oración. En las Epístolas Pastorales se insiste constantemente en esto así como en otros lugares y, como digo, se halla abundantemente confirmado en la larga historia de la Iglesia y especialmente en las vidas de los predicadores destacados. John Wesley solía decir que tenía en poco al hombre que no oraba cuatro horas al día, lo cual destaca claramente en las vidas de personas como David Brainerd y Jonathan Edwards, Robert Murray M'Cheyne y muchos otros santos. Esa es la razón por que uno se siente humillado al leer las biografías de tales hombres.

* * *

Eso nos lleva a lo siguiente que es esencial en la vida del predicador: la lectura de la Biblia. Esto obviamente lo hace regularmente cada día. Mi principal consejo sobre este punto es el siguiente: lee tu Biblia sistemáticamente. El peligro de leerla al azar es que uno tiene tendencia a leer solamente sus pasajes favoritos. En otras palabras, no lee la Biblia completa. Nunca será excesivo el acento que pongamos en la importancia vital que tiene la lectura de toda la Biblia. Yo diría que todos los predicadores debieran leer toda la Biblia completa por lo menos una vez al año. Puedes idear tu propio método para hacerlo o bien utilizar uno de los métodos que otros han inventado. Recuerdo que, después de haber hecho un plan para mí mismo y para los miembros de mi iglesia en los años primeros de mi ministerio, me encontré con el plan que Robert Murray M'Cheyne había confeccionado para los miembros de su iglesia en Dundee. Se hallaba en su biografía escrita por Andrew Bonar. Siguiendo ese plan de Robert Murray M'Cheyne lees cuatro capítulos de la Biblia cada día y, haciendo eso, se lee cada año una vez el Antiguo Testamento y dos veces los Salmos y el Nuevo Testamento. Contrariamente a muchos planes modernos, no escogía meramente pequeñas secciones o unos pocos versículos o párrafos cortos de aquí y de allá, con lo cual llevaría muchos años recorrer toda la Biblia y en algunos casos se omitirían por completo ciertos pasajes. Pero el principal objetivo de este plan es hacer que la gente pase por todas las Escrituras cada año sin omitir nada. Esa debiera ser la mínima lectura bíblica del predicador.

He descubierto que esta es una de las cosas más importantes de todas. Y, una vez que has hecho eso, puedes decidir trabajar a tu manera a través de un libro de la Biblia en particular, utilizando comentarios o cualquier otra ayuda que quieras seleccionar. La lectura que he venido describiendo hasta ahora es una lectura general, pero después debes proceder a estudiar una porción en particular, uno de los capítulos que has estado leyendo, si te parece bien, en detalle y cuidadosamente con todas las ayudas que puedas encontrar, y también con el conocimiento que tengas de los idiomas originales y todo lo demás.

Quiero insistir aún más en esto. Uno de los peores hábitos en los que un predicador puede caer es el de leer la Biblia simplemente con el fin de encontrar textos para sermones. Eso es un verdadero peligro, por tanto debes reconocerlo, combatirlo y resistirlo con todas tus fuerzas. No leas la Biblia para encontrar textos para sermones; léela porque es el alimento que Dios ha provisto para tu alma debido a que es la Palabra de Dios, porque es el medio por el que puedes conocer a Dios. Léela porque es el pan de vida, el maná provisto para el sustento y el bienestar de tu alma.

Insisto en que el predicador no debe leer su Biblia con el

fin de hallar textos, sino leerla de esa otra manera, como por supuesto deben hacerlo todos los cristianos; y de repente, mientras está leyendo, encontrará que destaca una declaración particular y que le golpea y le habla a él, e inmediatamente le sugerirá un sermón.

Aquí deseo decir algo que considero, en muchos sentidos, el descubrimiento más importante que he tenido en mi vida como predicador. He tenido que descubrir esto por mí mismo, y todos aquellos a quienes se lo he dicho siempre han estado muy agradecidos por ello. Cuando estás leyendo tus Escrituras de esta manera, independientemente de si has leído poco o mucho, si un versículo destaca, te afecta y te hace parar, no continúes leyendo. Detente inmediatamente y escucha. Te está hablando, por tanto escúchalo y habla con él. Deja de leer inmediatamente y trabaja sobre esa afirmación que te ha afectado de esa manera. Continúa haciéndolo hasta el punto de elaborar un bosquejo de un sermón. Este versículo o declaración te ha hablado a ti, te ha sugerido un mensaje. El peligro que he descubierto en cuanto a este asunto es decirse a uno mismo: "Oh, sí; eso es muy bueno, lo recordaré", y después proseguir con la lectura. Entonces, al acercarse el fin de semana, te encontrarás sin sermón para el domingo, sin tan siquiera un texto, y te preguntarás: "¿Qué es lo que leí el otro día? ¡Ah, sí! Tal versículo de tal capítulo". Entonces volverás a él y descubrirás para tu consternación que no te dice nada en absoluto; no eres capaz de recordar el mensaje. Por eso digo que, cuando se te ocurre algo, debes detenerte inmediatamente y elaborar el bosquejo de un sermón en tu mente. Pero no hay que quedarse ahí: escríbelo.

Durante muchos años no he leído nunca mi Biblia sin tener un cuaderno de notas sobre mi mesa o en el bolsillo; y en el momento en que algo despierta mi interés o me llama la atención lo escribo inmediatamente. El predicador debe ser como una ardilla y aprender a recoger y almacenar material para los futuros días de invierno. Por tanto, no te limites a elaborar el bosquejo; escríbelo, porque de otra manera no lo recordarás. Piensas que sí, pero pronto descubrirás que no.

El principio implícito aquí es exactamente el que opera en relación con los exámenes. Todos sabemos lo que es sentarse a escuchar una conferencia y oír al conferenciante decir determinadas cosas. Mientras lo escuchas dices: "Sí, está bien, eso ya lo sé". Pero posteriormente entras en el aula de exámenes y tienes que responder a una pregunta sobre esa cuestión y, de repente, te das cuenta de que no sabes demasiado de eso. Pensabas que sí, pero no. Así, pues, la regla es la siguiente: cuando se te ocurra algo, ponlo por escrito. El resultado es que pronto descubrirás que de esa manera has acumulado una pequeña cantidad de bosquejos, esqueletos de sermones. Entonces serás verdaderamente rico.

He conocido a ministros fuera de sí el sábado porque no tienen un texto o un sermón para el domingo y tratan desesperadamente de conseguir algo. Eso es sencillamente por no haber practicado lo que estoy recomendando. Es decir, yo diría que, si tengo que escoger una cosa como la más importante de todas en la vida del predicador, está fuera de toda duda que, a un nivel práctico, ha de ser esta. Recuerdo que en cierta ocasión, al examinar mi colección de bosquejos justo antes de partir para mis vacaciones de verano, advertí que había diez que trataban del mismo asunto. Allí y entonces los puse en orden y me di cuenta de que tenía una serie de diez sermones consecutivos preparados para mi regreso. ¡En un sentido ya no necesitaba las vacaciones!

Lo siguiente en orden que mencionaré —y no puedo pensar en un término mejor, aunque no me gusta en ciertos aspectos a causa de que se ha abusado tanto de él— es la "lectura devocional". No me refiero con esto a lo que se denominan comentarios devocionales. Detesto los comentarios "devocionales". No quiero que otros me hagan las devociones; pero no se me ocurre un término mejor. Estoy pensando en un tipo de lectura que nos ayuda en general a comprender las Escrituras, a disfrutar de ellas y a prepararme para el púlpito. Este tipo de lectura sigue en importancia a la de las Escrituras. ¿Cuál es? Yo no dudaría en colocar en esta categoría la lectura de los puritanos. Eso es exactamente lo que ellos hacen por nosotros. Aquellos hombres eran predicadores, predicadores prácticos y experimentados que tenían un gran interés pastoral y se preocupaban por las personas. Así, pues, al leerlos descubrimos que no solo ofrecen conocimiento e información; al mismo tiempo hacen algo en ti. De nuevo deseo hacer hincapié en que es muy importante que el predicador no solo se conozca en general, sino que también conozca sus estados de ánimo, su humor y su situación concreta. Nadie puede decir lo que sentirá mañana por la mañana; no se puede controlar. Nuestra tarea es hacer algo con estos cambios de humor y no permitir que nos convirtamos en víctimas de ellos. Dentro de dos días no serás exactamente el mismo que ahora, y tienes que tratarte a ti mismo según tus diversas situaciones. Por tanto, tendrás que descubrir cuál es la lectura más apropiada para ti en esos momentos diferentes.

Creo que descubrirás que, por lo general, los puritanos casi siempre resultan de ayuda. No debo entrar en esto demasiado, ¡pero hay puritanos y puritanos! John Owen, por regla general, es difícil de leer; era un hombre tremendamente intelectual. Pero había escritores puritanos que eran más cálidos, más directos y experimentales. Nunca dejaré de estar agradecido a uno de ellos llamado Richard Sibbes, que fue un bálsamo para mi alma en un momento de mi vida cuando yo estaba saturado de trabajo y excesivamente cansado y, por tanto, sujeto de una manera inusual a las embestidas del diablo. En ese estado y en esa situación, leer teología no ayuda, de hecho puede resultar poco menos que imposible; lo que necesitas es un tratamiento suave y bondadoso para tu alma. Descubrí en aquella época que Richard Sibbes —que era conocido en Londres a principios del siglo XVII como "el doctor celestial Sibbes"— era una medicina infalible. Sus libros *The Bruised Reed* (La caña cascada) y *The Soul s Conflict* (El conflicto del alma) me tranquilizaron, aliviaron, consolaron, alentaron y sanaron. Compadezco al predicador que no conoce la medicina apropiada que debe recetarse a sí mismo en estas diversas fases por las que inevitablemente pasa su vida espiritual.

Esto puede sonar extraño a algunos, hasta erróneo. Quizá tengas una idea teórica, no hayas estado en el ministerio y no sepas nada de sus problemas, preocupaciones y pruebas. El apóstol Pablo sabía lo que era experimentar "de fuera, conflictos; de dentro, temores". Sabía lo que era estar "derribado", "en gran conflicto" y en medio de una gran lucha; y cualquier ministro digno de ese nombre debe conocer esto. El Apóstol habla en otro lugar de "la preocupación por todas las iglesias". Todos estos diversos factores —problemas con las personas, problemas contigo mismo, con tu estado y tu situación física— conducen a esa clase de variación en cuanto a la experiencia espiritual propia. Este ha sido también el testimonio de los santos de todas las épocas. Yo siempre recelo mucho de cualquier cristiano que me diga que él o ella desconoce por completo tales variaciones. Hay un cántico que dice: "Siempre feliz, siempre feliz". No me lo creo; no es cierto. Habrá momentos cuando estés triste. Existen esos estados y esas situaciones del alma, y cuanto antes aprendas cómo enfrentarte a ellos y tratarlos, mejor será para ti y para las personas a quienes predicas.

Bajo este mismo apartado incluiré la lectura de sermones. Debo tener cuidado en cuanto a esto. Ya he indicado que hay sermones y sermones, y que la fecha en que fueron publicados es ciertamente importante. Puedo limitarme a dar testimonio de que, en mi experiencia, la ayuda que recibí en mis primeros años en el ministerio de la lectura de sermones de Jonathan Edwards fue inconmensurable. Y, claro está, no solo de sus sermones, sino también de su información acerca del Gran Avivamiento, aquel importante avivamiento religioso que tuvo lugar en América en el siglo XVIII, y de su importante obra *The Religious Affections* (Los sentimientos religiosos). Todo eso es de valor incalculable, porque Edwards era experto en tratar los estados y las situaciones del alma. Solucionaba de una manera muy práctica los problemas que surgían en el ministerio pastoral entre personas que pasaban por las diversas fases de su experiencia espiritual. Esto es algo inestimable para el predicador. Este tiene, por tanto, que escoger su lectura juiciosamente no solo para el bien de su propia alma, sino además para ayudar a otros no solo directamente, sino también por medio de lo que leen. Con frecuencia se ha causado mucho daño por aconsejar a la gente que leyera un tipo de libro equivocado: se les puede hacer más mal que bien. Si un hombre ya es ligeramente melancólico y con tendencia al pesimismo y a la introspección y le das un libro para leer principalmente destinado a producir convicción de pecado y a alertar y alarmar, bien puedes ocasionar que se vuelva loco. Eso no es lo que necesita, necesita ánimo e instrucción positiva en cuanto a ese punto, y viceversa. Por tanto, tienes que saber qué es lo que más te conviene leer y también lo que más conviene a otros. Lo dejo ahí. Hay amplio material; verdaderamente, la gran dificultad para el predicador estriba en encontrar tiempo suficiente para leer; es una batalla constante.

Se debe encontrar tiempo para leer, y pasamos ahora al tipo de lectura más puramente intelectual: la teología. No hay mayor error que pensar que, cuando dejas el seminario, se acabó la teología. El predicador debiera seguir leyendo teología mientras viva. Cuanto más lea, mejor; y hay muchos autores y diferentes métodos que estudiar. He conocido a hombres en el ministerio, y en otras diversas esferas de la vida, que abandonan la lectura cuando acaban su capacitación. Creen que ya han conseguido todo lo que necesitan; tienen sus apuntes de clase y ya no requieren nada más. El resultado es que vegetan y se vuelven inútiles. Sigue leyendo; y lee las grandes obras. Tengo muchas razones para decir esto. Volveremos a ello más adelante.

Ahora vuelvo a aquello en lo que hacía hincapié cuando consideraba la capacitación del predicador: la importancia de leer la historia de la Iglesia. Esta no debe considerarse nunca como algo a estudiar solo con vistas a un examen; es de mucho más valor para el predicador que para el estudiante. Y se deben recordar constantemente los grandes acontecimientos. Exactamente igual, uno debe continuar leyendo biografías y diarios de hombres de Dios, especialmente de aquellos que han sido utilizados especialmente como predicadores, como Whitefield, los Wesley, etc. Sigue dedicándote a ello; nunca se agota. Cuanto más leas según estos parámetros, mejor equipado estarás. Recuerda que todo esto está en el apartado de tu propia preparación.

Lo siguiente en orden que señalaré es la lectura apologética. Me refiero con esto a que hay modas teológicas y filosóficas que vienen y van. Y es tarea del predicador ser consciente de todo esto, de manera que debería leer algunos de esos libros. No puede leerlos todos a causa de que hay muchísimos, demasiados; pero debería leer algunos de ellos. También hay cuestiones relacionadas con la ciencia donde esta parece entrar en conflicto con la fe y con la enseñanza de las Escrituras. Debemos considerar todos estos asuntos. Además, por supuesto, está la psicología y sus ataques especialmente sutiles a la fe.

Ahora bien, nadie puede ser experto en todo; pero hay que tratar de estar al día y al corriente de todo lo mejor que se pueda. Por tanto, se debe leer acerca de estos asuntos, principalmente en libros. Pero además están las revistas y los periódicos (no solo aquellos que pertenecen a la propia denominación de uno, sino otros que son pertinentes para la obra y especialmente en estos días de ecumenismo). Todo esto es necesario como ayuda para el predicador, para que evalúe adecuadamente a las personas que acuden a escucharle. Debe saber algo acerca de su trasfondo y sus ideas, lo que piensan, lo que leen y las influencias que reciben. Las personas, en su inocencia e ignorancia, siguen estando dispuestas a escuchar a oradores dignos de confianza y a creerse cualquier cosa que lean en un periódico o en una revista popular, y es tarea nuestra ayudarlas y protegerlas. Somos pastores, y debemos cuidar y vigilar a las personas que nos han sido encomendadas a nuestro cargo. Es tarea nuestra, por tanto, equiparnos para esa gran labor.

Antes de proseguir con otros tipos de lectura, deseo insistir mucho en la importancia suprema de tener un equilibrio en tus lecturas. Nunca podré hacer suficiente hincapié en esto. A causa de nuestras diferencias naturales, todos tenemos nuestros prejuicios y nuestras preferencias, de manera que hay un tipo de hombre que invierte todo su tiempo en leer teología, otro en leer filosofía, otro psicología; y a veces no leen prácticamente nada más. Esto es verdaderamente peligroso, y la forma de solucionarlo es la prescripción de una lectura equilibrada. Lo que quiero decir es lo siguiente. Lee teología, como digo, pero siempre de una forma equilibrada, no solo además de historia de la Iglesia sino también junto a biografías y a un tipo de lectura devocional. Permítaseme explicar por qué esto es tan importante. Recordemos que nos estamos preparando a nosotros mismos, y el peligro del hombre intelectual, si solo lee teología o filosofía, es volverse engreído. Llega a creerse que tiene un sistema perfecto, que no hay problemas, que no hay dificultad alguna. Pero pronto descubrirá que sí hay problemas y dificultades; y si desea evitar el naufragio, lo mejor que puede hacer cuando cree que lo sabe todo y se ve eufórico y tentado al orgullo intelectual es tomar, por ejemplo, los diarios de George Whitefield. Allí leerá acerca de cómo aquel hombre fue utilizado por Dios en Inglaterra, Gales, Escocia y América, y también de cómo experimentó el amor de Cristo; y si no siente pronto que es un gusano, mi opinión es que nunca ha sido regenerado. Necesitamos humillarnos continuamente. Por eso, la lectura equilibrada es absolutamente esencial. Si tu corazón no se implica tanto como tu cabeza en estos asuntos, tu teología es errónea, entre otras cosas. Existe un verdadero peligro de volverse excesivamente teórico, académico, objetivo e intelectual. Eso significará no solo que estás tú mismo en peligro espiritual, sino también que hasta cierto punto serás un mal predicador y un mal pastor. No ayudarás a tu congregación y fracasarás en la tarea a la que has sido llamado.

El camino para neutralizar eso y salvaguardarte de ello es equilibrar tu lectura. Nunca dejes de hacerlo. Estoy convencido de que uno debe leer siempre siguiendo estas diferentes directrices cada día. He desarrollado una especie de rutina que opino que es sana y provechosa casi desde el punto de vista físico así como de los demás. Si leo los libros más arduos y difíciles —o los más teológicos— por la mañana, leo los de otro tipo por la noche. Es bueno que la mente no se ejercite o estimule mucho antes de ir a la cama si se desea evitar el problema del insomnio. No importa demasiado cuando eres joven, entonces puedes hacer casi todo lo que te guste y, no obstante, dormir; pero, cuando te hagas más mayor, descubrirás que no siempre es tan fácil. A menudo he tenido que decirle esto a hombres que tenían problemas nerviosos y que estaban a punto de sufrir una crisis. Ha sido obvio para mí, al escuchar sus historias, que tenían el hábito de leer, justo antes de ir a dormir, sobre asuntos extremadamente complicados que requerían todas sus reservas de capacidad mental; y después se sorprendían de que sus mentes rehusaran dejar de trabajar y de que no pudieran relajarse y dormir. Esto es de puro sentido común; pero es muy importante. Equilibra, pues, tus lecturas por todas estas razones.

¿Cuál es el propósito de leer todo esto? Reitero que el objetivo de toda esta lectura no es en primer lugar extraer ideas para predicar. Ese es otro terrible peligro. Igual que los hombres tienden a leer su Biblia con el fin de conseguir textos para los sermones, así tienden a leer libros con el fin de conseguir material para su predicación. Yo casi describiría esto como la deformación profesional del ministerio. Recuerdo algo que me dijo en 1930 un ministro que había estado en una conferencia o en un retiro en el campo destinado a profundizar en las experiencias espirituales de la gente. Me habló del gran beneficio que había obtenido de la conferencia. Yo esperaba que me dijera algo acerca de lo que había experimentado o de lo que había significado para él espiritualmente; pero eso no es lo que me dijo. Su comentario fue: "Conseguí mucho material maravilloso para predicar". ¡Material para predicar! Él no fue a la conferencia para obtener beneficio espiritual, sino simplemente para conseguir material —ejemplos, historias de las experiencias de otras personas, etc.— para sus sermones. Se había cerrado a cualquier tipo de influencia espiritual por planteárselo de esta manera. Se había convertido en un profesional. Leía su Biblia para extraer textos, leía libros para conseguir ideas, etc.

En realidad, esto puede convertirse en algo muy absurdo; y me agrada que así sea por la siguiente razón: ¡los predicadores que tienen necesidad de acudir a los libros para conseguir sermones suelen quedar en evidencia! Me di cuenta de esto cuando vivía en el sur de Gales. Había una famosa librería religiosa en cierta ciudad y los predicadores de los barrios periféricos solían acudir al mercado y visitar esa librería al menos una vez por semana. Todos iban allí y compraban varios libros. Su tendencia era, naturalmente, a comprar los mismos libros, ¡y el resultado era que muchos de ellos predicaban el mismo sermón! Pero, por desgracia para ellos, sus congregaciones, los miembros de sus iglesias, se conocían unos a otros y cuando se encontraban solían hablar de sus respectivas iglesias y de sus pastores. Podía darse el caso de que uno hablara del maravilloso sermón que había oído el domingo anterior y otro le preguntara: ¿Cuál fue el texto? Y al obtener la respuesta comenzaría a sonreír, porque habría escuchado prácticamente lo mismo. Con ligeras variaciones, por supuesto, ¡pero en esencia el mismo sermón! Aquellos pobres se habían vueltos dependientes de los libros para obtener sus ideas.

Recuerdo que otro ministro, que era un buen predicador, me dijo en cierta ocasión cuando viajaba en el mismo compartimento en un tren y le encontré leyendo *Testament of Beauty* (El testamento de la belleza), de Robert Bridges, que él sacaba mucho más de "estas personas" que de ninguna otra. Lo que quería decir era que allí extraía más ideas y material para predicar. Hay hombres que obtienen sus ideas de los libros y diarios, y ciertamente de toda clase de lugares extraños.

Yo afirmo que este no es el objetivo prioritario de leer. ¿Entonces cuáles son su principal propósito y su función? Proporcionar información; pero aún más importante es que se trata por lo general del mejor estímulo. Lo que el predicador necesita siempre es un estímulo.

En un sentido uno no debería acudir a los libros en busca de ideas; la tarea de los libros es hacer pensar. No somos gramófonos, debemos pensar de manera original. Lo que predicamos debe ser el resultado de nuestro propio pensamiento. No nos limitamos a transmitir ideas. El predicador no está destinado a ser un mero canal a través del cual fluye el agua; debe ser como un pozo. Por tanto, la función de la lectura es estimularnos en general a pensar, y a hacerlo por nosotros mismos. Toma todo lo que lees y mastícalo bien. No te limites a repetirlo tal como lo has recibido; transmítelo a tu manera, permite que surja como parte de ti mismo, con tu sello personal. Por eso insisto en el principio general de que esa es la principal función del aprendizaje. Es trágico cuando los hombres se convierten en gramófonos o en reproductores de grabaciones que transmiten y repiten incesantemente. Un hombre así pronto quedará estéril; pronto estará en dificultades; y su congregación se habrá dado cuenta mucho antes de que eso ocurra.

* * *

Quiero comentar otra cosa acerca de la lectura. La lectura general también es importante. ¿Por qué? Bueno, aunque no hubiera otra razón, simplemente para la liberación de la mente. La mente necesita descanso. El hombre que está demasiado tenso y que explota su mente tendrá problemas enseguida. A la mente hay que darle liberación y descanso. Pero liberar la mente no solo significa dejar de leer, sino leer algo diferente. Lee algo muy distinto y, al hacerlo, tu mente podrá relajarse. Un cambio en este sentido es tan bueno como un descanso. Y al mismo tiempo estarás añadiendo a tu almacén una buena información general que es excelente como trasfondo para tu predicación. Abogo, por tanto, por la lectura histórica. Me refiero ahora a la Historia secular, biografías, la historia de hombres de estado y hasta de guerras, si quieres. Puedes estar especialmente interesado en una materia determinada o en una afición; bien, haz uso de ella, desarróllala. Pero, una vez más, una solemne advertencia: no le dediques mucho tiempo. Ese es el peligro. Siempre estamos luchando en este sentido. Siempre hay tendencia a irse a los extremos. Pero, si estás interesado en algo en especial, cultívalo con moderación. Será bueno para tu mente; preservará la resistencia y la frescura. Por tanto, yo siempre he tratado de hacer esto y de conseguir determinados diarios que tratan de asuntos generales y de cuestiones literarias, y donde hay artículos muy bien escritos y buenas reseñas de libros que nos estimularán a leer otros libros. Yo no creo en recopilaciones y enciclopedias que fomentan una mentalidad de "tabla de equivalencias" en vez de incitar a pensar.

El ministro siempre debe estar leyendo de esta manera equilibrada que concibe para sí mismo. Yo siempre tenía la costumbre hace muchos años de llevar un gran libro conmigo cuando me iba de vacaciones en verano. En aquel tiempo solían ser por lo general las últimas Conferencias de Bampton. Estas eran impartidas normalmente por hombres que no eran evangélicos pero que hacían un amplio estudio de algún aspecto concreto de la Verdad. Las Conferencias de Bampton o las de Hibbert las encontraba de gran valor. Un predicador ocupado rara vez tiene tiempo para leer consecutivamente este tipo de libros; por tanto, aprovechaba las vacaciones para leer esas obras. Mi esposa estaba de acuerdo con mi plan y los niños también más adelante. Me dejaban las mañanas para mí y podía hacerlo; después, una vez hecho esto, estaba dispuesto a cualquier cosa que ellos propusieran. Mirando atrás me alegro de que tuviera el buen juicio y la sabiduría de hacerlo.

* * *

Debo decir algo acerca de la música. La música no ayuda a todos, pero sí ayuda mucho a algunas personas; y yo, por fortuna, soy una de ellas. Alguien me dijo hace poco que le había sorprendido, al leer las necrologías de cuando murió Karl Barth, descubrir que este solía comenzar la mañana escuchando un disco de música de Mozart. Me dijo que no podía entenderlo. Yo le pregunté:

—¿Cuál es el problema?

—Bueno —respondió—, me sorprende que un pensador como Karl Barth se inclinara por Mozart; yo habría esperado que a él le gustara Beethoven o Wagner, o quizá Bach.

Me quedé atónito. Mi impresión en cuanto a este hombre era que evidentemente no conocía el verdadero valor de la música o cómo utilizarla.

—Puedo decirte por qué recurría Karl Barth a la música de Mozart —le dije—; no iba en busca de ideas, sino porque producía algo en él en general. Mozart le ponía de buen humor y hacía que su espíritu se sintiera feliz. Le relajaba y le liberaba para elaborar su propio pensamiento.

Un estímulo general de ese tipo suele ser de más ayuda que otro más especialmente intelectual. El hombre en sí es mayor que su intelecto. ¿No es esa la razón por que los profetas de la Antigüedad hacían que se tocara para ellos música de arpa o de otro instrumento? Volveré a esto más adelante. Algo que te hace bien, que te pone de buen humor o te coloca en una buena disposición, algo que te agrada o que alivia tus tensiones y te relaja es de inestimable valor. La música hace esto con algunos de una forma maravillosa. Recordemos que seguimos tratando las formas en las que el predicador se maneja, se ayuda y se prepara a sí mismo. Emplea, pues, tu tocadiscos o lo que sea, algo que sepas que te va a ayudar.

Concluyo como comencé, diciendo: Conócete a ti mismo. Descubrirás que habrá fluctuaciones en tu vida; pasarás por distintas fases y experimentarás diversas situaciones. Conócete a ti mismo. Descubrirás que hay períodos, quizá de días o de semanas, cuando por alguna razón sorprendente tu mente trabaja a plena capacidad y estás en una situación fecunda y encuentras ideas para sermones por todas partes: "Lenguas en los árboles, libros en los arroyos, sermones en las piedras y cosas buenas en todas partes". Cuando eso suceda, extiende tus manos, tómalo todo; escribe todo lo que puedas, de manera que, cuando lleguen los períodos áridos de sequía y esterilidad, tengas algo a lo que recurrir. "Conócete a ti mismo" fue el consejo que dieron los filósofos griegos de la Antigüedad; y sigue sin haber interdicto más importante para los predicadores.

Capítulo 10

La preparación del sermón

Hemos tratado, aunque sea con limitaciones, de abordar la cuestión de la preparación del predicador mismo. Nadie puede hacer esto adecuadamente, pero debemos ser profundamente conscientes de la necesidad de ello y continuar esforzándonos durante el resto de nuestras vidas. Después de esto pasamos ahora a la preparación del sermón.

Permítaseme insistir una vez más en que en estas conferencias estamos haciendo referencia a la predicación. Alguien me ha preguntado acerca de la visitación. Yo no pretendo referirme a todos los aspectos de la obra ministerial; solo a la predicación, porque creo que eso es lo primero y lo más importante. Las visitas, o cualquier otra actividad, nunca pueden compensar una ausencia de predicación. De hecho mi opinión es que la visitación no tendrá mucho sentido a menos que la predicación sea lo que debe ser y prepare el camino. Probablemente será solo una visita social que incluya quizá una taza de te y una conversación agradable; pero eso no es visita pastoral. La predicación prepara el camino para todas las demás actividades de un ministro. Como ya he mostrado, prepara el camino para la obra personal e igualmente para la visitación.

No voy a tratar el asunto de la visitación. Ciertamente habréis notado que ni siquiera he hecho referencia a la cuestión de las oraciones desde el púlpito o de la oración en público. Eso, obviamente, no es porque no lo considere de la mayor importancia; es simplemente porque el tiempo y otros factores me impulsan a limitarme a la predicación. La oración desde el púlpito es muy importante; la dirección del culto en su totalidad es muy importante. Pero de nuevo quiero indicar que esto vendrá muy determinado por la predicación y por el concepto que tengamos de la misma. Por supuesto, si perteneces a una iglesia que tiene un culto litúrgico, esto no procede, aunque yo diría que, aun allí, la forma en que el ministro lee la liturgia dependerá mucho de lo que haya estado haciendo durante la preparación de su sermón. Pero mi misión no es tratar estas otras cuestiones; deseo insistir en lo que considero ser lo principal: la predicación. Nunca será excesivo el hincapié que hagamos en ella; la predicación lo controla todo y determina el carácter de todo lo demás.

Al pasar a la preparación del sermón, nos enfrentamos de inmediato a una importante decisión a la que ya nos hemos referido en la introducción general. ¿Qué tipo de sermón debe ser? ¿Evangelístico? ¿De edificación? ¿De consuelo y ánimo para los creyentes, para los miembros de la iglesia? ¿O debe ser un tipo más general de instrucción en cuanto al mensaje de las Escrituras? Obviamente es una decisión importante y, habiendo hecho referencia a ella antes, solo la repito ahora porque es una cuestión que surge enseguida en cuanto a este punto.

Habiendo decidido qué tipo concreto de sermón ha de ser, llegamos a la cuestión muy práctica de la preparación propiamente dicha. Al parecer, algunos piensan que hay reglas absolutas respecto a esto; pero yo creo que no es así. Por tanto, simplemente intentaré plantear algunas ideas basadas en mi propia forma de verlo y en mi experiencia personal en cuantos a estos asuntos.

En general yo diría que uno no debe predicar sobre temas como estos. Lo que quiero decir es lo siguiente. Recuerdo a un capellán del Ejército americano durante la última guerra que me contó lo que había hecho en cierta ocasión cuando estaba en Gran Bretaña. Estaba destinado en determinada parte del país y se le pidió que predicara un domingo en la iglesia local a la que había estado asistiendo. Había llegado a ciertas conclusiones respecto al estado espiritual de aquella iglesia; "por tanto —me dijo—, en vista de lo que había observado, decidí compartir mi sermón sobre la justificación por la fe". Entonces le planteé algunas preguntas y descubrí que, después de terminar su formación en el famoso seminario al que había asistido, aquel hombre había preparado inmediatamente una serie de sermones sobre diferentes asuntos teológicos y doctrinales. Tenía un sermón sobre la justificación, otro sobre la santificación, otro sobre la Providencia, otro sobre escatología, etc. En otras palabras, comenzaba con un tema y después buscaba un texto que le viniera bien. Pero lo que en realidad estaba haciendo era dar conferencias sobre la "justificación por la fe", etc. Eso es lo que quiero decir cuando hablo de no predicar sobre temas.

Me aventuro a ir un paso más adelante y exponerme yo mismo a algunas críticas diciendo que, por lo general, no creo en la predicación por medio de un catecismo. Hay personas a quienes tengo gran respeto que hacen esto regularmente; pero yo opino que no es un procedimiento sabio, principalmente por la razón de que eso tiende a producir una actitud teórica hacia la Verdad, una actitud excesivamente intelectual hacia la Verdad. No es que no crea que hay que enseñar a la congregación el catecismo. Mi opinión es que debe hacerse. Pero también que debe ser en otro momento y de una manera diferente. Yo lo incluiría dentro de lo que considero "instrucción" y lo trataría en una serie de conferencias. Pero aun mejor —en mi opinión— es decirle a las personas que lean y estudien el catecismo por sí mismas y después lo consideren juntas en coloquios.

Digo todo esto porque creo —como ya he estado indicando— que, en la predicación, el mensaje siempre debe surgir de las Escrituras directamente, y no de las formulaciones de los hombres, ni siquiera de los mejores hombres. Al fin y al cabo, los catecismos fueron producidos por hombres que deseaban hacer hincapié en determinadas cosas debido a su situación histórica propia, para contradecir otras enseñanzas y actitudes concretas. En el mejor de los casos, por tanto, tienden a ser incompletos, tienden a tener un enfoque particular y, por tanto, a omitir ciertas cosas. Pero mi argumento definitivo contra la predicación por medio del catecismo es que se le puede plantear la misma objeción a la predicación de las Escrituras de la forma que he indicado; porque, al fin y al cabo, los catecismos derivan de las Escrituras. En último término, la función de un catecismo —en mi opinión— no es proporcionar material para la predicación; es garantizar que la predicación sea correcta y salvaguardar las interpretaciones de las personas que leen su Biblia. Puesto que esa es la principal función de los credos y los catecismos, es sin duda erróneo, por tanto, limitarse a predicar constantemente año tras año sobre el catecismo en vez de predicar la Palabra directamente de la Escritura misma, con las Escrituras siempre abiertas ante ti y las mentes de las personas dirigidas más a ellas que a la interpretación humana de las mismas. Aunque lo que tú predicas es tu interpretación del significado y la enseñanza de las Escrituras, este método preserva y destaca de una manera más clara la idea de que estás ofreciendo el mensaje de la Biblia más que el dogma de una iglesia determinada.

Aceptando que esto es cierto en general con respecto a los asuntos y los catecismos, entonces llegamos a la gran pregunta: ¿Qué voy a hacer yo exactamente? ¿Debo predicar sobre textos sueltos? Lo que quiero decir con "textos sueltos" es que no forman parte de una serie, sino que tomas un versículo o párrafo concreto un día y otro al día siguiente, de manera que no hay una secuencia o relación entre los sermones de un domingo y otro. ¿Se debe predicar sobre textos sueltos, entonces, o se deben hacer series de sermones?

Con frecuencia los predicadores han sostenido fuertes opiniones en cuanto a esto, y se trata de una cuestión muy interesante y, por supuesto, muy importante. Uno de los grandes predicadores del siglo XIX, si no el más grande de todos, Charles Haddon Spurgeon, adoptó una postura muy tajante en cuanto a esto. No creía en la predicación de series de sermones; de hecho se oponía a ello enérgicamente. Decía que en un sentido era una insolencia que un hombre decidiera predicar una serie de sermones. Defendía que los textos le deben ser dados al predicador, que este debe buscar al Señor en este asunto y pedir orientación. Sostenía que el predicador no debe decidir sino orar en busca de orientación y de la guía del Espíritu Santo, y después someterse a ella. Así será conducido a determinados textos y afirmaciones concretas que después expondrá en forma de sermón. Esa era la opinión sostenida por Spurgeon y por muchos otros. Yo mismo me eduqué en una tradición que se adhería a esa opinión. Nunca oíamos una serie de sermones basados en un libro, o en parte de un libro o de la Biblia, o en un tema.

Pero enfrente tenemos la postura contraria de los puritanos, quienes creían claramente en la predicación de series de sermones. Es interesante advertir, de paso, que aunque Spurgeon era tan gran lector de los puritanos y admirador de los mismos, en este punto estaba en total desacuerdo con ellos.

¿Qué podemos señalar, entonces, respecto a esto? Lo único que puedo decir es que a mí me parece un planteamiento equivocado el ser rígidos en cuanto a este asunto y sentar cátedra con una regla drástica y precipitada. No veo por qué el Espíritu no puede guiar a un hombre a predicar una serie de sermones sobre un pasaje o sobre un libro de la Biblia igual que le conduce a un texto aislado. ¿Por qué no? Lo importante, y aquí estoy con Spurgeon 100 por 100, es que debemos preservar y salvaguardar "la libertad del Espíritu". No debemos tener el control en esta cuestión; no debemos decidir en frío, por así decirlo, lo que vamos a hacer y elaborar un programa, etc. Estoy seguro de que esto es erróneo. He conocido a hombres que lo hacen. He conocido a hombres que, a principio de temporada, tras las vacaciones, elaboran una lista de textos para muchos meses e indican aquello de lo que van a predicar cada domingo concreto durante un período. Repruebo eso por completo. No estoy diciendo, ni me atrevería a decir, que sea imposible; bajo la libertad del Espíritu no es imposible, porque "el viento sopla como quiere". No debemos decir que el Espíritu va a obrar siempre de una manera concreta y que así debe ser.

Pero, hablando en general, pienso que planificar y publicar un programa es sin duda establecer ciertos límites a la soberanía y la guía del Espíritu en cuanto a este asunto. Por tanto, habiendo afirmado que nos sujetamos al Espíritu y que debemos tener cuidado de asegurarnos de estar verdaderamente sujetos a Él, defiendo que Él puede guiarnos unas veces a predicar sobre textos aislados y otras a predicar una serie de sermones. Quiero afirmar humildemente que he conocido esto muchas veces en mi experiencia.

Hay un volumen de sermones predicados por mí bajo el título *La depresión espiritual*. La historia de cómo llegué a predicar esa serie puede ayudar a ilustrar este asunto. Yo había decidido ya —me parecía que estaba siendo guiado en ese sentido, pero sin duda era mi propia determinación— comenzar una serie de sermones sobre la Epístola a los Efesios. Sin embargo, una mañana, mientras me estaba vistiendo, de repente y de una manera abrumadora me pareció que el Espíritu de Dios me inducía a predicar una serie de sermones acerca de la depresión espiritual. Literalmente, mientras me arreglaba, la serie tomó forma en mi mente y lo único que tuve que hacer fue precipitarme tan rápido como pude a anotar los diversos textos y el orden exacto en que me habían llegado. Yo nunca había pensado en predicar una serie de sermones sobre la depresión espiritual; jamás se me había ocurrido hacerlo; pero sucedió exactamente así. Siempre presto gran atención a esos sucesos. Es una experiencia maravillosa y gloriosa entre otras muchas cosas; y no me atrevo a desobedecer lo que considero un mandato muy concreto que viene de esa manera. Estoy muy seguro de que la predicación de aquella serie de sermones me fue ordenada por el Espíritu mismo.

Quiero añadir una palabra más para justificar mi opinión de que debemos evitar ser demasiado rígidos en cuanto a este asunto. Estoy señalando que es correcto predicar tanto sobre textos aislados como sobre series; y, en cualquier caso, una serie siempre puede interrumpirse. De hecho, siempre debes interrumpir una serie si sientes una presión especial en tu espíritu que te incita a hacerlo así. Por eso yo nunca imprimo un programa de lo que me propongo predicar durante los próximos tres meses. No puedes decir lo que vas a hacer, al menos yo nunca podría. Puede haber circunstancias que requieran atención y proporcionen una maravillosa oportunidad para predicar. Ciertamente nunca podría garantizar que voy a terminar el sermón que he preparado para determinada ocasión. ¡En muchísimas ocasiones me he visto en la situación de que el tiempo que suelo tener para la predicación ha pasado y solo he predicado la mitad de mi sermón! ¿Cómo puedes saber lo que va a pasar? Tú no controlas las cosas, al menos no deberías controlarlas. El Espíritu te está utilizando y está tratando contigo mientras predicas, tanto como en el tiempo de preparación. No malinterpretes esto; no estoy defendiendo o excusando la despreocupación. Me he apartado de mi camino para insistir en lo contrario. Pero, aún así, con toda tu preparación y previsión, tienes que conservar "la libertad del Espíritu" y tratar de permanecer abierto y sensible a cómo quiere Él moverse. Por tanto, para mí, un programa impreso habría sido ridículo a causa de la constante posibilidad de interrupciones y variaciones, así como del desarrollo de determinados temas, que a veces resulta completamente imprevisible durante la preparación o ya durante la predicación. Cualquiera que sea tu decisión con respecto a este asunto, conserva la libertad.

O permítaseme expresarlo de esta manera. Yo establecería como regla que hay ocasiones especiales que siempre se deben tener en cuenta. En este punto tengo la temeridad de expresar una crítica a los puritanos. Creo en la predicación de sermones especiales el día de Navidad y durante el Adviento; también creo en la predicación de sermones especiales el Viernes Santo, Domingo de Resurrección y Domingo de Pentecostés.

¿Cómo justifico esto? Veamos. ¿Por qué se oponían los puritanos a ello? La respuesta es, por supuesto, que se oponían a esas ocasiones especiales a causa de su violenta reacción contra el catolicismo romano. Los católicos romanos han transformado la celebración del nacimiento de nuestro Señor en una misa; y, por tanto, los puritanos, que son criaturas que reaccionan, como todos, tienden a hacerlo demasiado radicalmente con el resultado de que, en su deseo de deshacerse de todo lo que recuerde a la misa y todo lo demás que vaya asociado al pensamiento católico romano, se fueron al otro extremo y se opusieron a cualquier observancia de estos días.

Aunque comprendo plenamente su actitud y por lo general me identifico completamente con ellos, no obstante, creo que estaban equivocados. Digo esto porque creo que el peligro al que nos enfrentamos la mayoría de nosotros es llegar a interesarnos tanto en las implicaciones y las manifestaciones externas de la fe cristiana que tengamos tendencia a olvidar la esencia y los verdaderos fundamentos de la fe. Los presuponemos, pero quizá nunca predicamos sobre ellos. Y si eso es cierto de la predicación, lo mismo será obviamente cierto de las personas que nos escuchan. Pero, cuando volvemos a las Epístolas del Nuevo Testamento, descubrimos que los Apóstoles no pueden resolver asunto alguno sin hacer referencia constantemente a los hechos básicos de la fe cristiana. En cualquier caso, tenemos cuatro Evangelios que nos recuerdan los hechos y la historia.

Sin duda el gran peligro hoy, y especialmente en determinados círculos, es el exceso de intelectualismo. Con frecuencia me he esforzado por persuadir a las personas de que sean más intelectuales y menos sentimentales en su concepto de la fe cristiana, pero en el presente estoy igualmente seguro de que algunas personas deben ser advertidas del peligro de ser demasiado intelectuales y de perder el contacto con los grandes hechos históricos en los que se basa nuestra fe. Cualquier cristiano que no reaccione ante un sermón sobre la Navidad haría bien en volver a examinar toda su posición en Cristo. Si tú mismo como predicador no eres conmovido por un sermón que precisamente trata de los hechos y detalles de la muerte de nuestro bendito Señor en la Cruz sobre el monte Calvario, si no te sientes como si jamás hubieras predicado sobre ello antes y no te conmueve como en otras ocasiones, vuelvo a decirte que harías bien en examinar tus fundamentos. Y lo mismo es cierto de las personas. Estas ocasiones especiales, por tanto, son de gran valor a este respecto y, en un sentido, nos obligan a volver atrás y a recordarnos a nosotros mismos estas cosas que al fin y al cabo son los fundamentos sobre los cuales se basa toda nuestra opinión.

Voy aún más lejos; yo creo en el empleo de casi cada ocasión especial como una gran oportunidad para predicar el Evangelio. Además de lo que he mencionado, pues, yo siempre he aprovechado el primer domingo de cada nuevo año de esta forma. Quizá te preguntes: "¿Cuál es la diferencia entre el 1 de enero y el 31 de diciembre?". Y, por supuesto, en un sentido tienes razón. Esa es una actitud puramente intelectual. Considera que todos los días son iguales. Pero para la mayoría de las personas existe una diferencia. ¡Año Nuevo! Tiempo de decisiones. Por supuesto, sabemos que es una tontería y que no servirá para nada. La gente lo hace cada año y probablemente no recuerda sus decisiones una semana después. No obstante, lo hacen. "¿Pero —te preguntarás— entonces qué sentido tiene prestarle atención?". Una vez más esa es una postura teórica, como he estado tratando de mostrar; tenemos que evaluar a nuestras congregaciones y a nuestra gente y debemos tratarlas como formadas por seres humanos. Recordando que "el que gana almas es sabio", debemos aprovechar todo y cualquier cosa que haga que la gente sea consciente de la Verdad del Evangelio. Por tanto, cuando comienzas un nuevo año, estás ante una oportunidad evidente de recordar a las personas la naturaleza efímera de la vida. Todos tenemos tendencia a olvidar esto; podemos estar tan interesados en importantes problemas teológicos, intelectuales y filosóficos que tendamos a olvidar que vamos a morir. Y la gente, inmersa en los negocios, los placeres y la familia, y "en los negocios de la vida", es igualmente olvidadiza.

Aquí, pues, tienes una oportunidad ante ti que se te presenta para que seas consciente del carácter fugaz de la vida en este mundo y para recordar a todos que nadie puede permitirse sentarse en el fondo como espectadores o críticos de predicadores y predicaciones. Puedes recordarles que están implicados en todo esto y que no te diriges a ellos acerca de un asunto teórico, sino que se trata de la cuestión más importante de todas y que, tanto si les gusta como si no, avanzan hacia un final ineludible e inevitable y se avecina el Juicio Final. El predicador que no aprovecha estas cosas es un necio y no es adecuado para un púlpito.

Nunca olvidaré mi sentimiento de decepción hace unos años cuando tuve la siguiente experiencia. Al encontrarme muerto de cansancio me tomé un descanso a comienzos del año y fui a un culto dirigido por un joven ministro el primer domingo del nuevo año. Para mi gran sorpresa comenzó su sermón diciendo: "Bien, recordemos que el domingo pasado estuvimos examinando tal y tal versículo; este domingo continuaremos con el siguiente". No hizo referencia alguna al Año Nuevo o a alguno de los asuntos relacionados con él. Sentí pena, pena de que fuera capaz de perder semejante oportunidad. Entre otras cosas, estas ocasiones especiales facilitan nuestra labor, son oportunidades que se abren al predicador.

Todo lo que ocurre en el mundo, cualquier cosa llamativa, cualquier fenómeno, siempre debemos aprovecharlo. Recuerdo haber leído algo acerca de un incidente en la vida de John Fletcher, de Madeley, aquel gran santo que vivió hace 200 años. Era párroco en Madeley, en Staffordshire, Inglaterra. De repente tuvo lugar un terrible desastre en el río Severn. El nivel del Severn subió aquel año muy por encima de lo normal, con el resultado de que gran número de personas se ahogaron a consecuencia de las lluvias torrenciales. Esta catástrofe condujo a John Fletcher a predicar un sermón extraordinario en el que hacía frecuentes referencias a aquel trágico suceso y que produjo tremendas consecuencias. También recuerdo haber leído cómo, precisamente por aquel mismo tiempo, algunos de los importantes predicadores de aquel siglo XVIII emplearon el terremoto acaecido en

Lisboa, Portugal, en 1751. Aprovecharon aquellos acontecimientos. No predicaron propiamente sobre el terremoto, sino que lo utilizaron para que las personas fueran conscientes de la naturaleza efímera de la vida y así reforzar su llamamiento al arrepentimiento. Un terremoto hace pensar a la gente, como lo hace un tornado o un huracán; y le proporciona, por tanto, una oportunidad al predicador. "Tu corazón se enterneció" es el comentario favorable que tenemos sobre el rey Josías en el Antiguo Testamento; y recordemos los versos del himno: "Salvador, mientras mi corazón sea tierno, quiero rendirlo a Ti". Hay ocasiones en que nuestros corazones se enternecen y somos más propensos a responder. Es la esencia de la sabiduría, y verdaderamente de sentido común, que aprovechemos todas esas cosas. Aunque hayas planeado la mejor serie de sermones que el mundo haya conocido, ¡interrúmpela si se produce un terremoto! ¡Si no eres capaz de sacudirte una rutina mecánica a causa de un terremoto, no tienes remedio!

* * *

Esto es lo que pienso en cuanto a la cuestión de elegir entre predicar sobre textos aislados o escoger una serie. En cuanto a la predicación sobre textos aislados ya me he referido a ello al hablar de la preparación del predicador. He advertido contra el mal hábito de leer las Escrituras "buscando" textos y he hecho hincapié en que siempre debemos leerlos para nuestro bien y nuestra edificación. He señalado cómo al hacerlo puedes descubrir que determinadas afirmaciones te hacen mella y te impresionan; y ya dije lo que se debe hacer con ellas. Cualquiera que sigue esa práctica descubrirá que nunca le faltan textos; habrá acumulado un montón de bosquejos que habrá preparado mientras leía las Escrituras para su propia edificación.

Pero además de eso descubrirás que es como si se te dieran los sermones. Vienen a ti directamente y tú tienes muy poco que hacer para elaborarlos. No sé si todos estaréis de acuerdo conmigo en cuanto a esto, pero mi propia experiencia ha sido ciertamente que esto me ocurría más frecuentemente en los primeros años de mi ministerio que después. Creo que se debe por completo a la bondad de Dios. Él nos conoce, "Él conoce nuestra condición"; y sabe que necesitamos esta clase de ayuda mucho más al principio. Igual que damos ánimo adicional a los niños y hacemos cosas por ellos que no hacemos posteriormente porque deseamos que crezcan, así trata Dios —en mi opinión—al predicador. Descubrirás que es bondadoso y muy misericordioso contigo al principio y que te da textos y sermones; en ocasiones quizá hasta recibas un sermón completo. Pero otras veces te encontrarás con que tienes que elaborarlo, trabajar y esforzarte de la manera que he indicado. Con esto dejo la cuestión de la predicación sobre textos aislados.

En cuanto a la preparación del sermón tenemos diversas posibilidades. Una es trabajar en un libro de la Biblia e ir examinando sistemáticamente el libro. Otra es examinar sistemáticamente una sección del libro: el Sermón del Monte o algo así, o quizá una porción de un capítulo. Hay muchas posibilidades en cuanto a esto. O, como ya he indicado anteriormente, se puede elaborar una serie de sermones que traten de un aspecto concreto de la vida y experiencia cristianas.

Ya he puesto el ejemplo de la "depresión espiritual". Permítaseme decir algo más en cuanto a esto. Lo que me decidió a predicar aquella serie fue verdaderamente una combinación de algunas de estas cosas que he estado mencionando. Ya he explicado cómo puedes acumular una gran cantidad de bosquejos. Yo lo he estado haciendo durante varios años y tengo, pues, una buena colección de ellos. Lo que sucedió en aquella ocasión, mientras me vestía aquella mañana, fue que se me mostró que en mi montón de bosquejos había una serie preparada sobre la depresión espiritual. No es que todo el montón tratara de ese asunto, sino que en él había sermones aislados que se podían poner en orden dando lugar a una serie. Esta fue para mí una experiencia notable que nunca he olvidado y que nunca olvidaré.

Si la memoria no me falla, allí y en aquel momento pude poner sobre papel más o menos unos veinte bosquejos de sermones. Tenía allí los bosquejos y lo único que al parecer sucedió en aquel momento fue que el Espíritu los colocó en orden por mí. Por tanto, lo único que tuve que hacer fue acudir al conjunto de bosquejos, separar los que eran apropiados y examinarlos. Inmediatamente me pareció que la disposición sugerida era la perfecta y no me atreví a variarla de ninguna manera. Añadí uno o dos al final, pero aun aquellos bosquejos estaban en el montón.

Este método, repito una vez más, no solo es correcto de por sí, sino que facilita enormemente la carga y el trabajo del ministro. Evita aquella terrible situación en que he visto a algunos hombres tan a menudo de buscar textos frenéticamente el sábado para el domingo siguiente. Hasta he conocido a hombres que se van a la cama el sábado por la noche sin haberse preparado para su tarea. Pero, si haces lo que estoy proponiendo, descubrirás que funciona de una manera interesante y hasta emocionante.

Deseo insistir nuevamente en que, al hacer todo esto, siempre debes ser expositivo. Siempre expositivo. Si sigues el método por el que he estado abogando serás expositivo, porque cuando los textos te hayan impresionado, te habrás parado y los habrás considerado y examinado, y una vez hecho esto habrás elaborado tus bosquejos. En otras palabras, tus bosquejos son los epígrafes de una exposición. No apruebo el método por el que tomas un tema como "la depresión espiritual", piensas y trabajas por tu cuenta y después buscas textos que sean ganchos convenientes donde colgar esos pensamientos tuyos sobre el asunto. A eso es a lo que me opongo. El material debe proceder siempre de las Escrituras y ser expositivo. Y, si eres fiel a la enseñanza de las Escrituras, descubrirás que cubres todos los diferentes aspectos de la Verdad y que lo haces de una forma mucho mejor que tratando de desarrollar estas cosas por tu cuenta de una manera más o menos filosófica.

Una serie de sermones puede ser larga o corta. ¿Cómo lo

decidimos? Recuerdo que años atrás estuve en una conferencia de estudiantes de teología en la que tuvimos una gran discusión sobre esta cuestión de la longitud de una serie de sermones. Recuerdo que en aquella ocasión salí en defensa de las series cortas. ¡Cómo vive uno para desdecirse de lo que ha dicho previamente! No obstante, aquella era mi postura en aquel momento y deseo justificarla. No se pueden establecer reglas respecto a estas cosas; y ahí es donde creo que debemos ser juiciosos en nuestro empleo de predicadores como los puritanos. El peligro es que los leamos y digamos: "Esto es maravilloso, así es como hay que hacerlo". Pero si tratas de emularlos descubrirás que no es la mejor fórmula para ti. ¿Por qué no? Una razón es que descansa demasiado en el predicador. Puede que lo que un hombre puede hacer no sea posible para otro, y es peligroso que trate de hacerlo. No solo depende de la persona concreta del predicador, también de su fase de desarrollo. Un predicador siempre debe estar creciendo y avanzando, de manera que lo que no puede hacer en sus días de más juventud podrá hacerlo en su mediana edad o cuando sea anciano. Por tanto, se debe evitar toda rigidez en cuanto a estos asuntos.

Recuerdo algo que oí decir a un hombre muy capacitado del siglo XIX, un buen teólogo que antes de ser director de una facultad de Teología había sido pastor de una iglesia en Londres. Había comenzado a predicar a su congregación —formada principalmente por hombres de negocios y sus esposas— los domingos por la tarde una serie de sermones sobre la Epístola a los Efesios. El resultado fue que más o menos perdió a su congregación. Todos le tenían gran respeto y le admiraban mucho, y a todos les agradaba como hombre; pero el hecho era que no podían soportarlo. Predicaba por encima de las posibilidades de comprensión de ellos y, por tanto, no les alimentaba. Su intención era buena, pero sus sermones —como ellos decían— demasiado profundos y las series demasiado largas. No podían soportarlo y clamaban buscando liberación.

Por tanto, debes tener cuidado con esto. En otras palabras, vuelvo a algo que ya he dicho pero en lo que deseo insistir: debes estar evaluándote constantemente a ti mismo y evaluando a tu congregación. Y debes siempre estar dispuesto a hacer reajustes. No continúes con un rígido plan establecido del que no te puedes apartar. Recuerdo haber oído a un necio predicador que había cambiado de manera de pensar y que, como resultado, predicaba constantemente en una misma línea y sobre un tema único. Alguien le dijo que había escuchado quejas en cuanto a esto por parte de algunos miembros de la congregación. Su respuesta fue: "Tendrán que aceptarlo les guste o no". En un sentido le justifico por decir eso, pero cuando lo dijo estaba sin duda equivocado. La tarea del predicador es persuadir a las personas para que lo "acepten", enseñarles a "aceptarlo", a discernir lo falso, y no echarles en cara la verdad. Por tanto, debe hacer reajustes constantemente cuando tiene conciencia de que las situaciones cambian.

Esto puede sonar difícil, y en un sentido lo es; pero para mí, no obstante, es uno de los aspectos más gloriosos del ministerio. Es una parte del encanto de la predicación el que siempre es algo vivo y vital; nunca es inflexible y formal. Siempre se da esta constante interacción y reacción entre el predicador y su congregación. Crecéis y os desarrolláis conjuntamente y tenéis que hacer esos ajustes. Al fin y al cabo, ¿cuál es el propósito de la predicación? ¿Qué es lo que haces? ¿Qué tratas de hacer? ¿Cuál es tu objetivo? Ayudar a estas personas, llevarlas a Dios y a un conocimiento de Dios, y edificarlas con nuestra "santísima fe", ¿verdad? Debes estar dispuesto siempre, pues, a hacer reajustes.

Insisto al final de esta sección, como lo he estado haciendo todo el tiempo, en que debes asegurarte de que cada sermón concreto sea completo en sí mismo y una entidad de por sí. Esto se aplica aun cuando estés predicando una serie. La forma de hacer esto es emplear unos minutos al principio del sermón en hacer un breve resumen de lo que se ha dicho anteriormente. Hago hincapié en la palabra "breve". Había un popular predicador —no popular en la acepción corriente del término, sino que era un hombre que había conseguido cierta notoriedad— en Inglaterra hace varios años cuya popularidad parecía deberse en gran medida al tono profundo de su voz, lo que condujo a que hablara frecuentemente por la radio y, a la vez, llenaba su iglesia. Recuerdo haber hablado con una mujer que solía ir a escuchar a aquel hombre pero que me dijo que había dejado de hacerlo. Le pregunté por qué. "Bueno —respondió—, se pasa tanto tiempo contándonos lo que dijo la última vez y después tanto tiempo contándonos lo que espera decir la próxima vez, que dice muy poco cada vez". Esto le molestaba tanto que finalmente había dejado de escucharle. Esta es una trampa muy real y una tentación para el predicador. Aunque se debe resistir firmemente esa tendencia a extenderse demasiado en la sinopsis del sermón anterior, no obstante, es esencial para la gente hacer un resumen. Les será de ayuda a todos, aun a aquellos que asisten regularmente; y es esencial para los que asisten por primera vez. Por tanto, debes mostrar el contexto del sermón concreto dentro de la serie y su relación con el todo, y quizá insinuar algo de lo que vendrá después. Pero debe tener su propia entidad; eso es lo más importante.

Hemos estado ocupándonos de una decisión esencial. Habiendo llegado a ella, ahora tenemos que descender a la tarea propiamente dicha de preparar el sermón, el sermón concreto. ¿Cómo enfocarlo? Bueno, obviamente, lo primero que hay que hacer es enfrentarse al significado del texto. En cuanto a esto hay una regla de oro, un requisito absoluto: honradez. Tienes que ser honrado con tu texto. Quiero decir con esto que no debes acudir al texto solo para extraer una idea que te interesa y después elaborar esa idea tú mismo. Eso es tratar un texto de forma fraudulenta. Quizá unos cuantos ejemplos nos ayudarán a aclarar este punto.

Recuerdo bien la primera vez que oí a cierto predicador famoso en la radio. Nos dijo que iba a predicar sobre "la transformación del lugar de tu crucifixión en un huerto". Uno se pregunta inmediatamente cuál puede ser la posible fuente de ese tema. Pronto nos dijo que su texto se encontraba al final del capítulo 19 del Evangelio según Juan, donde leemos: "En el lugar donde había sido crucificado había un huerto". Eso es lo que decía el texto. Mas el sermón era sobre "la transformación" del lugar de tu crucifixión en un huerto. Pero no había nada al respecto en aquel texto. Allí había un huerto; el huerto estaba allí antes de la crucifixión. No fue la crucifixión la que produjo el huerto. Sin embargo, con el fin de darle la oportunidad de predicar un sermón sumamente emotivo acerca de cómo la gente que sufre enfermedades puede y debe reaccionar ante su prueba, forzó el texto. Nos dijo que las personas buenas que lo aceptaran con un espíritu hermoso y nunca protestaran o se quejaran transformarían su lugar de crucifixión en un huerto. Después asistimos a toda una serie de conmovedoras historias emotivas de ese tipo de personas durante veinticinco minutos o media hora. Ahora bien, solo se puede decir una cosa en cuanto a eso: es una tremenda falta de honradez; no hay nada más que decir al respecto.

O pongamos otro ejemplo, el de un hombre que predicó sobre Naamán el sirio. Recordemos el momento de la historia cuando pone fuertes objeciones al mandamiento de ir a sumergirse en el río Jordán, un río tremendamente pequeño comparado con los ríos Abana y Farfar. Pero el tema del sermón era: "La importancia de lo no importante en la vida". Eso, una vez más, no es sino una completa tergiversación de un texto. El significado de ese texto y de su contexto no es mostrar "la importancia de lo no importante en la vida", sino mostrar que Naamán no podía ser sanado por Dios sin humillarse y que todos nosotros tenemos que someternos al camino de salvación de Dios. Pero eso, literalmente, ni se mencionó en todo el sermón. Lo que hay detrás de semejante afrenta al texto es que uno se limita a extraer una idea, algo que le va bien —como el hecho de que el río Jordán era ciertamente más pequeño que los otros ríos—, y pasa por alto el verdadero significado del texto y su contexto. No solo es superficial, es una verdadera falta de honradez y una tergiversación de las afirmaciones escriturarias.

O pongamos otro ejemplo aún más sorprendente. Estoy presentando deliberadamente casos de predicadores populares. Cierto hombre anunció su tema con el título "Mi Evangelio". Su texto era la afirmación de Pablo en 2 Timoteo 2:8: "Acuérdate de Jesucristo, del linaje de David, resucitado de los muertos conforme a mi evangelio". Comenzó con la pregunta: "¿Puedes tú decir 'mi' Evangelio? Por supuesto —añadió inmediatamente—, puede que no sea mi Evangelio, ¿pero es el tuyo?". Este era el tema central: "¿Tú puedes decir 'mi' Evangelio?". Entonces entró en una diatriba contra el tradicionalismo, la ortodoxia, la teología sistemática y ciertamente cualquier clase de teología. Lo único que importaba era la experiencia personal: "mi Evangelio". Lo que era verdaderamente asombroso y casi increíble era que el hombre pudiera decir eso, porque lo que Pablo está diciendo aquí obviamente es que no era su propio Evangelio, no era algo que surgía de su experiencia, sino de "Jesucristo, del linaje de David, resucitado de los muertos". El Apóstol, en realidad, estaba escribiendo específicamente para contrarrestar la clase de afirmación que aquel predicador estaba haciendo y hacer hincapié en que hay solo un Evangelio —el que él predicaba—, el Evangelio que se basa en el esencial hecho histórico de que Jesús el Cristo es el Hijo encarnado de Dios, nacido de la simiente de David según la carne y que literalmente resucitó del sepulcro corporalmente. Todo eso lo pasó completamente por alto, de hecho lo negó. Lo verdaderamente importante era si tú habías tenido una experiencia personal que había cambiado tu vida. Se limitaba a separar "mi evangelio" y a pasar totalmente por alto el resto del versículo, y no digamos el contexto. Era ciertamente una diatriba contra una interpretación teológica del Evangelio o de estar "siempre preparados para presentar defensa [...] ante todo el que os demande razón de la esperanza que hay en vosotros". Era una exaltación de la experiencia personal irrespetuosa con aquello que la motivaba. Hay, una vez más, solo una cosa que se puede decir: que es una completa falta de honradez, es maltratar y tergiversar lo que dice el texto.

Debemos ser honrados con nuestros textos e interpretarlos siempre en su contexto. Se trata de una regla ineludible. Estos hombres mencionados no la observan; no les interesa eso, siempre están buscando "ideas". Quieren un tema, una idea; y después filosofan sobre ello dando expresión a sus propios pensamientos y a sus ideas morales. Eso es tergiversar la Palabra de Dios. Se debe tomar el texto en su contexto y ser honrado con él. Se debe descubrir el significado de las palabras y de todo lo que dicen. Ya hemos mencionado esto anteriormente, pero en lo que deseo hacer hincapié en este momento es en el significado espiritual del versículo o del pasaje. Primero la exactitud, pero después, y lo que es más importante, viene el significado espiritual. Lo que determina la exactitud de tu interpretación de las palabras concretas en último término no es la erudición, sino el significado espiritual del pasaje. Descubrirás que las expertas autoridades en la materia, a menudo —si no generalmente—, discrepan una de otra radicalmente, y el significado en último término debe venir determinado no por una ciencia exacta sino por una percepción espiritual, una interpretación espiritual: la "unción" de la que Juan habla en 1 Juan 2:20 y 27.

Este procedimiento te lleva a la idea clave del mensaje de esta afirmación particular. Con el fin de llegar a esto tendrás que aprender cómo plantear preguntas a tu texto. Nada es más importante que eso. Plantea preguntas como: ¿Por qué dice eso? ¿Por qué lo dice de esta manera concreta? ¿Adónde quiere llegar? ¿Cuál era su objetivo y propósito? Una de las primeras cosas que debe aprender un predicador es a hablar a sus textos. Ellos te hablan a ti y tú debes hablarles a ellos. Plantearles preguntas. Este es un procedimiento provechoso y estimulante. Pero al mismo tiempo nunca fuerces tu texto. Se te puede ocurrir una idea y esta puede emocionarte y conmoverte, pero si descubres que tienes que manipular o forzar un texto concreto para que encaje en ella, no lo hagas. Debes sacrificar un buen sermón antes que forzar un texto. Después de esto, o mientras haces esto, debes examinar la interpretación a la que has llegado consultando tus diccionarios y comentarios.

Adonde quiero llegar, y me preocupa, es a que te asegures de que verdaderamente captas el mensaje principal, la idea clave y el significado de ese texto o de esa afirmación concreta. Resulta asombroso advertir cómo se puede llegar a evitar hacer esto. ¡He llegado a una etapa en la que no estoy muy seguro de si se aprende más acerca de la predicación predicándose uno mismo o escuchando a otros! Supongo que es una combinación de ambas cosas. Pero durante una enfermedad reciente, y mientras me recuperaba de una operación, estuve escuchando durante seis meses y aprendí muchísimo. Un domingo por la mañana oí a un hombre predicar sobre Gálatas 3:1: "¡Oh gálatas insensatos! ¿quién os fascinó para no obedecer a la verdad, a vosotros ante cuyos ojos Jesucristo fue ya presentado claramente entre vosotros como crucificado?". El tema del sermón era "El peligro de desviarse". La introducción, en mi opinión, fue buena y legítima al margen de la excesiva elaboración de lo relativo a lo que nos fascina y una pequeña disquisición sobre el mesmerismo. Bueno, estaba abierto aun a eso. Pero después, el resto del sermón fue sobre las cosas que tienden a confundirnos, y especialmente la teología y la ortodoxia.

Ahora bien, para mí, este buen hombre estaba perdiendo de vista el mensaje principal. Lo que el Apóstol está diciendo es lo siguiente: "¡Oh gálatas insensatos! ¿quién os fascinó para no obedecer a la verdad, a vosotros ante cuyos ojos Jesucristo fue ya presentado claramente entre vosotros como crucificado?". El Apóstol está asombrado con estos gálatas. ¿Por qué? Bien, lo que sorprendía a Pablo era que algo pudiera desviar la atención de estos necios gálatas de la importante y gloriosa verdad que había expuesto ante ellos, el asombroso hecho de la muerte del "Hijo de Dios" en la Cruz en el monte Calvario, que les había sido presentado claramente. Pablo estaba sorprendido de que algo pudiera distraerles de "la gloria de la Cruz". Pero la Cruz y su significado y mensaje no se mencionaron, literalmente, en aquel sermón. Se pasó el tiempo hablándonos de cosas secundarias, aquellas que tienden a confundirnos. Sin duda, Pablo está expresando su tremendo asombro y lo que le sorprende que un hombre, habiendo visto esto, pueda olvidarlo en su preocupación por asuntos como la circuncisión. Pero eso no apareció en el sermón en absoluto. En un sentido, aquel predicador no estaba diciendo nada erróneo al margen de su ataque de pasada a la ortodoxia, pero lo que a mí me llamó la atención fue que no mencionara en absoluto la idea principal de su texto, aquel texto sobre el que estaba predicando. ¡Obviamente había sido fascinado por las cosas fascinantes!

Nada es más importante que estar seguros de que hemos captado la idea principal del texto y la manifestamos. No debemos ser como otro hombre a quien escuché predicar el Domingo de Resurrección sobre Romanos 1:1-4: "Declarado Hijo de Dios con poder, según el Espíritu de santidad, por la resurrección de entre los muertos". Lo que me sorprendió en aquella ocasión fue que dijera muy poco acerca de la resurrección. El buen hombre explicó el significado de las palabras de una manera excelente y ciertamente hizo hincapié en que Jesús es el Hijo de Dios, pero salí sin un sentimiento de estupefacción por el asombroso hecho de la resurrección, aquello que, según el Apóstol, declaró definitivamente que era el Hijo de Dios. Esa no fue en absoluto la idea principal del sermón aquel Domingo de Resurrección; pero sin duda era la idea principal de lo que el Apóstol mismo dijo.

Recuerdo a un famoso predicador que predicó un Viernes Santo sobre el texto de Romanos 8:2: "La ley del Espíritu de vida en Cristo Jesús me ha librado de la ley del pecado y de la muerte". El tema resultó ser su particular enseñanza acerca de la santidad; era alguien que creía en la "santificación plena". Aquel Viernes Santo, cuando el día que era y la circunstancia que nos había congregado hacía pensar a la gente en la muerte real de nuestro Señor, en aquel hecho histórico, nuestras mentes fueron desviadas de esto a una teoría especial de la santidad. Y una vez más, aquello sucedió no solo a causa de una mala interpretación del versículo concreto, sino a causa de una completa ignorancia de los versículos anteriores y siguientes. Nunca será excesivo el hincapié que hagamos en la importancia de llegar a la verdad principal, al mensaje principal de nuestro texto. Que eso te sirva de guía y de enseñanza. Escúchalo y después pregúntate su significado y permite que sea lo principal de tu sermón.

Capítulo 11

La forma del sermón

Tras descubrir el mensaje principal y la idea clave de nuestro texto debemos pasar a explicarlo en su contexto real y aplicándolo al mismo. Por ejemplo, se podría aplicar a la iglesia en particular a la que estaba escribiendo el Apóstol. Debemos mostrar su contexto y aplicación originales.

Luego hay que mostrar que esto es también la declaración de un principio general que es siempre válido. Fue cierto entonces, en aquellas circunstancias especiales, pero es un principio espiritual aplicable siempre. Demostramos, pues, la verdad de que no tenía meramente una aplicación local transitoria, sino también otra más general.

En este punto siempre creo que es acertado reforzar esto llamando la atención en cuanto a paralelismos en otros lugares de las Escrituras. Este —creo yo— es un principio muy valioso e importante: apoyar lo que se encuentra en un texto con afirmaciones semejantes que aparecen en otros pasajes de la Escritura, mostrando así que no se trata de algo aislado. Este es un procedimiento adecuado por muchos motivos. En general, los herejes son personas que extraen una idea de una afirmación en concreto que han malinterpretado y se dejan dominar por ella en lugar de cotejarla con otros pasajes de la Escritura. Siempre es de ayuda para el oyente ver que lo que se le está predicando es enseñanza bíblica sólida y sana. Debemos buscar, pues, estos paralelismos en otros lugares y mostrar cómo se declara eso mismo quizá bajo otras circunstancias, pero que es esencialmente la misma idea. Tras hacer eso podemos mostrar su pertinencia con respecto a la actualidad y a las personas más inmediatas a las que estamos predicando.

Esa es la introducción al sermón; así es como se prepara el terreno para el tratamiento del tema, la cuestión o el principio que hemos descubierto de este modo.

Ahora bien, aunque creo que este es el procedimiento que

uno debiera adoptar en general, me apresuro a decir que sin duda no hay nada erróneo en alterarlo en ocasiones. En otras palabras, a veces podemos comenzar por la situación en general, dibujarla y perfilarla y luego preguntar: "Bien, y ahora, ¿qué dicen las Escrituras al respecto?". No es que hayamos llegado realmente a ello de esa manera en nuestra propia preparación, pero a veces es una buena forma de presentarlo. Si hay un problema agudo o una situación que se ha dado en tu iglesia local o de una manera más general, esa no es una mala forma de tratarlo. Mantendrá el interés, centrará la atención, ciertamente capacitará a las personas para ver claramente que lo que estás haciendo no es algo teórico y académico. En ocasiones, pues, es bueno comenzar con una declaración de la situación y luego mostrar que el pasaje que expones trata esto mismo. Eso muestra que las Escrituras son siempre contemporáneas, que jamás caducan y jamás son incapaces de tratar un asunto, cualquiera que sea. Al mismo tiempo recalca de nuevo que tu predicación procede siempre de las Escrituras. Por tanto, si bien defiendo, pues, lo que he indicado como un hábito y una práctica generales, también afirmo que no debemos volvernos esclavos de método alguno; debemos sentirnos siempre libres y dispuestos a variar nuestro método por amor a la proclamación de la Verdad.

* * *

Hemos llegado ahora al principio o la enseñanza que queremos exponer a las personas. El siguiente paso es dividirlo en proposiciones, apartados o epígrafes; llamémoslo como queramos. Hay una serie de cosas que decir al respecto. Quizá debiera tratar primero la cuestión numérica. Hay algunos predicadores que están completamente dominados por este aspecto. Debe haber tres "apartados" y únicamente tres. Si tienes menos de tres apartados eres un mal predicador; si tienes más de tres eres igualmente un mal predicador. Esto es completamente ridículo, por supuesto, pero es asombroso advertir cuán fácilmente cae uno en los hábitos y se vuelve esclavo de una tradición. Yo me eduqué, desde luego, en esta tradición de "siempre una introducción y tres apartados". Las personas lo esperaban; era la costumbre casi invariable de los predicadores.

Que se hubiera convertido en la tradición de esa Iglesia —la presbiteriana galesa— era inusitadamente ridículo, puesto que uno de los más grandes predicadores de esa denominación —de hecho su más grande predicador y uno de sus fundadores, Daniel Rowland— a menudo presentaba hasta diez apartados en un sermón. Un escritor contemporáneo dijo que escuchar a Rowland era como observar a un boticario con una serie de frascos que guardaran perfumes maravillosos. Tomaba el primer frasco y lo descorchaba o desprecintaba liberando un maravilloso aroma que se dispersaba sobre toda la congregación. Entonces lo devolvía a su sitio, tomaba otro frasco y hacía lo mismo. Y a menudo había hasta diez frascos. Cuento esa historia a fin de insistir en la idea de que no debemos volvernos esclavos en cuanto a esta cuestión.

Comoquiera que sea, pasemos a algo más importante. Lo esencial acerca de estos "apartados" es que deben estar ahí, en tu texto, y surgir naturalmente de él. Esto es vital. La división en apartados, tal como mostraré, no es tan fácil como parece. Algunas personas parecen estar dotadas de una facilidad inusual en este aspecto. De Alexander MacLaren —un predicador bautista en la Inglaterra de finales del siglo XIX y comienzos del XX, y cuyos volúmenes de sermones se siguen reimprimiendo— se solía decir que parecía tener una especie de martillo de oro en la mano con el que golpeaba un texto y quedaba dividido de inmediato en apartados forzosos. Comoquiera que sea, no se nos concede a muchos tener este martillo de oro; pero debemos asegurarnos de que esas divisiones surjan naturalmente del texto. Permítaseme expresarlo en primer lugar de forma negativa, debido a su importancia. Jamás se debe forzar una división. Y no se debe añadir al número de divisiones por amor a alguna clase de idea de plenitud que tengas en mente o a fin de conformarlo a tu práctica habitual. Los apartados deben ser naturales y parecer inevitables.

Permítaseme contar una historia a fin de dejar en ridículo esa idea de que debe haber tres apartados, y al mismo tiempo advertir en cuanto a las adiciones falsas. Me viene a la mente un antiguo predicador muy pintoresco; no recuerdo haberle oído pero ciertamente recuerdo haberle visto y muchas historias con respecto a él. Era un verdadero excéntrico. Ha habido hombres así en el ministerio en distintas ocasiones en el pasado; quizá siga habiendo alguno. Este hombre estaba predicando en una ocasión sobre el siguiente texto: "Así Balaam se levantó por la mañana, y enalbardó su asna". Tras introducir el tema y recordar la historia a los oyentes, llegó a los apartados, a las secciones. "Primero —dijo— encontramos una característica positiva en un personaje negativo: 'Balaam se levantó por la mañana'. Levantarse temprano es algo bueno, de modo que ese es el primer apartado. Segundo: La antigüedad de las albardas: 'Enalbardó su asna'. Las albardas no son algo moderno o nuevo, es un invento antiguo". Y allí pareció agotarse su inspiración y no se le ocurría otro apartado. Sin embargo, creía que su sermón debía tener tres apartados; de otro modo no sería un gran predicador. Finalmente, pues, las divisiones del sermón se anunciaron como sigue: "Una característica positiva en un personaje negativo"; "la antigüedad de las albardas"; "en tercer y último lugar, unos breves comentarios acerca de la mujer de Samaria"! Ahora bien, eso sucedió literalmente. Aprendamos de eso a no forzar el texto y no añadirle nada. No dejes que esas ideas mecánicas te opriman.

Me apresuro a añadir algo de igual importancia: No seas demasiado listo en tus divisiones, no seas demasiado brillante. Esto ha sido una trampa real para muchos predicadores. Quizá no lo sea tanto en la actualidad, pero ciertamente a principios del siglo XX probablemente no había nada que hiciera tanto mal a un predicador como esto. Inteligentes apartados, brillantes y elegantes divisiones en las que el predicador exhibía su inteligencia. Uno de los grandes peligros a los que se enfrenta siempre el predicador (espero tratarlo más adelante) es el terrible peligro del profesionalismo. A menudo he visto que, cuando los ministros se reúnen entre ellos, en lugar de "intercambiar chistes" como hacen los hombres mundanos se dicen unos a otros: "¿Qué opinas de esto? ¿Qué piensas de las siguientes divisiones de este versículo?". Las intercambian y casi compiten entre sí. Ahora bien, eso es profesionalismo; y todos somos susceptibles a caer en ello. Pero es profundamente negativo, se mire por donde se mire. Jamás debiéramos tratar la Palabra de Dios de esa forma. Evitemos, pues, la brillantez y las demostraciones de inteligencia. La gente se percatará de ello y tendrá la impresión de que estás más interesado en ti mismo y en tu inteligencia que en la verdad de Dios y en sus almas.

Luego, por supuesto, está lo que se ha dado en denominar "la ayuda de la aliteración ingeniosa". Hay algunos que creen que sirve de ayuda que todos sus apartados comiencen por la misma letra del alfabeto: tres "b", tres "m", etc. Deben introducir el elemento aliterado. Yo no diría que es erróneo en sí, pero estoy seguro de que es una trampa para muchos hombres. A fin de conseguir que su tercer apartado comience por la misma letra que los otros dos, a veces tienen que manipular un poco el tema. Pero eso es precisamente lo que digo que no se debe hacer. Siempre me ha dejado perplejo por qué aquellos que se consideran predicadores de la santidad o "devocionales" son tan amigos de esta práctica. En lo que a mí concierne, soy profundamente alérgico a esta práctica y en general me parece un estorbo para la verdad y una molestia. Evitando cualquier rastro de artificialidad e ingenio, debe parecer que nuestros epígrafes responden a la manera forzosa de dividir el tema.

Hay otros puntos adicionales con respecto a esta cuestión de los apartados o las divisiones de un sermón. Dediquémosle tiempo, porque el propósito de dividir la cuestión de esta forma es facilitar a las personas el que capten la Verdad y la asimilen. Esa es la única razón de ser de las divisiones. No debiéramos creer en el "arte por el arte". Puesto que hacemos esto a fin de ayudar a las personas, debemos hacerlo bien.

La cuestión de la forma del sermón a la que he hecho referencia anteriormente también entra en juego en este punto;

por eso se le debe dedicar tiempo. Pero a veces descubrirás que es extremadamente difícil obtener la forma exacta. Tienes tu mensaje y empiezas a ver la "forma" en que vas a presentarlo, pero no consigues elaborar las divisiones de manera que te satisfaga. Mi opinión es que se debe tener mucho cuidado con esto; no debemos precipitarnos o forzarlo. Es especialmente aquí donde el conocimiento de uno mismo sirve de gran ayuda y es de gran provecho. En el anterior estudio expuse la idea de que un hombre debe conocerse a sí mismo y conocer su propio temperamento así como sus diferentes situaciones y estados físicos, mentales y espirituales, y que debe tratarse a sí mismo en consecuencia. Con mucha frecuencia he visto que, al esforzarse por dividir correctamente el material del sermón y conseguir una forma que parezca apropiada, uno puede hacerse un lío mental. Descubres que ya no puedes pensar con claridad y te pones tenso. Es posible pasarse horas de esta forma intentando conformar el sermón en vano. Las formas de liberarse son múltiples y distintas. Lo que nos sucede en este punto puede ocurrirle igualmente a un hombre que no es cristiano en absoluto. Uno de los mejores tratamientos de este tema es un libro de Arthur Koestler publicado hace unos años bajo el nombre de *The Act of Creation* (El acto de la creación). Por supuesto, no le interesa lo que estamos analizando, sino que la forma específica en que se producen los grandes descubrimientos científicos y también la poesía. Una de las grandes ideas que plantea es que suele darse el caso de que los descubrimientos científicos más notables no han sido resultado de un proceso de pensamiento lógico puro. Este ha desempeñado un papel en el proceso, pero en general las grandes cosas —dice— llegan repentina e inesperadamente; son "dadas". La cuestión es que el científico no va de un paso a otro hasta llegar al definitivo: con frecuencia, lo vital llega en forma de fogonazo o revelación.

Para ilustrar su tesis relata una historia de Poincaré, presidente durante un tiempo de la República de Francia y primer ministro más de una vez. También era un gran matemático, y en cierta ocasión estaba trabajando en un problema relacionado con esta especialidad. Había estado ocupado en él durante meses pero no conseguía llegar a la solución. Siempre llegaba hasta cierto punto y no pasaba de ahí. Sabía que había una solución, pero no podía llegar a ella. Después de pasarse así algunos meses, empezó a sentirse agotado; de modo que se marchó a un pequeño pueblo costero para cambiar de aires y por el bien de su salud. Se había llevado su trabajo con él pensando que podría hacer algo de vez en cuando; y esto siguió así durante un tiempo. Finalmente llegó a un punto en el que pensó que debía ir a París para consultar a algunos de sus colegas a fin de obtener alguna ayuda con respecto a ese problema. Ahora bien, esto es lo que sucedió. Debía tomar un pequeño autobús desde el pueblo hasta una especie de capital de condado donde tomaría otro mayor que le llevara a una ciudad más grande, y desde allí el definitivo hasta París.

Poco sabía lo que le iba a ocurrir cuando partió de viaje. El autobús local se había retrasado en su viaje, de forma que cuando Poincaré llegó a la capital del condado vio que el autobús que debía tomar para la segunda etapa de su viaje estaba partiendo justo en aquel momento y que era muy dudoso que pudiera tomarlo. Apresuradamente, pues, tomó su equipaje, se apeó del pequeño autobús y corriendo todo lo que pudo consiguió a duras penas aferrarse al pasamanos del segundo autobús y encaramarse a él. ¡Cuando sus dos pies tocaron tierra, la solución del problema matemático se le apareció clara y exactamente! Ese es un hecho real; ese es el tipo de cosas que suceden. Es un fenómeno sumamente asombroso y lo considero una cuestión cuyo estudio es fascinante. He tenido esa clase de experiencia en varias ocasiones.

Todos somos distintos, lo sé, y uno solo puede hablar por sí mismo; pero, en lo que a mí respecta, si no tengo mi sermón claro y ordenado en mi mente, no puedo predicarlo a otros. Supongo que podría levantarme y hablar, pero eso probablemente confundiría a las personas más que ayudarlas. Por eso considero de gran importancia el orden y la forma del sermón y defiendo que es preciso luchar con él hasta moldearlo. Recuerdo bien una ocasión en que estaba luchando con un texto y me pasé toda la mañana con él, pero simplemente no era capaz de darle forma. Entonces mi esposa me llamó para la comida. En esa época —esto fue hace muchos años— había un hombre llamado Christopher Stone que tenía un programa de radio semanal con los nuevos discos. Solíamos disfrutar de la escucha de ese programa mientras comíamos. Empezamos a hacerlo en esta ocasión. Había puesto dos o tres discos que no me habían interesado en absoluto. Luego anunció que iba a poner un disco de dos cantantes muy renombrados cantando un dúo famoso. Creo que uno de ellos era Beniamino Gigli. Al escuchar este disco con esas dos increíbles voces perfectamente fundidas y cantando la música más emocionante, no solo me agradó, sino que me conmovió profundamente y de inmediato el problema con el que había estado luchando durante horas a lo largo de toda la mañana quedó resuelto por entero, todo encajó: el orden, las divisiones, la forma, todo. En el momento en que acabó el disco corrí hacia mi despacho y lo escribí tan rápido como pude, confiando en no haber olvidado u omitido nada. Aquella canción y aquella música me proporcionaron el alivio que necesitaba mi confusión mental y mi agotamiento.

Confieso que considero tan importante esta cuestión de la forma y la división correcta que, cuando no he logrado una división que me satisfaga, antes de predicarlo en ese estado insatisfactorio lo dejo a un lado, tomo otro texto y más o menos "hago" un sermón sobre él. Antes de estropear un mensaje que considero que se me ha entregado y que creo que tiene algo especial, que Dios probablemente honrará en la predicación y que probablemente ayudará a las personas; antes de estropear algo que uno cree que va a ser mejor de lo habitual, echarlo a perder o comunicarlo de forma imperfecta, lo dejo a un lado transitoriamente. He dejado a un lado un mensaje así durante una semana o dos o aun durante más tiempo. Luego he vuelto a él y solamente lo he predicado cuando estaba satisfecho definitivamente con la forma.

Es bueno establecer una regla en cuanto a esto: jamás estropees nada que creas en tu fuero interno que va a ser bueno. Los sermones varían tremendamente; y en ocasiones tendrás la sensación de que estás preparando uno de los mejores sermones que has predicado en tu vida. Cuando tengas esa sensación no lo estropees, no lo eches a perder por una preparación apresurada e inadecuada; tómate el tiempo para ello.

El siguiente punto es si debes anunciar todos los apartados conjuntamente. He conocido a personas que insisten en anunciar todos los apartados inmediatamente en esta fase, antes de pasar a tratar el primer punto. Esa era la antigua tradición. Vemos que los puritanos lo hacían así y también Spurgeon.

Acostumbro a rebelarme contra esa tradición a pesar de mi admiración por aquellos que la han practicado. La razón es que creo que las personas también se han vuelto mecánicas en esta cuestión y que eso es malo para las congregaciones. No se puede repetir lo suficiente que cuando uno predica se encuentra siempre en una lucha, y la lucha es entre la sustancia y la forma del sermón. Por supuesto, ambas son importantes y por eso existe esta tensión entre ellas. Si bien he aseverado tan intensamente como puedo la importancia de la forma, quiero aseverar de forma igualmente intensa el peligro de permitir que la forma domine a la sustancia. Acostumbro a evitarlo debido a que creo que declarar todos los apartados juntos al comienzo, antes de tratar la primera división, alienta a menudo a las personas a interesarse demasiado en la forma, la mecánica y la inteligencia de la construcción más que en la verdad predicada.

En este punto debieras verificar lo que has hecho volviendo a tus comentarios una vez más. Ya los has consultado con respecto al significado exacto de las palabras, el contexto, etc., pero vuelves a ellos nuevamente para verificar el mensaje y la forma en que lo has dividido. Lo haces nuevamente por amor a la precisión. Ahora has preparado tu bosquejo, pues, y has procurado que las divisiones conduzcan a un clímax y una aplicación. Ese, por supuesto, es el propósito y la intención de la preparación del sermón y la predicación.

Todo esto se puede hacer de dos formas. Están aquellos que lo hacen todo mentalmente sin escribir nada en absoluto. Nuevamente recomendaría una vez más la importancia de poner por escrito el bosquejo que has preparado de esta forma. Yo creo que esto es mejor, puesto que he descubierto que contribuye a estimular aún más la mente de uno. Sé que hay algunos que pueden pensar "interiormente", como se dice a veces. Hay diferentes formas de pensar y todos somos distintos en esta cuestión. Algunos piensan mejor al hablar; otros piensan mejor al escribir; y se dice que los que son "la sal de la tierra" piensan interiormente. Bien, descubre a qué grupo perteneces; pero asegúrate de estar en lo correcto en tu valoración. Probablemente sea cierto que para la mayoría de nosotros es bueno que anotemos nuestro bosquejo. He conocido a muchos hombres que habían tenido una buena idea y que, debido a que se emocionaron al tenerla, pensaban que todo iría bien; pero que descubrieron al ir a predicar que no tenían tanto como pensaban. ¡Ponlo por escrito, pues!

Tras llegar a este punto se debe afrontar una decisión fundamental: qué hacer con el bosquejo que se ha preparado. Hay dos posibilidades principalmente: escribirlo por entero o no. Una vez más, creo que lo único cabal que se puede decir es que no se debe establecer una ley absoluta en cuanto a esta cuestión, porque descubrimos que nuestras leyes no resisten la prueba de la historia de la predicación. Charles Haddon Spurgeon, el gran predicador, no escribía sus sermones de manera completa; simplemente preparaba y utilizaba un bosquejo. En general desaprobaba la escritura de los sermones. Escribía artículos y lo hacía constantemente, pero no escribía sus sermones. Por otro lado, el Dr. Thomas Chalmers, el gran dirigente de la Iglesia libre de Escocia y un gran predicador, pensaba que debía escribir sus sermones completamente. Se propuso en muchas ocasiones predicar sin prepararse, pero siempre pensaba que sería un fracaso; simplemente no podía hacerlo. Tenía que escribir, pues, sus sermones completamente. El resultado fue que eso se convirtió en la tradición en Escocia y ha seguido siendo así hasta el día de hoy. Chalmers fue el hombre que le dio comienzo. Le habían precedido grandes predicadores en Escocia que no escribían sus sermones y eran buenos predicadores improvisadores. Pero Chalmers fue un hombre importante y el gran dirigente de la Ruptura[1] de 1843, de modo que dio comienzo a toda una tradición. Así es como suceden las cosas.

Jonathan Edwards es sumamente interesante en este aspecto. Hasta hace poco, siempre tuve la impresión de que Edwards escribía siempre todos sus sermones completamente. Es seguro que en sus primeros tiempos lo hacía; y no solo eso, sino que de hecho los leía a la gente desde el púlpito. Hay una famosa historia acerca de cómo se sostenía en pie en el púlpito con una vela en una mano y su manuscrito en la otra; esa era su forma de predicar. Pero fue interesante descubrir en 1967 —cuando tuve el privilegio de conocer a dos eruditos responsables de la reedición de sus obras en la biblioteca de la Universidad de Yale y que tienen todos sus manuscritos allí— que, a medida que pasaba el tiempo, Edwards dejó de escribir sus sermones enteros y se conformaba con escribir unas notas. Obviamente, modificó su método a medida que avanzó y se desarrolló. ¡Qué sabio era en este aspecto, como en muchos otros!

Siempre es erróneo establecer leyes absolutas en cuanto a estas cuestiones. Una vez más, todo hombre debe conocerse a sí mismo y decidir por sí mismo. Lo que considero siempre esencial es conservar la libertad. Este elemento no se puede exagerar lo suficiente. Sin embargo, al mismo tiempo, se debe tener orden y coherencia. Como suele ser cierto en esta cuestión de la predicación, siempre te encuentras entre dos

1. En inglés, *Disruption*. División que se se produjo en el seno de la Iglesia de Escocia en la fecha indicada y que dio lugar a la existencia de la Iglesia Libre de Escocia. (N.E.).

extremos, como en el filo de una navaja.

Pero quiero plantear una pregunta: ¿Qué hay de malo en combinar ambos métodos: el escrito y el improvisado? En muchos sentidos me parece lo ideal; ciertamente es lo que yo mismo hice en mis primeros diez años de ministerio. Intentaba escribir un sermón a la semana; jamás intentaba escribir dos. Durante los primeros diez años intenté escribir uno. Creía que escribir era una buena disciplina, buena para producir un pensamiento ordenado y una disposición, una secuencia y un desarrollo del argumento, etc. Mi práctica habitual, pues, era utilizar tanto el método escrito como el improvisado; y estoy dispuesto a defenderlo.

Si se me pregunta qué sermones escribía, ya he dicho que solía dividir mi ministerio, como sigo haciéndolo, entre la edificación de los santos por la mañana y un sermón más evangelístico por la tarde. Bien, tenía el hábito de escribir mi sermón evangelístico. Lo hacía así porque creía que al hablar a los santos, a los creyentes, uno podía sentirse más relajado. Allí uno estaba hablando en familia. En otras palabras, creo que uno debiera ser especialmente meticuloso en los sermones evangelísticos. Por eso, la idea de que un tipo dotado meramente con cierta facilidad de palabra y confianza en sí mismo, por no decir de caradura, puede ser evangelista es completamente errónea. Los más grandes hombres debieran ser siempre evangelistas, y en general lo han sido; y creo que la idea de que cualquiera puede ponerse a hablar en una esquina pero hace falta un gran predicador para el púlpito de una iglesia es invertir el orden correcto. Es al dirigirnos al mundo inconverso cuando más cuidadosos debemos ser; y por tanto solía escribir mi sermón evangelístico y no el otro. Comoquiera que sea, simplemente estoy indicando que no se debe ser excesivamente dogmático o rígido al respecto. Luego, a medida que pasó el tiempo y como muchos otros, comencé a escribir cada vez menos, y a estas alturas ya no recuerdo cuándo escribí un sermón por última vez. En cualquier caso, la idea importante es que simplemente debes conocerte a ti mismo y ser honrado contigo mismo y hacer lo que consideres más eficaz.

Comoquiera que sea, ya escribas el sermón completo o parcialmente o ya lo prediques de manera más improvisada, jamás debes predicar tus bosquejos. Esos bosquejos deben estar vestidos; deben tener carne. Volvemos de nuevo a esta cuestión de la forma del sermón. Un sermón no es simplemente un conjunto de afirmaciones; tiene esta otra cualidad, esta forma, esta totalidad. La única razón para esto es que sirva de ayuda a las personas. No es cuestión de "arte por el arte", es porque ayuda grandemente a las personas cuando lo escuchan. Se puede expresar de esta forma. Las vigas son esenciales al erigir un edificio, pero cuando miras el edificio concluido no ves las vigas, ves el edificio. Hay una estructura ahí; pero la estructura está cubierta, solo está allí como algo que te ayuda a levantar el edificio deseado.

Lo mismo es exactamente cierto del cuerpo humano. Está la estructura, el esqueleto; pero debe estar revestido de carne para que haya un cuerpo. Esto es igualmente cierto de un sermón. Recuerdo a un joven predicador, a un hombre muy capaz que había logrado una matrícula de honor en Teología en Oxford, que me contaba cómo predicó en una ocasión con un anciano predicador, un importante predicador. Tras escucharle en tres o cuatro ocasiones, este le dijo: "¿Sabes?, traes al mercado un ganado de buena raza, pero es una pena que sus huesos y esqueletos sean tan patentes. No tienen suficiente carne. Un hombre que va al mercado a comprar un animal no quiere comprar un esqueleto, quiere comprar un animal bien alimentado y bien cubierto: ¡Carne! Al carnicero no le compras huesos; quieres carne". Exactamente del mismo modo, jamás debemos arrojarles los hechos simplemente, no debemos arrojarles pensamientos o esqueletos; debemos tomarnos nuestro tiempo para cubrir los esqueletos con carne.

Si bien ese es el principal peligro con respecto a la predicación improvisada, ahora pasamos a algunos de los peligros relacionados con los sermones escritos. La razón de escribir es que deseas vestir los bosquejos, pero inmediatamente surgen ciertos peligros y trampas. El primero es tener un estilo demasiado florido, prestar demasiada atención a la calidad literaria o al elemento literario. Esto es de gran interés desde la perspectiva de la historia de la predicación. Los predicadores cristianos parecen haber atravesado fases con respecto a esto. Consideremos, por ejemplo, lo que sucedió en el siglo XVII, un gran siglo en muchos sentidos. A comienzos de ese siglo hubo ciertos predicadores llamados clásicos en la Iglesia de Inglaterra: el obispo Andrews, el famoso Jeremy Taylor y John Donne hasta cierto punto. Estos eran considerados grandes predicadores y aclamados como tales, y en muchos sentidos lo fueron; y, sin embargo, me parece —como les pareció claramente a los puritanos en aquella época— que habían ido demasiado lejos en cierta dirección. Sus sermones se habían convertido en obras de arte. Eran obras maestras literarias, perfectamente construidas, pródigamente sembradas de alusiones y citas clásicas y literarias. En cualquier caso, el resultado fue que en general las personas pasaban por alto la verdad salvadora, las verdades reales de las Escrituras, e iban meramente a disfrutar de aquellos sermones perfectamente ornamentados. Escucharlos era un placer literario y estético.

Los puritanos introdujeron una tremenda reacción en contra de esto; y lo hicieron de manera completamente deliberada. Creían que aquellos sermones en realidad estaban "ocultando" la Verdad, mientras que el propósito de un sermón es "declarar" la Verdad. Una vez más, la forma había triunfado sobre la sustancia. Quizá la mejor manera de hacer ver esto sea contar la historia de Thomas Goodwin, uno de los más grandes puritanos. Thomas Goodwin era un hombre elocuente por naturaleza, y cuando era estudiante en la Universidad de Cambridge solía escuchar a un famoso orador y elocuente predicador en la Universidad. Thomas Goodwin admiraba a aquel hombre grandemente; era su ideal de predicador, y por tanto se modeló a sí mismo siguiendo el ejemplo de aquel hombre y su método. Pero Thomas Goodwin experimentó una gran y profunda experiencia religiosa que cambió toda su visión y le afectó radicalmente, como hace siempre la conversión verdadera (cf. 2 Corintios 5:17). A consecuencia de ello, tuvo una gran lucha consigo mismo con respecto a su predicación. No había pasado mucho tiempo después de su conversión cuando se le pidió que predicara el sermón para la Universidad y, por supuesto, instintivamente, comenzó a prepararlo y escribirlo a la usanza clásica que tanto había admirado. Creó un gran sermón, lleno de maravillosos fragmentos floridos y adornos literarios que le conmovieron y emocionaron al pensar en ellos mientras los escribía. Pero entonces el Espíritu de Dios, y su propia conciencia, empezaron a obrar en él y sufrió una terrible lucha. ¿Qué debía hacer? Sabía que entre la congregación no solo habría eruditos de la Universidad, sino también personas normales, quizá hasta sirvientas analfabetas que asistían a menudo a aquellos actos, y sabía que esos fragmentos floridos no solo no significarían nada para aquellas personas normales, sino que podrían llegar a ser un estorbo. ¿Qué debía hacer? Finalmente, con el corazón casi hecho pedazos, extirpó los fragmentos floridos del sermón y jamás los pronunció. En aras de la Verdad, en aras de la comunicación del Evangelio, en aras de las almas de las personas, ciertamente estuvo en lo correcto. Una preocupación por la forma literaria, a menos que sea cuidadosamente disciplinada, puede conducir fácilmente a un estilo ornamentado y artificial que puede estropear la predicación verdadera.

Sin duda hay muchas pruebas de esta tendencia en la actualidad. Recuerdo haber leído en 1943 o 1944 un relato de la Ruptura de 1843 en la Iglesia de Escocia. Al hablar del gran Thomas Chalmers, ese hombre se atrevía a criticar su predicación. La crítica era que había una ausencia sumamente lamentable de alusiones históricas y literarias en la predicación de Chalmers. Así, un pequeño pigmeo cuya predicación jamás había trascendido y que jamás había logrado nada se atrevía a criticar a un gigante. ¡Pero qué base para la crítica! ¡Qué ignorancia de la verdadera función de la predicación!

Permítaseme expresarlo de otra forma. A principios de

este siglo XX hubo un obispo de la Iglesia de Inglaterra llamado Hensley Henson. ¡Escribió su autobiografía en dos volúmenes bajo el título de *A Diary of an Unimportant Life* (Diario de una vida insignificante)! Recuerdo haber leído su descripción en uno de los volúmenes de cómo había pasado tres semanas escribiendo un sermón que debía dar en una ocasión especial. Nos dice cómo trabajó en ello, volviendo a escribir ciertas partes, cambiando otras y haciendo diversas adiciones: ¡tres semanas creando y puliendo aquel sermón perfecto!

Sin duda, esto es muy difícil de reconciliar con la predicación del Evangelio tal como uno la ve en las Escrituras mismas o en la predicación que ha caracterizado a los grandes períodos en la historia de la Iglesia. ¿Qué tienen que ver estas frases pulidas, esta escritura y esta reescritura con la Verdad? Debe haber forma, pero nunca debemos prestarle una atención desmesurada. ¿Te imaginas al apóstol Pablo invirtiendo tres semanas en la preparación de un sermón, puliendo frases, cambiando una palabra aquí y allá, introduciendo otro adjetivo o añadiendo otra frase ingeniosa? Todo eso es completamente inconcebible. "No con sabiduría de palabras", dice el Apóstol. "Ni mi palabra ni mi predicación fue con palabras persuasivas de humana sabiduría". ¡Qué fácilmente vamos de un extremo a otro! Lo expreso de manera general diciendo que debemos tener cuidado siempre de evitar este estilo excesivamente ornamentado. Quizá no sea un peligro tan grande en la actualidad como lo fue en otra época, porque las personas ya no están tan interesadas en la predicación como solían estarlo; pero estoy completamente seguro de que fue esta atención excesiva al estilo literario y a la forma perfecta del culto a finales del siglo XIX y a comienzos del XX lo que hizo tan terrible daño a la predicación y a toda la causa de esta.

Esto nos lleva a la cuestión de la utilización de citas. Nuevamente, esta puede ser una cuestión bastante difícil y complicada. Desde luego es un problema mucho más marcado en la actualidad que el anterior. Esto se debe a que todos pensamos que somos más cultos y que nuestras congregaciones son más cultas, están mejor educadas y tienen más conocimientos. Y la tentación es a pensar que la cultura se demuestra en el número de citas que se utilizan. Como sabes, esto es particularmente cierto de los libros. ¿Cómo decides si un hombre es un erudito o no? La sencilla respuesta es: el número de notas a pie de página. Si no tiene notas a pie de página y copiosas referencias de otros autores y citas de ellos, no es un erudito, no es un pensador, y viceversa. Esto, por supuesto, es simplemente ridículo. Lo que debiera interesarnos es la calidad de la mente de un hombre, su capacidad para pensar y su originalidad; no el número de notas a pie de página. Pero esa es la tendencia en la actualidad. Mas cuando se introduce en la predicación se convierte en una amenaza letal. No hay nada que se oponga más a la verdadera predicación que esto.

¿Por qué digo esto? Una respuesta es que el verdadero propósito de utilizar citas no debiera ser exhibir tu cultura o atraer la atención hacia ti. Si lo es, mejor sería que no utilizaras ni una sola cita, porque tu motivación es completamente errónea. Recuerdo al director de una universidad de teología que estuvo en boga como un predicador muy popular durante algunos años en Gran Bretaña. Un día se le pidió que predicara un sermón en la radio en un plazo de dos meses. De inmediato comenzó a leer el *Oxford Book of Religious Verse* (Libro de versos religiosos de Oxford) y otros libros semejantes. ¿Para qué? Para encontrar una cita sorprendente con que comenzar el sermón. Eso no solamente lo hacía él mismo, pedía a algunos de sus estudiantes favoritos que también lo hicieran; les instaba a leer cierta poesía en su lugar. Les decía cuál iba a ser el tema y debían buscar alguna cita extraordinaria para dar un comienzo cautivador al sermón. Fue uno de estos estudiantes quien me contó la historia por aquella época. Solo hay un comentario que se pueda hacer con respecto a ese tipo de cosas: es pura prostitución. Pero también es maltratar las citas. ¿Por qué es erróneo? Afirmo que lo es por el motivo de que, una vez más, la forma se vuelve más importante que la sustancia. Pero la forma debe estar al servicio de la sustancia.

Recuerdo una frase que me impresionó mucho en relación con esto. Estaba leyendo un artículo en el que el autor establecía una distinción entre lo que denominaba "el artificio de la habilidad artística y el carácter inevitable del arte". Eso lo expone a la perfección. La habilidad artística descansa en el artificio; podemos ver a un hombre esforzándose en producir una impresión. Lo que caracteriza a la obra del artista, al verdadero artista, nuevamente es siempre lo "inevitable": siente que no podría haber sido ninguna otra cosa. Hay algo artificial con respecto al otro; es un artificio, es siempre la característica de la prostituta que sale para producir un efecto que sirva a sus propios fines. Nunca debemos ser culpables de eso. Debemos asegurarnos siempre de que esta característica de lo "inevitable" esté presente.

No me corresponde establecer reglas con respecto a esta cuestión, pero en general diría que es bueno evitar la utilización de libros de citas. La única utilización legítima de un libro de citas es verificar lo que considero una cita precisa o ayudarme a encontrar alguna palabra o palabras que falten. Está ahí para ahorrarme tiempo. En otras palabras, nunca debes dirigirte a un apartado de tu libro de citas a fin de encontrar una. Más bien lo que debiera suceder es que, al pensar o escribir, te venga a la mente algo que has leído en algún sitio o aprendido en la escuela. A fin de asegurarte que tienes las palabras correctas y el autor correcto, verifícalo en tu libro de citas. Pero comenzar por el libro de citas es artificial y mecánico; y, en cualquier caso, es una forma perezosa de hacer tu trabajo.

Iría más lejos aún diciendo: No intentes pensar en citas. Si lo haces, la mecánica se habrá vuelto nuevamente demasiado obvia y prominente en tu método. En otras palabras, utiliza una cita únicamente cuando te venga a la mente y te parezca inevitable. O, si lo prefieres, utiliza una cita únicamente cuando parezca decir a la perfección lo que intentas decir, cuando lo dice mejor de lo que puedas hacerlo tú, cuando lo dice de una forma que te parece casi perfecta. Quizá pienses que estoy dando demasiada importancia a esta cuestión, pero puedo asegurarte que no es así. Utilizar demasiadas citas en un sermón puede resultar agotador al oyente y en ocasiones puede ser hasta ridículo. Recuerdo haber tenido una conversación un día con un hombre que había sido profesor de Poesía en Oxford y que también era eclesiástico. Estábamos hablando de esta cuestión y de la forma en que se estaba volviendo completamente ridícula. Me dijo que la semana anterior había estado escuchando un sermón en la abadía de Westminster en Londres. El erudito predicador, tras ofrecer un aluvión de citas (¡demostrando todo lo que había leído!), dijo de hecho en un momento del sermón: "Como nos ha recordado recientemente Evelyn Underhill, Dios es amor".

Sobran los comentarios. Todo debe declararse en forma de cita y así llegamos a este punto en que se oculta la verdad y el predicador se vuelve ridículo y desagrada a las personas.

Un sermón debe ser una proclamación de la Verdad de Dios mediada a través del predicador. La gente no quiere escuchar una retahíla de citas de lo que han dicho y pensado otras personas. Han venido a escucharte a ti; eres un hombre de Dios, has sido llamado al ministerio, has sido ordenado; y quieren escuchar esa gran Verdad tal como viene a través de ti, a través de todo tu ser. Esperan que haya pasado a través de tu pensamiento, que sea una parte de tu experiencia; quieren esa nota personal auténtica. Puedo asegurarte que, si tus sermones no son más que una retahíla de citas, algunos, probablemente los más ignorantes, dirán: "¡Qué hombre tan erudito!"; los otros, y especialmente cualquier predicador que esté presente, sabrán lo que estás haciendo exactamente. Pero lo que es invariablemente cierto es que tu predicación no tendrá poder alguno. Puedo garantizarte esa afirmación. Jamás hay poder alguno en los sermones que consisten simplemente en "como este y aquel dijeron" o "este y aquel nos han recordado", etc. Semejantes afirmaciones se suceden una a otra y sientes que este buen hombre ha dejado que sus lecturas sustituyan a su pensamiento. Debemos tener nuestro propio pensamiento, y toda tu lectura debiera estar concebida para estimular tu pensamiento y proporcionarte cierta cantidad de información.

La siguiente advertencia que haría es que tengas cuidado —especialmente al escribir— de no utilizar un razonamiento demasiado conclusivo. Recalqué en general, al comienzo de mi esbozo original, la importancia del razonamiento y del desarrollo y la secuencia en el sermón; pero no hagas un razonamiento demasiado conclusivo, refinado o sutil. Porque el sermón va a ser hablado, y no es tan fácil seguir un argumento muy cerrado y bien razonado cuando se escucha como cuando se lee. Si vas demasiado lejos en ese aspecto, pues, estás entorpeciendo a las personas en su recepción de la Verdad. Esto es aplicable a la predicación improvisada, pero creo que es particularmente peligroso en relación con los sermones escritos.

Termino, pues, diciendo: Prepara, pero cuídate de la preparación excesiva. Esto es particularmente cierto de los sermones escritos. El peligro está en ser demasiado perfecto. Tienes tu ideal, sabes lo que quieres hacer; pero el peligro está en excederse de forma que el sermón se convierta en un fin en sí mismo. ¿Cómo evitarlo? ¿Cuál es el antídoto? Es muy sencillo: recuérdate a ti mismo de principio a fin que lo que estás haciendo está destinado a personas, a toda clase de personas. No estás preparando un sermón para una congregación de eruditos o lumbreras; estás preparando un sermón para una congregación mixta y tu tarea y la mía es ser de ayuda a todos los miembros de esa congregación. A menos que hagamos eso, habremos fracasado. Evita, pues, un enfoque excesivamente académico y teórico. Sé práctico. Recuerda a las personas: estás predicando para ellas.

Capítulo 12

Ilustraciones, elocuencia y humor

Al llegar ahora al tipo de predicación improvisada y su preparación para ella, hay mucho menos que decir. Aquí los peligros no son tantos; pero sí hay una cosa que me gustaría subrayar, y lo hago como resultado de mi propia experiencia. Es el peligro que surge cuando un hombre que ha escrito sus sermones en general o frecuentemente decide por diversas razones que ya no lo va a hacer y se convierte en un predicador que improvisa. El principal peligro al que se enfrentará será darse por satisfecho con una preparación inadecuada. Instintivamente, uno tiende a creer que, si no va a escribir el sermón completamente, lo único necesario es preparar el bosquejo o esbozo más exiguo y dejarlo así. El resultado de ello puede ser completamente catastrófico en el púlpito. Cuando te viene un pensamiento al leer tu Biblia y preparas un esquema o bosquejo apresurado de un sermón, parece que las ideas te desbordan y crees que no habrá dificultad alguna para predicar ese sermón. Pero, por desgracia, a menudo descubrirás que a los pocos días o semanas, cuando predicas a partir de ese bosquejo desde un púlpito, parece como si todas tus ideas te hubieran abandonado y no tuvieras demasiado que decir. Por mucho que lo intentes, no puedes recuperar lo que te vino a la mente y hasta te plantearás cómo llegaste a los diversos apartados. Obviamente tenían significado en su momento, pero ahora de algún modo se ha desvanecido.

La forma de afrontar este peligro puede parecer bastante obvia, pero si no eres consciente del problema tendrás que aprender por medio de la dolorosa experiencia, como hice yo. Debes desarrollar los puntos, los apartados principales, concretando una serie de apartados secundarios o subordinados. En otras palabras, debes asegurarte de tener suficiente materia y material. Los puntos principales se pueden desarrollar e ilustrar de distintas formas. Asegúrate de anotarlo. Tal como he aconsejado con respecto al bosquejo en sí, aquí recalco de nuevo la importancia de anotarlo para que recuerdes al predicar lo que querías decir bajo ese apartado en particular. La regla es no dejar que tu preparación sea demasiado breve; elabora tu mensaje con esos apartados secundarios lo mejor que puedas, y entonces no te quedarás corto de material. Muchos predicadores confían en la inspiración que les ha llegado cuando un texto les ha hablado repentinamente de la forma que he descrito y ven que, en una ocasión, se repite en el púlpito mientras predican. Caen entonces en la necia tentación de creer que sucederá siempre así y que, por tanto, no es necesaria la preparación cuidadosa. La experiencia pronto les desengañará.

Otro factor que entra en juego en este aspecto se puede ilustrar idóneamente relatando la historia de un ministro que conocí en Gales del Sur. Muestra cómo hay tiempos y épocas, flujos y reflujos, en la experiencia espiritual de uno. Este predicador en particular había tenido una gran experiencia en el Avivamiento religioso de Gales en 1904-05. Era un hombre capaz y un buen estudiante. El Avivamiento se produjo en su época de estudiante y él y otros resultaron muy afectados. Es bastante común que durante una época de avivamiento las personas reciban una facilidad inusual en su oratoria, en la oración y en la predicación; y el testimonio de los ministros de Gales en aquella época es que debían dedicar muy poco tiempo a la preparación. Parecía como si todo les fuera dado; estaban llenos de material y con sus corazones llenos y la plenitud de su gozo cristiano y amor hacia el Señor, hablaban sin dificultad ni impedimento.

Pero surge un problema cuando un período así termina y el avivamiento remite. Muchos de estos hombres no comprenden que ese era un momento excepcional y que ahora, al regresar a una época más normal en la vida de la Iglesia, tienen que hacer mucho más en la cuestión de la preparación. He conocido a una serie de hombres que cayeron en esta trampa en particular y por diversas razones. Algunos hasta pensaban que era pecaminoso preparar un sermón. Habían tenido esa gran libertad de modo que, cuando esta cesó, algunos de ellos tuvieron verdaderos problemas espirituales y casi mentales, con la sensación de que habían contristado al Espíritu o habían apagado el Espíritu. Otros creyeron que habían sido culpables de algún pecado del que no eran conscientes. ¿Por qué no tenían ya esa facilidad de la que solían disfrutar? Conocí a varios hombres así e intenté ayudarles para que salieran de la depresión espiritual, que en ocasiones cruzaba de hecho la línea de lo espiritual a lo psicológico.

Fue la incapacidad de entender esto lo que llevó al hombre del que estoy hablando a tener problemas. En su caso, el problema no era tanto el temor a haber "contristado al Espíritu" como la idea de que tenía una justificación escrituraria para no preparar sus sermones. No tenía que prepararlos durante el Avivamiento y, cuando este se acabó, creyó que tenía justificación espiritual para proseguir de la misma forma. Era el versículo del Salmo 81 que dice: "Abre tu boca, y yo la llenaré". Le atribuyó el significado de que uno debe ir al púlpito sin preparación y recibirá el asunto que debe declarar. El pobre hombre lo hizo literalmente; el resultado fue que vació su iglesia y fue más o menos inútil como predicador en los siguientes cincuenta años. La verdadera tragedia era que se trataba de un hombre muy espiritual y capaz.

Si no escribes tu sermón completo, pues, no caigas en ninguna de estas trampas. Prepáralo tan concienzudamente como puedas, de forma que sepas mentalmente lo que vas a decir de principio a fin. Por mucho que lo recalque, nunca será suficiente. Si mi experiencia es de alguna ayuda o valor, debo decir que he ido ampliando mis notas a medida que avanzaba en lugar de reducirlas. Por supuesto, existen variantes en todas estas cuestiones.

Si bien esos son los dos métodos principales —el sermón escrito completamente y la preparación de las notas en la predicación improvisada—, también es cierto que hay personas que han utilizado ciertas variantes de estos, y no veo nada erróneo en ello. Algunos hombres que he conocido escribían la introducción prácticamente por completo así como el final del sermón. Luego, para el desarrollo, confiaban en un bosquejo o unas notas. Se puede decir mucho a favor de ese método, especialmente si estás cambiando de los sermones escritos completamente al método de improvisación. Ayudará en este proceso de transición. Algunos escriben la introducción porque han descubierto que, habiendo subido al púlpito creyendo que tenían un sermón preparado en líneas generales y pensando que sabían lo que iba a decir, de pronto tropezaban en la introducción. Simplemente no eran capaces de empezar, y eso les afectaba tanto que estropeaba todo el sermón. La forma de corregirlo en ese período de transición es escribir la introducción por completo y quizá el final del sermón exactamente de la misma forma.

* * *

Pasemos ahora a considerar las diversas cuestiones que surgen en el momento de compartir el sermón. Algunos hombres leen su sermón en el púlpito de principio a fin. No quiero ser demasiado dogmático, pero sin duda eso es un error, es malo. Sé que se pueden citar algunos casos notables en el pasado en que ha habido hombres que lo han hecho y han sido grandemente bendecidos, pero no se establecen reglas a partir de excepciones. Sin duda, como vimos en el anterior estudio, la predicación implica un contacto directo entre las personas y el predicador, una interacción de personalidades, mentes y corazones. Hay una dimensión de "toma y daca". Es bueno, pues, que el predicador mire a las personas; y no se puede leer el manuscrito y mirar a las personas al mismo tiempo. Ese tipo de lectura es malo para ti y malo para las personas. Pierdes su atención y tu contacto con ellos y ellos pierden el contacto contigo y lo que estás diciendo. Sin duda, por definición, la predicación es la palabra dirigida a las personas de manera directa y personal. No es algo teórico o una conferencia académica; implica un contacto vivo. Cualquier cosa que te haga perderlo es mala de por sí. Sé que algunos predicadores han sido bendecidos al leer sus sermones; hay excepciones para todas las reglas que se establezcan en cuanto a estas cuestiones, pero eso no afecta a la regla. Hay otros que, a pesar de no leer sus sermones, miran por una de las ventanas del edificio mientras predican a una congregación. Eso no es mejor, por supuesto; lo mismo daría que leyeras un texto. He conocido a hombres que daban la impresión de creer que este era un procedimiento elevadamente espiritual: ¡Eran grandes místicos que se asomaban a profundidades desconocidas!

Pero permítaseme apresurarme a decir que lo que hacen muchos otros predicadores, esto es, memorizar el sermón escrito, me parece casi igual de malo. Quizá no tanto, pero se acerca mucho. Es algo mejor, porque mientras recitas o declamas puedes mirar a las personas. Has escrito tu sermón, luego lo has leído un cierto número de veces y, si tienes buena memoria, puedes memorizar gran parte del mismo muy fácilmente. He conocido a muchos que lo hacen. Aunque estoy de acuerdo en que es algo mejor, sigue sin gustarme. Mi principal razón es que ata al hombre, interfiere con el elemento de la libertad. Al recitar o declamar, en realidad no estás estableciendo ningún contacto con las personas. Te estás concentrando en lo que has memorizado e intentas recordarlo; y se interpone hasta ese punto entre tú y las personas a las que te estás dirigiendo. El elemento vivo se minimiza y el elemento mecánico aumenta. Esta es una cuestión muy difícil, y muchos predicadores han tenido que experimentar y cambiar su procedimiento cada cierto tiempo.

Siempre soy amigo de pensar que una distinción que se pueda establecer en el terreno del discurso secular —el discurso político, si lo prefieres— tiene validez también en el terreno de la predicación. Existe una diferencia entre la retórica y la oratoria, ¿no es cierto? ¿Cuál es esa diferencia? Sin duda la que muestra la idea que estoy planteando. El retórico está atado a su preparación, declama algo que ha preparado muy cuidadosamente. El ejemplo más notable de retórico en la historia reciente fue Sir Winston Churchill. Su padre, Lord Randolph, era un orador, pero Sir Winston jamás lo fue. En su juventud acostumbraba a escribir cada palabra de sus discursos y luego memorizarlos y declamarlos. Más adelante en su vida solía leerlos; pero en su juventud solía recitar lo que había aprendido de memoria. Que semejante procedimiento interfiere con el contacto vital y el intercambio entre el orador y los oyentes se puede ilustrar con su caso. Sus oponentes, al saber que estaba recitando y haciendo un alarde de memoria, le interrumpían. Esto le desequilibraba y debía volver atrás varias frases en su discurso y recitarlas de nuevo antes de poder proseguir. En otras palabras, debido a que era un retórico estaba atado. El orador es siempre libre y siempre debe mucho a su audiencia. En su caso siempre hay un intercambio vivo: se produce una transacción real.

Todo esto es igualmente cierto de la predicación. El predicador debiera ser más un orador que un retórico. Siempre hay algo que se pierde en la memorización, recitación y declamación de un sermón.

Otro recurso que utilizan a menudo los hombres, y creo que se puede decir mucho a su favor, es hacer notas completas del sermón escrito. En lugar de memorizarlo, toma notas de él. Tras escribirlo, y teniendo en mente lo principal como resultado de ello, simplemente toma notas y luego predica a partir de ellas. Esto te garantizará una libertad mucho más grande que los otros dos métodos anteriores. Esto, nuevamente, es particularmente bueno para un hombre que se encuentre en la transición de la predicación escrita a la improvisada. Lo importante es la libertad. Por mucho que lo recalque nunca será suficiente. Forma parte de la esencia misma del acto de predicar: esa libertad en tu mente y en tu espíritu, ese encontrarse libre para ser influido por el Espíritu. Si creemos verdaderamente en el Espíritu Santo, debemos creer que está actuando poderosamente mientras nos implicamos en esta seria y maravillosa obra. Debemos estar abiertos, pues, a sus influencias.

Por supuesto, esto llevará a una serie de consecuencias. Bien puede ser que tu estilo no sea tan perfecto; de hecho, desde el punto de vista estrictamente literario puede volverse malo. Pero estarás en buena compañía. Los pedantes siempre han criticado al apóstol Pablo por sus anacolutos, ¿no es así? Indican cómo Pablo comienza una frase y luego se deja llevar de tal forma por su tema que se olvida de terminarla. Eso es la libertad, la libertad en el Espíritu. Quizá no lo habría hecho muy bien en un examen, pero el Espíritu le utilizó. No estoy diciendo que no debas terminar tus frases, estoy indicando que debes ser libre. Cuando el Espíritu te toma y te guía, pues, deja que lo haga. No estés atado, no estés encadenado.

Nadie debiera sentirse desanimado por todo esto. Jamás ha habido un predicador que no aprendiera por la experiencia. No te desanimes. Si al principio sientes que no puedes predicar sin escribir el sermón completo, escríbelo completo. Pero experimenta de la forma que he señalado. Escribe un sermón y no el otro; prueba estas diversas modificaciones y variantes. Por encima de todo, no seas impaciente contigo mismo. No te abatas demasiado si sucede que tienes un mal culto ni digas que jamás volverás al púlpito si no es con un sermón escrito por completo delante de ti. Esa es la voz del diablo. No le escuches; prosigue hasta que alcances una fase en que sepas que eres libre. No debo insistir demasiado en esto, pero existe un peligro muy real de depositar nuestra fe en el sermón en lugar de en el Espíritu. Nuestra fe no debiera estar en el sermón, debiera estar en el Espíritu Santo mismo. Asegurémonos, pues, de la libertad en primer y último lugar y en todas partes; y después contacta con las personas.

Llegamos ahora a ciertas cuestiones comunes a ambos tipos de predicación, ya sean sermones escritos o predicación improvisada. Las trato porque la gente me ha hecho frecuentes comentarios y críticas acerca de ellas. Me refiero a toda la cuestión del empleo de historias e ilustraciones. Debemos prestar atención a esto. Doy por supuesto que tenemos clara la diferencia entre la utilización de una ilustración y la espiritualización de un pasaje de la Escritura; y no es necesario que entre en muchos detalles, puesto que no estoy dando un estudio sobre homilética; pero quiero dejar claro que existe una diferencia entre espiritualizar un suceso del Antiguo Testamento y utilizarlo simplemente como una ilustración. La diferencia es esta: debes dejar claro a las personas, por supuesto, lo que estás haciendo exactamente. Debes dejar claro que lo que estás diciendo es que así como esa cosa en particular sucedió en el terreno de la Historia, así se puede encontrar o se encuentra el mismo principio en el terreno espiritual.

Permítaseme dar un ejemplo. En una ocasión, al dar unas conferencias sobre los avivamientos, tomé la historia de cuando Isaac excavó de nuevo "los pozos que habían abierto los criados de Abraham su padre" y que los filisteos habían cegado tras la muerte de Abraham. Algunas personas pensaron que al hacerlo estaba espiritualizando ese incidente del Antiguo Testamento. Lo hicieron porque no comprendían la diferencia entre utilizar una historia como esa a modo de ilustración y espiritualizarla. Si la hubiera espiritualizado, habría significado que estaba aseverando que Isaac hizo algo espiritual en aquella ocasión, mientras que me esforcé en decir que simplemente estaba utilizando esta historia como una ilustración y señalando que lo que hizo Isaac en la cuestión del agua —agua normal, esencial para la vida y el bienestar del cuerpo— nos proporciona una imagen de un principio que es valioso en el terreno espiritual en relación con el avivamiento. No estaba diciendo que hiciera nada espiritual, sino mostrando que, así como no desperdició su tiempo enviando exploradores para que encontraran un nuevo suministro de agua sino que simplemente volvió a excavar los pozos viejos porque sabía que allí había agua, me parecía que la esencia de la sabiduría en el terreno espiritual, y en momentos de dificultad y sequía espiritual, era no perder el tiempo buscando un nuevo "evangelio", sino volver al libro de Hechos y a cada período de avivamiento en la historia de la Iglesia. Ahora bien, eso no es espiritualizar aquel antiguo suceso. Podría haber buscado mis ilustraciones en el terreno de la ficción o en el terreno de la historia secular; pero en esa ocasión preferí tomar como ilustración el suceso del Antiguo Testamento. Eso no es espiritualización, porque no estaba diciendo que lo que hizo Isaac condujera a un avivamiento. Pero, por supuesto, es importante que expliquemos cuidadosamente lo que estamos haciendo. Tus congregaciones lo entenderán por lo general muy fácilmente; ¡es probable que solamente los "expertos" y los pedantes sean los que lo malentiendan!

Pero, volviendo a las historias e ilustraciones en general, lo que me parece verdaderamente malo es lo que indica un libro que lleva el título de *The Craft of Sermon Illustration* (La habilidad para ilustrar el sermón). Esa clase de cosa me resulta una abominación. "La habilidad" no entra aquí en juego en absoluto. Eso es nuevamente prostituir las cosas. Conocí a un predicador que siempre llevaba una libreta de notas en el bolsillo y, cuando escuchaba una buena historia, sacaba siempre su libreta y tomaba notas. Luego, tras llegar a casa, la escribía entera y la guardaba en un archivador en el armario. Sería una buena ilustración para un tema dado. Siempre estaba coleccionando historias, pues, y separándolas y clasificándolas en diversas categorías y archivándolas. Luego, cuando pasaba a preparar un sermón sobre un tema concreto, sacaba el archivo apropiado y seleccionaba las historias que necesitaba. Instaba a otros a hacer lo mismo.

En mi opinión, eso no solo es profesionalismo en su peor cariz; es, como digo, el arte de la ramera, porque presta demasiada atención a seducir a las personas y está demasiado preocupado por ello. Lo que es peor aún, por supuesto, es cuando los predicadores repiten las historias e ilustraciones de otros predicadores sin darles el reconocimiento que se les debe; y aún peor cuando compran libros de sermones principalmente a fin de encontrar esas historias.

¿Por qué me opongo a esto? Porque creo que convierte la historia o la ilustración en un fin en sí misma. Jamás debieran ser un fin de por sí. Asimismo una utilización demasiado liberal de ellas apela a la carnalidad de los oyentes. Lo he advertido frecuentemente. Recuerdo haber predicado en una ocasión en cierto lugar y cómo un ministro que había estado escuchando vino a mí al final del culto y dijo: "Gracias por el sermón. Pero no nos diste ninguna ilustración esta vez". Eso me hizo pensar y preguntarme: "¿Qué esperaba oír ese hombre?". Me había escuchado la vez anterior y yo recordaba que en aquella ocasión había utilizado más ilustraciones de lo que es normal en mí. Pero me daba la impresión de que estaba ante alguien que no había acudido a escuchar tanto la Verdad como las ilustraciones. ¿No es esto una grave perversión?

Las historias e ilustraciones solo tienen el propósito de ilustrar la verdad, no de dirigir la atención hacia sí mismas. Toda la cuestión de las ilustraciones y el relato de historias ha sido una maldición especialmente en los últimos 100 años. Creo que es uno de los factores que explican el declive de la predicación, porque contribuyó a dar la impresión de que la predicación era un arte, un fin en sí misma. De hecho, ha habido muchos que realmente preparaban un sermón a fin de poder utilizar una buena ilustración que se les había ocurrido o que habían leído en algún lado. La ilustración se había convertido en lo primero; luego se buscaba un texto que pudiera acompañarla. En otras palabras, la ilustración se había convertido en el núcleo de la cuestión. Pero ese orden es erróneo. La ilustración tiene el propósito de ilustrar la verdad, no de mostrarse a sí misma, no de dirigir la atención hacia sí misma; es un medio para guiar a las personas y ayudarlas a ver de manera más clara aún la verdad que se está enunciando y proclamando. La regla debiera ser siempre, pues, que la verdad debe predominar y tener una gran prominencia, y las ilustraciones deben utilizarse limitada y cuidadosamente con ese único fin. Nuestra tarea no es entretener a las personas. A las personas les gustan las historias, las ilustraciones. Nunca lo he entendido, pero a la gente parecen gustarle los ministros que están hablando siempre de sus propias familias. Eso me parece siempre muy aburrido cuando estoy escuchando, y no puedo entender que a algún predicador le guste hacerlo. Sin duda hay una fuerte dosis de orgullo en ello. ¿Por qué debe estar más interesada la gente en los hijos del predicador que en los de otras personas? Tienen sus propios hijos y podrían multiplicar ese tipo de historias igualmente ellos mismos. En general, el argumento a favor de esto es que introduce "un toque personal". Recuerdo a un londinense que me contaba que jamás se perdía a cierto predicador cuando visitaba Londres. Este predicador solía venir de provincias una o dos veces al año. Me encontré a este hombre un día y me dijo: ¡"Escuché al Dr. tal y tal el domingo pasado; ¿sabes?, lo mejor de él es que siempre nos cuenta su vida sexual"! ¡No estaba muy seguro de si estaba sugiriendo que yo debería hacer lo mismo!

Eso es lo que gusta a ciertas personas y es lo que de hecho hacen muchos predicadores; y se puede ver muy bien cómo apela a lo peor y a lo más bajo de muchos miembros de la congregación. Es pura carnalidad, una especie de deseo de conocer los detalles personales de la gente. Pero un predicador debiera ir al púlpito a enunciar y proclamar la Verdad misma. Eso es lo que debiera destacar y todo lo demás no debiera sino servir a ese fin. Las ilustraciones son solo siervos, y se deben utilizar limitada y cuidadosamente. Como resultado de escuchar a predicadores durante muchos años, de predicar yo mismo y de debatir estas cuestiones y considerarlas constantemente, estoy dispuesto a llegar al punto de decir que, si utilizas demasiadas ilustraciones en tu sermón tu predicación será ineficaz. Hacerlo siempre implica una pérdida de tensión. Está la clase de predicador que tras decir unas pocas palabras añade: "Recuerdo…", y entonces llega la historia. Luego, tras unas pocas más comenta de nuevo: "Recuerdo…". Esto significa que el tema, la idea clave de la verdad, se está interrumpiendo constantemente; se vuelve irregular, y al final te parece que has estado escuchando a una especie de conversador de sobremesa o a un artista, y no a un hombre que predica la Verdad grande y gloriosa. Si esos predicadores se vuelven populares, y a menudo es así, lo son únicamente en un sentido negativo, porque en realidad no son sino artistas populares.

La única otra cosa que diría acerca de las historias e ilustraciones es que te asegures de los hechos al utilizarlas. Recuerdo que, cuando era un joven médico, escuché un sermón que incluía una gran ilustración que el predicador desarrolló extendiéndose considerablemente. Su idea era la necedad del pecador al no prestar atención a las primeras advertencias de su conciencia, etc. Eso se ilustraba de manera muy elaborada con la historia de una mujer a la que había enterrado la semana anterior. Tenía un cáncer de mama, pero para cuando fue al médico las ramificaciones secundarias se habían extendido a la espina dorsal y otras partes del cuerpo. Era demasiado tarde para curarla. ¿Qué le ocurrió a aquella mujer? "Bien —dijo el predicador—, la tragedia de esta mujer es que no prestó atención a la primera punzada de dolor". Para mí, escuchando como médico, todo eso era completamente ridículo. El problema de esa clase de cáncer es que generalmente no produce dolor alguno hasta que ha avanzado de forma considerable; crece insidiosa y calladamente. El problema de aquella pobre mujer no era que hubiese hecho caso omiso del dolor, sino que probablemente no había hecho caso de algún pequeño bulto que notó. La gran ilustración se estropeó en lo que a mí respectaba, porque aquel hombre no conocía los hechos.

Podemos caer a menudo en este error al utilizar una ilustración científica sin estar completamente seguros de la precisión de lo que estamos diciendo, de los hechos que presentamos. Ten cuidado de no entrar en terrenos que no conozcas mucho. Quizá hayas leído algo en una revista de divulgación o en un periódico y pienses por ello que lo sabes todo con respecto a ese tema en particular y te atrevas a emplearlo como ilustración. No es raro que el hombre que escribió el artículo no supiera mucho de ello él mismo y fuera más un periodista que un científico. Tú lo empeoras más aún y así el hombre con un conocimiento científico que quizá te esté escuchando comenzará a dudar de la validez de la verdad que estás enunciando. Creerá que no eres un hombre cuidadoso y que si manejas la Escritura de la misma forma que manejas lo que conoce, entonces no eres alguien a quien está dispuesto a conceder mucho tiempo y atención. Sé cuidadoso con los hechos, pues, si te aventuras en este terreno de las historias e ilustraciones.

* * *

Debemos considerar ahora el lugar de la imaginación en los sermones y en la predicación. Esto, por supuesto, está relacionado con la cuestión anterior y, sin embargo, es diferente. Creo que hoy día no hay tanto peligro con respecto al lugar de la imaginación en la predicación como lo hubo en otra época. Nos hemos vuelto tan científicos que queda muy poco lugar para la imaginación. Esto, en mi opinión, es sumamente lamentable, porque la imaginación es de gran importancia y ayuda en la predicación. Estoy completamente dispuesto a aceptar que puede ser peligrosa; pero la imaginación, no lo olvidemos, es un don de Dios. No habría muchos poetas de no ser por el don de la imaginación; y si crees que hay que ganar todas las formas de cultura para el Señor Jesucristo, no desprecies la imaginación. ¿Por qué solo iban a utilizar la imaginación los no cristianos? No, la imaginación ocupa un lugar real en la predicación de la Verdad, porque lo que hace es dar vida a la Verdad. Por supuesto, se puede exagerar y entonces se vuelve peligrosa. Como hemos visto, en este terreno todo es peligroso; pero la utilización de la imaginación puede resultar particularmente peligrosa. Este ha sido siempre para mí uno de los mayores problemas en relación con la predicación, ¡quizá en parte a causa de mi nacionalidad! ¿Cuál es el lugar de la nacionalidad en la predicación, de hecho el lugar de la nacionalidad y el temperamento en la vida cristiana global, el lugar de la nacionalidad y el temperamento en la eclesiología; el lugar de la nacionalidad y el temperamento en la teología? ¡Qué fácil es hacer una digresión en este punto!

Cualquiera que sea la verdadera explicación de por qué esto me ha supuesto un gran problema, tengo clara la esencia del problema. El peligro es que la imaginación tiende a escapársenos de las manos y uno puede cruzar con facilidad la línea de lo provechoso hasta ese punto en el que, una vez más, dirige la atención hacia sí misma y pierde el contacto con la verdad que la originó. Al final es la imaginación y tu declaración de lo que has visto con tu imaginación lo que influye en las personas en lugar de la Verdad.

No es difícil hallar ejemplos notorios de esto en la Historia. George Whitefield estaba obviamente dotado de una gran imaginación excepcional. Paralelamente, se deduce de forma bastante clara de la lectura de la historia de la predicación y las biografías de los predicadores que los más grandes predicadores han estado dotados por lo general de una gran imaginación. Forma parte de su don de oratoria y su poder para influir en las personas, dones dados por Dios. Claramente, Whitefield utilizaba su imaginación generosamente y creo que de la misma forma a veces se le iba de las manos. Recordemos la famosa ocasión en que Whitefield estaba predicando en casa de la Condesa de Huntingdon en Londres a un auditorio muy distinguido entre el que se encontraba el famoso Lord Chesterfield. Chesterfield no era creyente, pero estaba interesado en las personas destacadas y estaba particularmente interesado en la buena oratoria. Se le había convencido para que fuera a escuchar a Whitefield. El predicador utilizó en aquella ocasión su famosa ilustración de un ciego que camina por el borde de un acantilado con su bastón y su perro. Al principio el ciego se encontraba a una distancia aceptable del borde, pero se iba acercando más y más y la caída desde aquella altura supondría una muerte segura. Whitefield la utilizó para ilustrar la forma en que el pecador sigue hacia delante y se va acercando cada vez más al terrible abismo del Juicio Final y la perdición eterna. A pesar de todas las advertencias, el pecador sigue adelante exactamente como aquel pobre ciego que, tras perder su bastón y su perro, seguía caminando y se iba acercando al abismo. Whitefield llevaba un tiempo retratando la escena con los colores más vivos, de manera sumamente dramática e imaginativa y con tal efecto que en un momento dado Lord Chesterfield se levantó gritando: "¡Cielos! ¡El mendigo ha caído!". ¿Qué decimos al respecto? ¿Se había pasado Whitefield de la raya? ¿Qué es lo que influyó en Chesterfield? Aquí es donde surge el problema.

Pero permítaseme relatar otra historia real. Había un predicador en Gales a finales del siglo XVIII y principios del XIX llamado Robert Roberts. También él tenía este gran don de la imaginación, quizá más que Whitefield. Estaba predicando un día en una capilla repleta y tratando nuevamente esta idea del pecador que no escucha las advertencias, que disfruta y pasando por alto las indicaciones acerca del Juicio venidero. Para reforzarlo utilizó una vívida ilustración. Algunas personas que estaban en la costa habían ido de paseo por la playa. Había unas rocas que se adentraban en el mar: una especie de promontorio rocoso mar adentro. La marea había bajado de modo que caminaron hasta el final del promontorio y se echaron a tomar el sol. Allí estaban disfrutando tremendamente, durmiendo, leyendo, etc. Pero no habían advertido que la marea había vuelto y comenzaba a subir lentamente. No prestaron atención alguna; pero la marea seguía cubriendo las rocas y empezó a rodearlos lentamente en su promontorio. El predicador lo desarrolló gráficamente hasta el punto en que estas personas "volvieron en sí" y comprendieron su difícil situación. Quedaba el tiempo justo para volver a la playa y atender las voces de advertencia. Roberts desarrolló de tal forma esta ilustración con su poderosa imaginación que, cuando utilizó su igualmente poderosa voz para representar los gritos y las llamadas de las personas en la orilla a los otros para que corrieran a fin de salvar sus vidas, está documentado, y se dice que es literalmente cierto, ¡que toda la congregación se levantó y salió corriendo de la capilla!

Esto no se puede excusar en términos del temperamento galés y la ignorancia de la gente de aquella época. Esa clase de cosas solían ocurrir muy a menudo en campamentos en los Estados Unidos e Inglaterra exactamente en aquel mismo tiempo y aun después. Lo mismo se ve claramente en el ministerio de Charles G. Finney. Aquí tenemos de nuevo a un hombre con una personalidad y una imaginación muy poderosas, y creo que eso es lo que explica lo que sucedió a muchos de los supuestos conversos a través de él.

Mi actitud ante todo esto es que en este punto hemos cruzado sin duda la línea que divide la utilización legítima de la imaginación y la errónea. Lo que estaba afectando a las personas que he descrito en esas historias probablemente no era la Verdad; era esa representación gráfica de una escena, era la poderosa y quizá excesivamente emocionada imaginación del predicador. Lo mismo puede pasar con las películas o las obras de teatro. Recordemos la historia de la mujer que acudió a ver una obra en el teatro de Londres una noche de invierno. Esto era en los viejos tiempos, antes de los automóviles. Su cochero la había llevado en su carruaje y, mientras ella disfrutaba de la obra durante dos horas y media, el cochero la esperaba en el pescante del carruaje con el caballo enganchado. Allí estuvo ella en el teatro llorando y profundamente conmovida ante el sufrimiento de las pobres personas representadas en la obra. Cuando salió y encontró al pobre cochero cubierto de nieve y casi muerto por congelación no se conmovió en absoluto, sino que lo consideró lógico y parte de la rutina de su vida. Eso es. ¿Qué es lo que nos conmueve? Lo único que intento decir es que nuestra tarea consiste en asegurarnos de que sea la Verdad lo que conmueva a las personas y no nuestra imaginación.

Como casi todo lo demás, emplear la imaginación puede convertirse en algo bastante ridículo y risible. Cuando hay un predicador que quizá no está muy dotado de inteligencia pero que tiene mucha imaginación, puede resultar divertido. Recuerdo haber oído hablar de un viejo predicador —y esto sucedió literalmente— que estaba predicando en cierta ocasión sobre la parábola del hijo pródigo. Los detalles de la parábola tal como se ofrecen en la Escritura no eran suficientes para el predicador; debía añadir cosas. Su imaginación entró en juego y finalmente alcanzó las profundidades del ridículo cuando pasó a describir la situación del necio hijo pródigo en el país lejano durante la hambruna, justo antes de volver en sí. Indicó cómo había gastado todo su dinero, cómo se había quedado sin comida y cómo ahora tenía que depender de las algarrobas que daban de comer a la piara. Pero aun el suministro de algarrobas se agotó finalmente y no solo era el pobre hijo pródigo el que estaba hambriento y desesperado, sino también la piara. "Allí estaban —dijo—, ¡la terrible hambre había llevado a la piara a tal desesperación que estaban empezando a roer los pantalones del pobre muchacho!".

En ese punto la Verdad se ha olvidado y estamos en el terreno de la fantasía, por no decir de la comedia. Era un hombre que se había dejado llevar por su imaginación. No debemos permitir que eso ocurra jamás. Debemos asegurarnos de que todos los dones que tengamos estén subordinados a la Verdad. Espero volver a esto de nuevo, porque creo que es una de las mayores luchas que cualquier predicador verdadero debe librar. ¿Dónde trazas la línea? Yo diría que el predicador se conoce siempre a sí mismo cuando se deleita en la historia o en la imaginación misma en lugar de hacerlo en aquello que pretende ilustrar. En el momento en que se alcanza ese punto hay que detenerse; porque no nos preocupa simplemente influir a las personas o conmoverlas; nuestro deseo debe ser que les influya y conmueva la Verdad.

* * *

Con respecto al siguiente apartado, realmente tengo que decir más o menos lo mismo; se trata del lugar de la elocuencia o de la oratoria en la predicación. Nuevamente, solamente digo que es un asunto que puede ser de un gran valor, y lo ha sido, en el caso de hombres que he citado y de muchos otros que podría citar. Pero, nuevamente, existe el gran peligro de pasarnos de la raya e interesarnos en la elocuencia en sí misma, y de preocuparnos más por la forma en que decimos lo que decimos que por la Verdad en sí, más por el efecto que producimos que por las almas de las personas a las que nos estamos dirigiendo. En última instancia, por supuesto, se convierte en una cuestión de orgullo.

¿Hay alguna regla acerca de esto? La única regla que yo establecería es que ningún hombre debe intentar ser elocuente. No dudo en decirlo. Por supuesto, estoy hablando de los predicadores. Quizá los políticos y otros hombres tengan derecho a intentar ser elocuentes. Yo establecería como regla que el predicador jamás debe intentar ser elocuente; pero si se descubre a sí mismo elocuente, entonces es de gran valor y Dios puede utilizarlo. Nuevamente quisiera hacer referencia a esos vuelos de elocuencia del gran apóstol Pablo en sus epístolas. Jamás se propuso producir una obra maestra de la literatura; ni siquiera le preocupaba la forma literaria. No era un literato; pero cuando le asía la Verdad se convertía en un hombre poderosamente elocuente. Nos dice que los corintios decían de él que su "palabra [era] menospreciable". Esto significaba simplemente que no exhibía el estilo retórico de los retóricos griegos; no significaba que no pudiera ser elocuente. Lo que significaba era que su elocuencia siempre era espontánea e inevitable; jamás artificial, jamás creada, jamás forzada. Esto se tornaba inevitable a causa de la grandeza de la Verdad y a causa del concepto que se había desplegado ante su mente. Cuando la elocuencia se produce de ese modo, afirmo que es una de las mejores criadas de la predicación verdadera. La historia de la predicación demuestra esto una y otra vez de manera abundante.

Pasemos ahora a otro punto en la lista de las diversas cosas que uno debe considerar en un sermón ya sea escrito o improvisado, esto es, el lugar del humor en la predicación. Aquí de nuevo estamos ante una cuestión muy difícil. Todas estas cosas son difíciles porque se trata de dones naturales, y la cuestión que se plantea es la utilización de los dones naturales, o el lugar de los dones naturales, en esta gran obra de la predicación. La historia de la predicación y de los predicadores muestra que ha habido tremendas variantes. En el caso de un predicador extraordinariamente grande como Spurgeon, había grandes dosis de humor: algunos de nosotros diríamos que en exceso. Habrás oído de la mujer que fue a él a quejarse de los chistes en sus sermones. Era una gran admiradora del Sr. Spurgeon y obtenía un gran provecho de su predicación. Pero creía que había demasiados chistes en sus sermones y se lo dijo. Spurgeon era un hombre muy humilde y le respondió: "Bien, señora, puede que esté en lo cierto; pero si supiera la cantidad de bromas que me reservo y la cantidad de cosas que me abstengo de decir, me daría más crédito del que me da". Ahora bien, creo que eso es cierto. Era un hombre gracioso por naturaleza, le desbordaba. Pero, por otro lado, consideremos a Whitefield, cuyo modelo seguía Spurgeon: jamás era gracioso. Whitefield era tremendamente serio. En el siglo XVIII al que pertenecía había otros hombres, como John Berridge de Everton, en Inglaterra, que también eran humoristas natos. Estos hombres siempre me preocupan, porque creo que tendían a ir demasiado lejos y permitían que su humor se les fuera de las manos. No me atrevería a decir que no hay lugar para el humor en la predicación; pero sí señalaría que no debe ser un lugar demasiado grande, debido a la naturaleza de la obra y debido al carácter de la verdad que estamos tratando. El predicador está tratando con las almas y su destino, y está preocupado por ellas. Se encuentra entre Dios y los hombres y actúa como embajador de Cristo. Yo creo que esa es la consideración decisiva, lo único que se puede decir del lugar del humor es que solo es permisible si es natural. El hombre que intenta ser gracioso es abominable, y jamás se le debería permitir subir al púlpito. Lo mismo es aplicable al hombre que lo hace deliberadamente para congraciarse con las personas. Que esta clase de cosa sea lo que se espera de los llamados "evangelistas profesionales" siempre ha sobrepasado mi entendimiento.

Es preciso considerar todas estas cosas y no echarlas a un lado. Pueden servirnos, pueden ser de gran valor; pero debemos tener cuidado al utilizarlas. Debemos ser igualmente cuidadosos de no corregir excesivamente su abuso hasta el punto de volvernos aburridos, insípidos e inertes. Mientras nos olvidemos de nosotros mismos y recordemos al diablo, jamás nos equivocaremos.

Lo último que deseo mencionar, y no es inapropiado a estas alturas, es la duración del sermón. Nuevamente diría que no debemos ser mecánicos o rígidos en ninguno de los sentidos. ¿Qué determina la duración del sermón? Primero y antes que nada, el predicador. El tiempo es algo muy relativo, ¿no es así? Diez minutos de algunos hombres parecen una eternidad, mientras que una hora de otros pasa como unos pocos minutos. Eso no es simplemente mi tesis personal, es lo que dicen las congregaciones. Como varía de esta forma con cada hombre, es ridículo establecer una regla inamovible con respecto a la duración para todos los predicadores. Asimismo, la duración del sermón debiera variar según el asunto tratado. Algunas cosas se pueden decir en poco tiempo, en un período reducido, y debiéramos tratarlas siempre en consecuencia y no sentir que debemos estirarlas para que duren un tiempo determinado. También varía con la congregación. La capacidad de la congregación, como hemos visto, varía enormemente. Esto debiera entrar, pues, en nuestra consideración acerca de la duración del sermón, a condición de que recuerdes todas las indicaciones que hice con respecto al lugar de la congregación en toda esta cuestión. Si algunas congregaciones fueran el árbitro en este asunto, cada sermón duraría diez minutos únicamente. El predicador no debe prestar atención a ese tipo de "adorador", sino hacer su propia valoración de ellos. Si llegas a la conclusión de que son personas que no pueden aceptar más que una cierta cantidad, dales esa cantidad y no más. Serás un mal maestro y un mal predicador si no lo haces.

¿Hay alguna otra regla que se pueda establecer en lo concerniente a la duración del sermón? No hace falta decir que diez minutos es ridículamente inadecuado. ¿Cómo puede nadie tratar cualquiera de los temas de una verdadera predicación en unos minutos? Es sencillamente imposible. Pero, por otra parte, es igualmente erróneo decir que se debe predicar siempre durante una hora. ¿Me estoy imaginando estas cosas? Me temo que no. Me temo que el renovado interés en los puritanos, por lo menos en Gran Bretaña, ha tendido a producir una serie de jóvenes predicadores que parecen pensar que no se ha predicado a menos que se predique durante una hora. Eso parece ser lo más importante que tienen en mente. De esa manera están dañándose grandemente a sí mismos y a la Verdad. Su razón para predicar durante una hora es que los puritanos lo hacían así. ¡Qué ridículos podemos volvernos!

No, no hay regla alguna en este sentido. Pero, para ser verdaderamente prácticos, creo que en este momento nos encontramos en una especie de círculo vicioso con respecto a la cuestión de la duración del sermón. El pobre predicador se encuentra en este apuro; no quiere ofender extendiéndose demasiado a las personas que asisten con regularidad. Sabe que no les gustan los sermones largos y que tienden a decir que se extiende demasiado. El resultado de esto, y no es raro que así sea, es que acorta tanto su sermón que ellos, y otros, empiezan a pensar que no merece la pena ir a escucharle en absoluto. Hace tiempo que llegó el momento de romper este círculo vicioso. Quizá debamos hacerlo al precio de ofender a ciertas personas que asisten mecánicamente, por tradición o por mero fariseísmo. Hemos sido nombrados por el Señor resucitado y no meramente por las personas; nuestra principal preocupación debe ser la Verdad y la necesidad que tienen las personas de ella. No debemos pensar principalmente en términos de tiempo o permitir que las personas lo hagan. Ciertamente forma parte de la tarea del predicador liberar a las personas de la esclavitud del tiempo y de la vida en este mundo únicamente. Deja que la Verdad, el Mensaje, dicte la cantidad de tiempo y, gobernado por eso, y "conociendo, pues, el temor del Señor, [persuadiremos] a los hombres" y daremos cuenta de "lo que [cada uno] haya hecho mientras estaba en el cuerpo", cuando "[comparezcamos] ante el tribunal de Cristo". Si además podemos decir que "el amor de Cristo nos constriñe", jamás nos extraviaremos en esta o en cualquier otra cuestión.

Capítulo 13

Qué evitar

Ya hemos considerado la preparación del sermón y ciertas cosas comunes a esta y a la preparación de nosotros mismos.

Hay otra cuestión adicional que quizá algunos consideren trivial pero que, en mi opinión, tiene su importancia. ¿Se debe anunciar de antemano el tema sobre el que se va a predicar? Parece bastante claro que esto gusta a la mayoría de las personas y especialmente a aquellas iglesias que anuncian sus cultos; y por tanto se ha convertido en una costumbre anunciar el tema.

Una vez más debo dejar constancia del hecho de que desapruebo esta práctica que jamás he seguido. Lo digo por muchas razones.

La primera y decisiva razón es que las personas deben ir a la casa de Dios para adorar a Dios y escuchar una exposición de la Palabra de su Verdad, cualquiera que sea, sin importar qué aspecto trate, independientemente del pasaje que se considere. Esa debiera ser nuestra razón para asistir, eso debiera ocupar el primer lugar en nuestras mentes, no un tema o una cuestión en particular, ya que eso es malo para las personas. Fomenta un seudointelectualismo. Lo llamo así porque estoy seguro de que se trata de eso en realidad. Es una práctica que comenzó en el siglo XIX. Por lo que sé, no se hacía anteriormente y las personas solían reunirse para adorar a Dios y escuchar la exposición de la Escritura o quizá hasta para escuchar a un gran predicador.

Pero a mediados del siglo XIX la gente empezó a considerarse a sí misma instruida e intelectual y creyó que debían tratarse "temas". Eso formaba parte del gran cambio que se produjo hacia mediados del siglo XIX que se conoce como época victoriana. Se dio tanto en los Estados Unidos como en Gran Bretaña y en otros sitios. Ya he hablado de eso en relación con el tipo de edificio y la forma de culto. Recomiendo, como algo sumamente importante, un estudio del sutil cambio que tuvo lugar en torno a mediados del siglo XIX. Antes de eso, la vieja idea era la de reunirse para adorar a Dios y escuchar la exposición de la Escritura. Más aún, las personas esperaban que el Espíritu Santo descendiera sobre el predicador y todo el culto. Pero se fue produciendo un gran cambio gradual hacia un tipo de culto más centrado en el hombre. Hemos visto cómo sucedió en la evangelización. El interés en los "temas" era una característica específica de este cambio. Ya no éramos personas sencillas y lo que hacía falta entonces era un "estudio" o una conferencia más que someterse al poder de la predicación de la Palabra. Como personas entendidas, queríamos "alimento para la mente" o estímulo intelectual, y el elemento afectivo se abandonó. Estábamos interesados en los temas y el anuncio de los temas fomentaba este seudointelectualismo.

Pero también fomenta un enfoque excesivamente teórico de la Verdad. Hemos visto lo malo que puede ser para el predicador mismo; y si es malo para él, es mucho peor para las personas.

Otra objeción a esto es que tiene la tendencia a aislar los temas de su contexto en las Escrituras; ciertamente, en última instancia no considera las Escrituras más que como un conjunto de afirmaciones sobre temas concretos. Uno atomiza, pues, la Escritura y olvida el todo; y, sin duda, el todo es más importante que las partes. Este anuncio de los temas es una mala práctica, pues, porque extrae estos temas y tiende a aislarlos de su contexto; de hecho, tiende hasta a aislarlos entre sí. Uno pierde, pues, el sentido de la totalidad del mensaje bíblico y se interesa en las cuestiones y los temas específicos.

Una razón más importante aún para oponerse a esta práctica es de índole pastoral. ¿Por qué están interesadas las personas en los "temas"? La respuesta es que piensan que saben cuál es su necesidad y solo quieren oír hablar de las cosas en que afirman estar "tremendamente interesados".

Habrás deducido ya que forma parte de toda mi tesis que, en última instancia, no están en situación de saber lo que necesitan; y nuestra propia experiencia en el pasado y nuestra experiencia como pastores de almas enseña que muy a menudo su idea de lo que necesitan es completamente errónea. Por supuesto, el predicador también puede estar equivocado en este aspecto, pero esto es mucho más aplicable a la congregación. Forma parte —repito— de todo nuestro enfoque de esta cuestión no permitir que los fieles decidan el tema de la predicación y no alentarles en este sentido; sino más bien transmitirles toda la Verdad y hacerles ver que existen aspectos vitales que desconocen y en los que aparentemente no están interesados en absoluto. Debieran estar interesados en toda la Verdad y cada aspecto de ella y debemos mostrarles su necesidad de ello.

O permítaseme expresarlo de esta manera. Existe siempre el peligro de volverse desequilibrados en la vida cristiana. Algunas personas están tremendamente entusiasmadas, según ellos, con la profecía; y siempre querrán saber si vas a predicar sobre la profecía. Si es así, estarán allí; no cabe duda de ello. Lo he visto en muchísimas ocasiones. Recuerdo cómo el Dr. G. Campbell Morgan tardío, mi predecesor, me dijo una vez jocosamente: "Si quieres tener una multitud excepcionalmente grande, anuncia que vas a predicar sobre la profecía y la tendrás". Hay personas así; tienen ese deseo de temas específicos: la profecía, la santidad, etc. Si anunciamos nuestros temas, pues, tendemos a incrementar este peligro de una vida cristiana desequilibrada.

Pero permítaseme expresar esta cuestión finalmente como una generalización. A menudo me ha asombrado advertir cómo las iglesias y los predicadores se aferran a métodos decimonónicos cuando han abandonado desde hace tiempo las grandes verdades que se recalcaron especialmente en la primera parte de ese siglo. Este hábito y esta práctica de anunciar el tema y de tener un coro y una clase para los niños, todas estas cosas se introdujeron en el siglo XIX, no se hacían anteriormente. Todo ello formaba parte del seudointelectualismo victoriano; y ahora estamos experimentando una especie de resaca de ello. Llamo tu atención sobre esto porque creo que la necesidad urgente en la actualidad es liberarse de estos viejos hábitos, de esta falsa respetabilidad y ese intelectualismo tan característicos de finales del siglo XIX. Estas cosas han estado dominando nuestros cultos y creo que desvirtúan la predicación del Evangelio y la centralidad de esta.

En lugar de perpetuar ciertas prácticas, debemos preguntar: ¿Por qué debo hacer esto? ¿Cómo comenzó esta costumbre? Al hacerlo, hallaremos que muchas de estas cosas consideradas esenciales solamente se introdujeron, y por razones erróneas, a mediados del siglo XIX. Qué diferente sería el estado de nuestras iglesias si todos estuviéramos tan preocupados por ser ortodoxos en nuestras creencias como lo estamos de ser ortodoxos en nuestra conformidad a "lo que se debe hacer" y "lo que se hace" en las iglesias.

Hoy día es esencial decir algo con respecto a toda la cuestión de la predicación a través de la radio y de la televisión. Hice referencia a ello en la introducción de esta serie de estudios, pero debo mencionarlo de nuevo en este punto porque es una cuestión candente para la mayoría de los predicadores en la actualidad. Salvo una o dos excepciones, debido a circunstancias muy especiales, me he negado a hacer esto porque sostenía la idea —y aún la sostengo— de que estas formas de comunicar la Verdad son enemigas de la verdadera predicación. Pongo en otra categoría los debates, las charlas sobre distintos temas y las entrevistas. Ciertamente, llegaría a decir que, desde 1920 o así, este ha sido uno de los principales factores en contra de la creencia en la predicación. El argumento del lado contrario suele expresarse en general en términos de los resultados que se obtienen, y oímos hablar de maravillosas y emocionantes historias de personas que encienden la radio accidentalmente y oyen de repente una palabra que les impresiona y les lleva a su conversión. Lo mismo es aplicable a la televisión; es siempre el argumento de los resultados.

Es preciso considerar esta cuestión muy cuidadosamente debido a que tiene muchos matices. Mi fuerte objeción a este método moderno es en gran medida que el culto está muy controlado. Debe ser así teniendo en cuenta la naturaleza de estas cosas. Los encargados de las emisiones deben limitar sus programas y solo cuentan con un tiempo determinado, y no mucho. Desde su punto de vista esto es completamente correcto, pero mi opinión es que desde el punto de vista de la predicación es absolutamente erróneo, porque va en contra de la libertad del Espíritu. Si he advertido en contra del peligro de permitir que la congregación dicte la agenda en este aspecto, ¿cuánto más necesitamos advertir en contra de que los responsables de la televisión y la radio hagan eso mismo? Que tengan que hacerlo debido a las exigencias de la programación carece de importancia desde nuestro punto de vista. Sin duda, siempre y en cualquier circunstancia es erróneo comenzar limitados y encadenados por cualquier tipo de restricción transitoria.

Recuerdo que hace años debatí toda esta cuestión con el por aquel entonces director de asuntos religiosos de la BBC, que había sido tan amable como para invitarme a predicar en más de una ocasión. La sencilla forma en que le mostré mi postura fue la siguiente. Dije: "¿Qué sucedería con sus programas si el Espíritu Santo descendiera sobre el predicador y le poseyera; qué sucedería con sus programas?". No pudo responderme. La respuesta, por supuesto, sería que se desconectaría al predicador. ¡Pero qué cosa tan terrible! Cuando predicamos no debemos tener el control hasta ese punto y, por tanto, en mi opinión, es erróneo estar restringido de esa forma por estas consideraciones del tiempo y otras cuestiones accesorias. Además, el director de asuntos religiosos subrayaba que siempre debían tener en mente a las personas que están en los hospitales, las instituciones y sus hogares, y que hacía falta un cierto número de himnos y oraciones por ellos. En cualquier caso, el resultado es que la predicación queda arrinconada. No quieren demasiada predicación y, en cualquier caso, se molestarían si predicaras sobre ciertos aspectos de la Verdad tales como la cuestión de la muerte, el Juicio, etc.

Ahora bien, desde el punto de vista de los responsables, uno puede entenderlo perfectamente y simpatizar con ello; pero desde el punto de vista de la predicación verdadera, esto es sin duda ilegítimo. Asimismo necesitamos examinar más de cerca la cuestión de los resultados. De hecho, yo diría que si los examinamos cuidadosamente veremos que son muy escasos. Esos pocos reciben una gran publicidad y nunca se nos dice mucho acerca de lo que les pasa después. Pero aun aceptando que sean genuinos, lo que debemos tener en mente es la diferencia entre los resultados específicos y la tendencia general de un método. Considero que esta es una distinción muy importante. Estoy dispuesto a aceptar en mi argumentación que existen conversiones individuales, pero cuando pasamos a enjuiciar un método dado señalaría que se debe hacer en términos de su efecto absoluto sobre la vida de la Iglesia, tanto a largo plazo como inmediatamente. Considerándolo desde el punto de vista general y en última instancia, no creo que se pueda poner en duda que el efecto ha sido negativo.

¿Puedo ofrecer algunas ilustraciones de lo que quiero decir? Hace unos años estaba predicando en una iglesia en los EE.UU. donde era preciso celebrar dos cultos por la mañana debido al gran número de asistentes —uno a las 9:30 y otro a las 11:00— y se le pedía a uno que repitiera el culto exactamente. No obstante, por la tarde el culto se retransmitía. Me interesó mucho observar que, teniendo dos congregaciones por la mañana —una de unas 1400 personas y la otra de unas 1200—, mi congregación total por la noche solamente era de 400, lo cual —se me dijo— solía ser lo normal. Tuve una experiencia sumamente interesante en esa iglesia. No estaba familiarizado con su procedimiento en los cultos radiados de la tarde. El culto comenzó en torno a las 7:45 de la tarde y el que dirigía la alabanza era el encargado. Después de un rato se encendió una luz verde para indicar que estábamos "en vivo". Entonces hubo más canciones congregacionales, cuartetos, solistas, etc. Se me indicó que al predicar debía fijarme en la luz verde y que cuando apareciera la luz roja era señal de que debía terminar. Todo habría acabado para entonces y en realidad ya debería estar pronunciando la bendición para cuando se encendiera la luz roja.

A medida que se iban sucediendo las distintas canciones veía cómo mi valioso tiempo se reducía y comencé a sentirme más bien angustiado. El culto debía terminar a las 8:55 de la tarde y descubrí para mi horror que no había empezado ni a leer el texto a las 8:35, dejándome menos de veinte minutos para mi sermón, puesto que faltaba un himno de clausura y la bendición antes de las 8:55. Estaba en un grave aprieto. En un principio pensé que debía recortar lo que tenía intención de decir para que se ajustara a ese tiempo; y comencé a intentarlo. Pero, al hacerlo, sentí de pronto que tenía una libertad excepcional; mientras hablaba, pues, se estaba produciendo un gran conflicto en mi interior: ¿debía guiarme por este programa o por lo que me parecía la influencia del Espíritu Santo en mí? Decidí que sería culpable de apagar al Espíritu y de pecado si observaba las normas y regulaciones de esa iglesia. Cuando vi que la luz roja se encendía, pues, a las 8:55 de la tarde no presté atención alguna y proseguí predicando, con lo que al final terminé a las 9:25.

Lo verdaderamente importante de esta historia es la segunda parte. Ese era mi primer domingo en esa iglesia. Debía partir esa noche para ir a una conferencia en el campo y volver de nuevo el domingo siguiente. Había tres ministros asistentes en esa iglesia, tres hombres muy agradables. Les pedí disculpas ese primer domingo por la noche por lo que había hecho, ¡y deseé que no tuvieran problemas! Les dije que me echaran toda la culpa a mí. Cuando volví al domingo siguiente, los tres ministros estaban allí para saludarme. Les dije:

—Espero que no hayan tenido una semana muy difícil.

Respondieron:

—Sí, hemos tenido una semana terrible.

—Bueno —dije—, espero que hayan explicado que fue completamente por mi culpa, y —añadí— espero que hayan pedido disculpas en mi nombre y explicado que no estoy acostumbrado a esta clase de culto y que intentaré enmendarlo.

—Pero —dijeron— ese no fue el problema en absoluto.

—¿Qué problema tuvieron, pues?

—Bueno —respondieron—, jamás hemos tenido tantas quejas por un culto, nunca.

Pregunté:

—¿Cuáles fueron las quejas?

Dijeron:

—Bueno, hemos recibido interminables quejas por teléfono y por carta diciendo: "¿Por qué no le dieron más tiempo a ese hombre para que predicara? Queremos saber cómo proseguía ese sermón. ¿Adónde conducía, cómo terminaba? ¿Por qué ofrecieron todas esas canciones? Eso podemos oírlo en otras ocasiones. ¿Por qué no dar más tiempo a ese hombre?".

El resultado fue que en la segunda ocasión se me concedió tiempo; recortaron todos los prolegómenos al mínimo y tuve tres cuartos de hora para predicar mi sermón.

Me parece que esto mostraba un importante principio. Después le dije a aquellos hombres que, si fuera el ministro de aquella iglesia, no retransmitiría el culto de la tarde por la radio, sino que más bien anunciaría la iglesia en estos términos: "La iglesia que no retransmite". ¿Por qué? Porque ese método —así me lo parecía— persuadiría a las personas para que vinieran al culto vespertino. Mientras pudieran sentarse en sus casas y escuchar la radio, ¿por qué tomarse la molestia de sacar el automóvil del garaje y enfrentarse al tráfico y todos esos inconvenientes? Me temo que las retransmisiones han disuadido a las personas de venir a la casa de Dios y les han enseñado malas costumbres. Pero aún más grave es el daño que ha hecho a la idea que tiene la gente de la vida colectiva de la Iglesia. Demasiado a menudo conciben las iglesias como lugares donde uno se sienta y escucha un sermón; y ahora eso se puede conseguir por medio de la radio o en cintas, etc. Toda la idea, pues, de reunirse y sentarse en torno a la Palabra y escuchar una exposición de la misma resulta gravemente dañada. Los mismos hechos y las mismas estadísticas demuestran que durante estos últimos cincuenta años la vida de la Iglesia como tal se ha deteriorado gravemente.

Por otra parte, quiero insistir en este lugar en que nos corresponde a nosotros acabar con ello. Los motivos que han llevado a los hombres a utilizar estos medios han sido, por supuesto, obvios. Pensaban que esto iba a hacer bien a sus iglesias y que las personas que les escucharan en la radio vendrían y les escucharían en la iglesia. Yo diría que eso no ha funcionado así en realidad; y que es más probable que veamos en el futuro cómo Dios aviva su obra en la iglesia y que son aquellos que asisten con regularidad los que participarán más que nadie de esa bendición. Ese ha sido siempre el camino de Dios en el pasado. Una vez más, lo que asombra es que la gente no quiera hacer las cosas a la manera consagrada de Dios. Están satisfechos con esta actitud de independencia de la iglesia. Son completamente incapaces de entender la verdadera doctrina de la Iglesia cristiana, "la unidad del Espíritu en el vínculo de la paz", la reunión del pueblo de Dios: "Donde están dos o tres congregados en mi nombre, allí estoy yo en medio de ellos".

Siempre me he opuesto a la idea de intentar obligar a las personas a asistir a los cultos en las iglesias; lo que estoy diciendo es que nuestra predicación debería llenarles del deseo de hacerlo. No debería hacer falta fustigarles para que lo hagan. Consideremos a aquellas personas de Hechos 2: "Y perseverando unánimes cada día en el templo, y partiendo el pan en las casas". Esa idea de que las personas debieran conformarse con asistir a un solo culto el domingo demuestra una incapacidad de entender la verdadera naturaleza del cristiano. Es como un "niño recién nacido" que desea "la leche espiritual no adulterada" y también desea estar con sus compañeros, "el amor fraternal". Me parece indicativo de una idea errónea de lo que es la Iglesia y del cristiano individual como niño recién nacido. Hemos permitido que estas fuerzas externas nos influyan excesivamente; y quiero señalar que es hora de romper con todo eso e intentar volver a la imagen neotestamentaria de la Iglesia. Con la llegada de las grabadoras ya no hay dificultad alguna para asistir a los miembros ancianos y enfermos de la iglesia.

* * *

Pasemos ahora a considerar las cosas que debemos evitar en la predicación. Ya hemos estado tratando algunas, pero hay otras cuestiones adicionales. Comenzando por el propio predicador, ¿qué es lo que debe evitar? En primer lugar y antes que nada, el profesionalismo. Ese es el mayor peligro de todos en el ministerio. Es algo con lo que los predicadores deben luchar mientras vivan. El profesionalismo me parece odioso en cualquier sitio y en todas partes. Lo abominaba tanto cuando ejercía la medicina como ahora. Existe un tipo de médico que es más profesional que capaz. Tiene afectación y sabe "todo lo que hay que hacer" y "lo que se debe decir", pero a menudo es un mal médico. Cuanto más grande sea un médico, menos rastro habrá de este mero profesionalismo. Lo mismo es infinitamente más cierto en el terreno del ministerio cristiano.

Permítaseme explicar más explícitamente lo que quiero decir. No puede ocurrirle nada peor a un predicador que llegar a una fase en que su principal razón para predicar el domingo por la mañana es que se ha anunciado así. Eso significa que la predicación se ha convertido meramente en su trabajo. Ha perdido el contacto con lo que le movía e impulsaba originariamente; ahora es cuestión de rutina. Si ese hombre se preguntara de forma realmente honrada al subir al púlpito por qué lo hace, tendría que responder: "Han anunciado que lo haría, por tanto debo hacerlo". Esa es una confesión de profesionalismo.

Se manifiesta asimismo de muchas maneras durante el culto. Un hombre así es generalmente demasiado formal; todo lo que hace está demasiado estudiado. Esa es siempre una señal de profesionalismo. Por poner un ejemplo del campo de la medicina, recuerdo a un hombre que solía divertirnos a aquellos de nosotros que estábamos más preocupados por aprender medicina que por la gesticulación ante los enfermos. Nos divertía la forma en que aquel hombre solía aplicar el estetoscopio al pecho del paciente. Su gran ademán no tenía mucho que ver con la medicina. De hecho, no se le daba demasiado bien interpretar lo que oía; pero era maravilloso observar la afectación con que aplicaba el estetoscopio. No cabe duda de que tenía efecto en algunas personas, especialmente en aquellos que solo sufrían una enfermedad psicosomática o psicológica; pero si estabas verdaderamente enfermo, no te ayudaba.

Por desgracia, esto se ve a veces en los púlpitos. Es patético advertir en ocasiones las posturas y la naturaleza estudiada de casi todo lo que se hace. Había un famoso predicador en Londres que de hecho solía girarse por completo a medida que transcurría el culto, ¡para que las personas tuvieran el privilegio de ver la parte trasera de su cabeza además de su cara! Obviamente, prestaba gran atención al cuidado y el peinado de su pelo. Esto sucedía literalmente, y la gente se congregaba para verlo. Si no lo hubiera visto con mis propios ojos, jamás lo habría creído. Pero es puro profesionalismo de la peor calaña. He oído que otro se moldea el pelo al menos una vez por semana y conserva un aspecto bronceado de forma artificial.

En otras palabras, el profesional es un hombre que siempre se está observando a sí mismo. Al mismo tiempo, está muy interesado en las técnicas. Va por ahí escuchando a otros, tomando ideas, observando cómo hacen diversas cosas otros predicadores. Luego intenta imitarles e introducir lo que ha visto en su propia "técnica". Tengo entendido que algo semejante ocurre en el terreno de la representación teatral. Solía haber una época en que cuando un hombre era un actor nato simplemente iba y actuaba, aprendiendo sobre la marcha. Pero creo que han introducido algo llamado "el método" y ahora todos tienden a hacer lo mismo. "¡El método!". Ya no se trata de actuar en el sentido clásico; hay que aplicar un método.

Hay muchas otras cosas que debe evitar el predicador. Una de ellas es una exhibición de conocimientos. Uno de los pecados que persigue a los predicadores es intentar dar la impresión de tener una gran cultura y erudición. He subrayado el lugar y el valor de la lectura; pero si tu principal motivo para leer es demostrarlo y exhibir tus conocimientos, entonces es obviamente negativo en todos los sentidos.

Pero quizá el mayor peligro de todos sea el de confiar en tu propia preparación. Esta es una cuestión muy sutil, y estoy seguro de que todo verdadero predicador estará de acuerdo conmigo en esto. El peligro es que, al haber concluido tu preparación, cualquiera que esta sea y cuando quiera que se haga —el sábado por la tarde o anteriormente—, el peligro es decir entonces: Bueno, ya estoy preparado para mañana. Has terminado tu preparación y crees que tienes un buen sermón, de modo que tiendes a confiar en eso. No existe mayor peligro en relación con la predicación que precisamente eso. Te fallará, te decepcionarás; y por encima de todo serás menos eficaz. Es una tentación terrible. Por ese motivo he recalcado tanto la preparación del propio hombre; y lo trataré una vez más antes de terminar. Simplemente lo menciono en este punto. Vigílalo. Vigílalo cuidadosamente o te verás cayendo en esta trampa.

Muchos predicadores en el púlpito confían en su buena voz; muchos están orgullosos de ella y lo demuestran. El predicador, en muchas y diversas formas, siempre está luchando con el diablo. Está allí contigo y siempre intenta ponerte la zancadilla, no le importa cómo.

Quiero resumirlo todo respondiendo a la pregunta: "¿Qué consejo darías en este punto?". Bueno, confesando que mi única acreditación para dar semejante consejo es que soy un gran pecador que ha librado esta batalla durante muchos años, lo expresaría de esta forma: Vigila tus dones naturales, tus tendencias e idiosincrasias. Vigílalos. Lo que quiero decir es que tenderán a escapársete de las manos. Todo se puede sintetizar en esta frase: vigila tu punto fuerte. No tanto tu debilidad; es tu punto fuerte lo que debes vigilar, las cosas en que destacas, tus dones y aptitudes naturales. Probablemente sean las que te hagan tropezar, porque son las que te tentarán a exhibir y complacer tu ego. Vigílalos, pues; y también tus particularidades. Todos las tenemos y debemos vigilarlas.

El predicador debe protegerse de la terrible tentación de ser un "personaje". A la gente le gusta el "personaje", y si un hombre tiene ciertos elementos en él que tienden a convertirle en un personaje —algo fuera de lo normal, algo que la gente considera atractivo— debe tener cuidado. Su peligro es condescender en esto y exagerarlo. A algunos hombres les gusta ser originales, singulares o distintos y conseguir que la gente hable de ellos. Este es el peligro; ten cuidado, pues, de él; e insisto en que vigiles de forma especial tus puntos fuertes.

Voy a expresarlo en forma de una imagen. Recuerdo haber escuchado una vez a un hombre predicar un sermón sobre Absalõn y cuya idea era que siempre debemos vigilar de cerca nuestros puntos fuertes. No sé si exegéticamente era una idea sana, pero ciertamente me marcó. Recordemos que Absalón estaba muy orgulloso de su pelo. Solía prestarle gran atención y jactarse de él. Pero recordemos que al final fue su perdición. Sus cabellos se enredaron en unos árboles al atravesar un bosque y así quedó a merced de Joab, que le clavó una lanza y le mató. La idea del predicador era que este punto fuerte que tenía —su pelo— fue al final su perdición. He recordado ese sermón mostrando así que a veces, aunque un hombre no siempre respete las reglas, ¡consigue transmitir su lección! Lo único que quiero decir es: Vigila tu punto fuerte, cualquiera que sea, ya se trate de tu pelo o de cualquier otra cosa. No lo exhibas.

El resumen de todo esto es que la mayor tentación que asalta al predicador es el orgullo, debido a que está ahí casi como en un pedestal. Se encuentra en un púlpito, está por encima de las personas, todas ellas le están mirando. Tiene esta posición de liderazgo en la Iglesia, en la comunidad; y, por tanto, su gran tentación es el orgullo. El orgullo es probablemente uno de los pecados más letales y sutiles de todos, y puede adoptar muchas formas; pero mientras uno se dé cuenta, todo irá bien. Aunque ya he dicho algo acerca de cómo tratarlo, permítaseme añadir unas palabras más debido a su importancia. La mejor forma de mantener a raya cualquier tendencia hacia el orgullo —el orgullo en la predicación o en cualquier otra cosa que uno haga o sea— es leer la biografía de algún gran santo los domingos por la noche. No importa cuál, ni a qué siglo o rama de la Iglesia pertenezca, mientras sea un santo. Si sientes la tentación de creer que has hecho las cosas de forma inusualmente buena y que nadie había predicado así antes, simplemente sumérgete en los diarios de Whitefield y te garantizo que te curarás en menos de cinco minutos. O toma una biografía de David Brainerd o alguien semejante; y si eso no te hace poner los pies sobre la tierra, entonces declaro que eres un mero profesional sin esperanza alguna. Pero este es el antídoto: humíllate.

* * *

Esos son, por tanto, algunos de los peligros especiales a los que se enfrenta el predicador. Pero ahora vamos a hablar del sermón. Introduzco eso aquí porque al tratar la preparación del sermón deseaba hacerlo de manera general. Hay otros puntos especiales y matizaciones además de lo que hemos estado diciendo. Con respecto al sermón en sí, pues, cuídate de un intelectualismo excesivo. Pongo eso en primer lugar particularmente para aquellos que están de algún modo más dotados en el terreno del intelecto. No lo pondría en primer lugar para todos los hombres, pero para algunos esto debe ser lo prioritario.

Recuerdo un consejo que me dio un viejo predicador con el que prediqué en una ocasión durante mi primer año como predicador. Era costumbre en Gales por aquella época, en las ocasiones especiales, tener dos predicadores que predicaran juntos en un culto, primero el más joven y luego el mayor. En esos cultos especiales en concreto yo predicaba por la tarde solo, dado que el predicador mayor había predicado por la mañana, y luego predicábamos juntos por la noche. El anciano fue tan amable como para escucharme por la tarde, y esa fue la primera ocasión en que me oyó intentar predicar. Mientras nos llevaban en auto para tomar el té en la casa del ministro, el anciano predicador, que tenía exactamente sesenta años más que yo, muy amablemente y con el deseo de estimularme, me hizo una seria advertencia. "El gran defecto del sermón de esta tarde fue —dijo— que estabas exigiendo demasiado de tu congregación, les estabas dando demasiado". Luego lo expresó de esta forma. Dijo: "Te daré una regla; recuérdala mientras vivas: solamente uno de cada doce en tu congregación es verdaderamente inteligente". Solo uno de cada doce, esa fue su valoración; ¡no la mía! "Recuérdalo mientras vivas; solamente uno de cada doce". "No pueden con ello; les resulta excesivo.

Solamente los estás aturdiendo y, por tanto, no los estás ayudando". Y luego dijo: "Observa lo que haré esta noche. En realidad estaré diciendo una sola cosa, pero la diré de tres maneras distintas". Y fue precisamente eso lo que hizo, y de la manera más eficaz. Era un hombre muy intelectual, un reputado teólogo y autor de varios excelentes comentarios tanto en galés como en inglés. Pero eso es lo que dijo. No hago sino repetir ese excelente consejo: "Trata de no ser demasiado intelectual". Es casi inevitable —¿no es así?— que un predicador joven caiga en ese error. Ha pasado tantos años estudiando, leyendo y debatiendo importantes cuestiones con otros que tiende a dar por supuesto que todo el mundo es así. Cuanto antes comprenda que este no es el caso y que sus oyentes son muy distintos, mejor. No han pasado su tiempo leyendo, estudiando y debatiendo; son hombres de negocios, profesionales o personas que trabajan con sus propias manos. Evita, pues, ser excesivamente intelectual.

Por supuesto, recalcaría igualmente que evites ser demasiado poco intelectual. Pero, hablando en general, eso no es lo que hace falta recalcar en la actualidad. Comoquiera que sea, hay algunos predicadores a los que es preciso decirles: cuídate de una emoción y un sentimiento excesivos. La clase anterior carecía de este elemento y era excesivamente intelectual. He oído a hombres que, tras ofrecer su texto han pasado a relatar una serie de historias, la mayoría de ella sentimentales y a menudo personales. Eso es negativo.

Luego están aquellos a los que es preciso advertirles en contra de la mera exhortación. Muy a menudo, los hombres creen que la predicación es simplemente una exhortación ampliada. Empiezan a exhortar a las personas al comienzo de su sermón, que es todo aplicación. No presentan la Verdad en primer lugar para presentar luego una aplicación ineludible. Se pasan todo el tiempo "atacando" a su congregación, golpeándola y exhortándola, llamándola a hacer esto y aquello y obligándola.

Por otro lado, hay hombres que no exhortan en absoluto. Hacen su brillante disquisición o exposición intelectual y se quedan en eso. No hay nada que lleve a las lágrimas o a la acción; no hay emoción, no hay sentimientos, no hay exhortación. Todo esto es obviamente erróneo; cuídate, pues, de un hincapié excesivo en cualquiera de estas cuestiones.

Un problema sumamente espinoso es el lugar de la polémica en un sermón y en la predicación. Obviamente, el elemento polémico es importante y tiene un lugar muy específico; es bueno para la congregación. Simplemente estoy advirtiendo del peligro de una polémica excesiva. Nuevamente, este será el peligro de la clase más intelectual. El predicador ha estado debatiéndose entre teorías contrarias, herejías e interpretaciones erróneas, de forma que su mente está llena de esto. Pero debe tener cuidado de que su sermón no se llene de esto. ¿Por qué? Porque las personas —la mayoría de las personas, en principio— probablemente no estén interesadas y un gran número de ellas ni siquiera lo entiendan. Recuerda eso; que hay personas así. Ciertamente, hay lugar para la polémica; lo único que estoy diciendo es que no debe ser excesiva. Habrá un cierto número de personas en la congregación que estén demasiado interesadas en la polémica, y es malo para ellas que sobreabunde en el sermón. Son las personas que viajarán alegremente muchos kilómetros a fin de escuchar un ataque demoledor contra un hombre o una teoría. Como sabrás, los predicadores que son siempre polémicos obtienen por lo general buenas audiencias; y por lo general también buenas colectas. Pero esto es una verdadera trampa.

Esto me preocupa mucho, porque he visto a buenos hombres y grandes predicadores echados a perder de esta forma y también he visto buenos ministerios echados a perder. Una vez tuve un debate con un gran predicador de ese estilo cuyo nombre no voy a mencionar. Era uno de los más grandes entre estos predicadores polémicos. Tuve el privilegio de pasar un día con él hace muchos años y durante nuestra conversación abordamos este tema. Esto sucedió debido a que me preguntó:

—¿Lees a Joseph Parker?

Parker era el famoso ministro del *City Temple* de Londres hasta 1901, más o menos. Publicó grandes volúmenes de sermones titulados *The People's Bible* (La Biblia del pueblo). Me preguntó:

—¿Lees a Joseph Parker?

Y yo respondí:

—No, leo muy poco a Joseph Parker.

Se quedó asombrado de eso y prosiguió:

—Oh, yo leo a Joseph Parker todos los domingos por la mañana. Siempre leo a Joseph Parker antes de ir a la iglesia el domingo por la mañana; me proporciona el tono, ya sabes. El viejo Parker —me dijo— es maravilloso. No puedo decirte cuánto disfruto viendo cómo hace picadillo a todos los modernistas y liberales de su tiempo.

Eso me dio mi oportunidad y dije:

—Bueno, debo confesar que eso no me atrae. ¿Qué logró exactamente Joseph Parker después de hacer "picadillo" a todas esas personas?

Esa fue la chispa que provocó un debate que duró todo el día. Solo recuerdo tres puntos del debate, y dejo constancia de ellos porque confío en que sirvan de ayuda. Estaba señalando a aquel predicador verdaderamente grande, reconocido en todo el mundo cristiano, que estaba echando a perder su gran ministerio con esas diatribas cada domingo por la noche en particular, ya fuera en contra de alguna enseñanza protestante liberal o del catolicismo romano, y en ocasiones hasta de personas individuales. Estos ataques eran brillantes, pero intentaba señalarle que estaba destruyendo su ministerio y le pedí que volviera a una predicación más evangélica.

—Pero —dijo— eres antiescriturario. Permíteme recordarte que el apóstol Pablo nos dice en Gálatas 2 que, cuando Pedro se extravió, le resistió firmemente.

Y Añadió:

—Eso es lo único que estoy haciendo. Simplemente lo que hizo Pablo; ¿no es eso correcto?

A lo que respondí:

—Sí, sé que Pablo nos dice que hizo eso, pero —proseguí— me interesa el resultado. Advierto que el resultado de lo que hizo Pablo con Pedro, de su ataque directo en Antioquía, fue que persuadió a Pedro de que estaba equivocado y lo ganó para su causa. Advierto que Pedro, más adelante en su vida, en su Segunda Epístola, expresa su gran admiración por el apóstol Pablo y sus escritos. ¿Puedes decir lo mismo de las personas a quienes atacas?

En ese punto no pudo más que levantarse de su asiento y caminar hacia el final del jardín donde llevábamos un rato sentados. Si puedes ganar personas para la Verdad y para que vean tu posición por medio de la polémica, está bien. Pero ten mucho cuidado al hacerlo y no acabes enemistándote mucho más y enemistando a otros al mismo tiempo.

Luego recuerdo que más adelante en el debate utilizó otro argumento. Dijo:

—Mira; te lo expondré como hombre de medicina que eres. Tenemos a un cirujano y a un paciente que tiene un tumor en su organismo. Si se permite que ese tumor siga creciendo, matará a ese hombre. Solo hay una esperanza para él: que ese tumor se extirpe por medio de una operación quirúrgica —dijo—. El cirujano no quiere operar, pero debe hacerlo para salvar la vida de ese hombre, debe extirpar el cáncer del organismo y del cuerpo de ese hombre.

Luego añadió:

—Esa es precisamente mi postura. No quiero hacer estas cosas, pero debo; ha entrado un cáncer en el cuerpo de la Iglesia y debe ser eliminado, debe ser extirpado.

¿Cuál era la respuesta a eso? Bueno, uno debía pensar con rapidez, pero la respuesta, así me lo pareció, era obvia. Dije:

—Existe tal cosa como desarrollar una "mentalidad quirúrgica", o volverse como se suele decir de "bisturí fácil". El peligro del cirujano es caer en el hábito de pensar exclusivamente en términos de operaciones y olvidar el tratamiento médico. Eso es algo con lo que debe ser muy cauto. Si alguna vez enfermas gravemente —dije—, jamás aceptes el veredicto de un solo cirujano; verifica siempre su consejo con la opinión de otro médico.

El cirujano tiende a desarrollar una visión y una mentalidad quirúrgicas e, inconscientemente, en el momento en que ve a un paciente piensa en términos de operación. Eso es un hecho. Dirigiéndome a mi anfitrión, pues, dije:

—¿Puedes decirme con total honradez que no disfrutas "operando" de esta forma?

Nuevamente se vio en apuros durante un rato.

También recuerdo el tercer gran argumento. Dijo:

—Bueno, escucha esto. Esto, sin duda, te demostrará el razonamiento. Cada vez que condesciendo en lo que denominas una de esas diatribas, cada vez que hago esto que dices que es tan dañino, ¿sabes lo que sucede? ¡La tirada de mi periódico semanal simplemente se dispara! ¿Qué dices a eso?

—Bien —dije—, lo que digo es esto. He advertido que siempre que hay una pelea de perros la gente se congrega alrededor. Hay personas que siempre disfrutan de una pelea, por lo que no me sorprende que aumente la tirada de tu periódico. Si atacas diversas cosas y pides dinero para ayudarte a hacerlo, siempre habrá gente que te apoye. Pero es negativo, es destructivo; no edifica una iglesia.

Ten cuidado, pues, con una polémica excesiva. Este hombre en particular con el que tuve esta conversación acabó sus días en un relativo aislamiento y su iglesia, después de haber sido una gran iglesia, disminuyó mucho en tamaño e influencia. La gente se congregará para escuchar semejantes ataques; apelan a la carne y los disfrutan. Pero no se puede edificar una iglesia basándose en polémicas. No se puede edificar una iglesia basándose en la apologética, menos aún en polémicas. El predicador recibe principalmente el llamamiento a predicar la Verdad de forma activa.

Pero, para ser justos, debo decir que es preciso cuidarse de la escasez de polémica. Hay algunos hombres que gustan de tener una reputación de ser agradables. Se afirma de ellos que no son "nunca negativos"; y les gusta decirlo respecto de sí mismos: "Nunca negativo, siempre positivo". Eso es puro embuste e hipocresía. Las Escrituras tienen un marcado elemento polémico; y debe estar presente en tu predicación. Debemos advertir a nuestra congregación, debemos guiarla. Pero no debemos permitir que se desarrolle en ti la idea de que eres "el" defensor de la Verdad y pasarte, por tanto, el tiempo atacando a personas e ideas. Eso se vuelve negativo. No hay vida en ello, y ciertamente destruirá la vida de tu iglesia.

Bajo este apartado también diría lo siguiente. Cuídate del empleo de la ironía y vigílalo muy de cerca. Tiene su lugar; pero sé cuidadoso con ella. La mayoría de las personas la malinterpreta por completo porque no entiende que estás siendo irónico. Lo toman de manera literal y se ofenden por ello. Ten cuidado, pues, con ella. Se puede utilizar, en ocasiones se debe utilizar; pero comprende que es un arma peligrosa. La burla, en mi opinión, siempre debemos evitarla.

El equilibrio, pues, en esta cuestión relativa al sermón es lo que dice Pablo en Filipenses 1: "Estoy puesto para la defensa y confirmación del evangelio". No solo para la defensa. No te conviertas simplemente en alguien que se nombra a sí mismo guardián de la Fe o un defensor de la Fe. Debe haber siempre "defensa y confirmación". Que haya este equilibrio y que haya más confirmación que defensa. Edifica a las personas, entrégales un mensaje equilibrado, predícales "todo el consejo de Dios".

Por último está el cuidado en la forma de compartirlo. Surgen muchas cosas en relación con la predicación en sí del sermón. Conocí a un hombre que jamás subía andando al púlpito los domingos por la mañana; siempre iba corriendo. Este hombre —le vi hacerlo— imitaba a otro que solía hacer lo mismo. Supongo que la idea era mostrar lo entusiasmados que estaban con la predicación de la Verdad. Pero, tal como yo lo veo, es simplemente llamar la atención sobre uno mismo. Pero existe algo aún peor que subir corriendo al púlpito, y es sonreír al llegar allí. Ya conoces la clase de hombre que se coloca, muestra una sonrisa artificial y luego saluda a la congregación con las palabras: "Buenos días amigos, qué agradable es verlos, qué bien que hayan venido". Peor aún es si cuenta un par de chistes para hacer que la gente se sienta cómoda.

He oído argumentar que esta clase de cosa se puede justificar en una campaña evangelística en un recinto público. Sostengo que eso es erróneo, siempre, en todas partes, en relación con la obra cristiana. ¿Por qué es erróneo? Porque todo el enfoque es erróneo. No es nuestro culto; las personas no van allí a vernos o complacernos. No es como invitar a la gente a nuestra casa, por así decirlo; no es nuestro culto en absoluto. Ellos, y nosotros, estamos allí para adorar a Dios y para reunirnos con Dios; y lo que debemos intentar hacer es mostrarles que es algo completamente diferente de todo lo que hacen en cualquier otro sitio. Un ministro en una iglesia no es como un hombre que invita a la gente a su casa; aquí no está al cargo. Es simplemente un siervo; todos estamos allí juntos para presentarnos ante el Dios vivo. Nunca será excesiva la insistencia en que debemos esforzarnos en mostrar la diferencia entre ambas cosas. Quiero censurar por completo la práctica de indicar a la gente que no hay nada raro o inusual en esto y decir: "Buenos días, amigos" y relajarles con un par de chistes. Si quieres hacer ese tipo de cosas en tu casa, eres libre de ello; pero la iglesia no es tu casa y tú mismo estás sometido a Dios. Debemos subrayar esta diferencia.

Permítaseme reforzar esta idea mostrándola de una forma que la convierte en algo casi completamente ridículo. Conocí a un diácono que, pobre hombre, deseaba siempre ser agradable y simpático, como ciertamente lo era. Pero tendía a llevarlo demasiado lejos; y comencé a advertir que, cuando entregaba el pan a los diáconos en la Comunión, este hombre, al tomar su trozo, siempre susurraba: "Gracias". Hacía lo mismo con el vino. Tuve que indicarle que era erróneo decir "gracias" en ese momento. Si estuviera en mi casa como invitado y le ofreciera un plato de pan con mantequilla, esperaría que dijera "gracias", pero no cuando tomaba el pan en la Comunión. ¿Por qué la diferencia? En la Mesa de la Comunión no le estoy dando el pan, no le estoy dando el vino; y no debe darme las gracias de esa forma. La cortesía y la clase de comportamiento correcta en ocasiones sociales son erróneas aquí. El buen hombre nunca había sido consciente de lo que estaba sucediendo. Lo que hace falta es percibir a Dios. Esto no significa que debas revestirte de una falsa dignidad y volverte pomposo. Estoy hablando de "temor y reverencia".

Por encima de todo, no emplees un tono "pastoral". Qué terrible es y, sin embargo, qué común. Los jóvenes desarrollan este hábito; escuchan a otros y comienzan a utilizar ese mismo tono pastoral afectado y antinatural. Eso ofende a la gente. Peor aún es adoptar una falsa apariencia de piedad: la santurronería. ¡Qué horrible es! Según una famosa historia, Spurgeon la ridiculizó en una ocasión, correcta o erróneamente, en el caso de ciertas personas a quienes él consideraba culpables de esto en su día. Empleando las palabras de Hechos 1:12, dijo: "Varones [...] ¿por qué estáis mirando al cielo?". Quería poner en ridículo al tipo de persona que mira hacia arriba con expresión santurrona convenciéndose a sí misma de que es muy piadosa. También dijo algo muy sabio en relación con eso mismo. Dijo que cuando quiera que veas a un hombre que tenga reputación de parecer muy santo y que más bien disfruta de esa reputación, puedes estar bastante seguro de que probablemente tiene una afección hepática. ¡Estoy 100 por 100 de acuerdo! El Nuevo Testamento nos dice que "cuando ayunes, unge tu cabeza"; ciertamente, que hagamos todo lo posible para no dar la impresión de que estamos ayunando. No debes llamar la atención sobre ti mismo, lo que eres y lo que haces.

Otra indicación: evita la locuacidad y el llamado estilo fácil. Qué indigno es todo esto en relación con estas cosas. Por otro lado: no seas histriónico. No cultives o practiques gestos. Debe evitarse todo lo histriónico.

¿Cuál es, pues, la regla? La siguiente: Sé natural; olvídate de ti mismo; debes estar tan absorto por lo que haces, por la comprensión de la presencia de Dios y por la gloria y la grandeza de la verdad que estás predicando y la ocasión que une a la congregación, tan lleno de todo esto, que te olvides de ti por completo. Ese es el estado adecuado; ese es el único lugar seguro; esa es la única forma en que puedes honrar a Dios. El ego es el mayor enemigo del predicador, más que de cualquier otro hombre de la sociedad. Y la única forma de enfrentarse al ego es estar tan lleno de la gloria de lo que haces, tan cautivado por ello, que te olvides de ti por completo.

Capítulo 14

El llamamiento a una decisión

A fin de ser eminentemente prácticos y contemporáneos, debo plantear en este punto la cuestión de si debemos hacer cualquier cosa para condicionar la reunión y a las personas para la recepción de nuestro mensaje. Aquí surge la cuestión de la música. Después de todo, el predicador es alguien que está a cargo del culto, y controlar esto se encuentra dentro de su jurisdicción. Esta puede ser una cuestión muy espinosa en la actualidad y he conocido a muchos ministros que han tenido grandes problemas con la cuestión de los coros y los himnos, y quizá con los cuartetos dentro de los coros. En ocasiones las iglesias tienen coros pagados y solistas que pueden no pertenecer a la iglesia ni declarar que son cristianos. Luego está la cuestión de los voluntarios para el órgano. Y, pasando a un tipo más popular, está la sucesión interminable de cánticos y, en última instancia, en algunos países los llamados "directores de la alabanza". Estos son hombres cuya función especial consiste en dirigir los cánticos y hacer lo posible para que las personas tengan la mejor disposición y el mejor ánimo para recibir el mensaje.

¿Cómo enjuiciamos todo esto? ¿Cuál debe ser nuestra actitud hacia ello? Mi primer comentario es que aquí tenemos algo que entra dentro de la misma categoría que algunas de las cosas que ya hemos considerado. Lo hemos heredado de la época victoriana. No hay nada más urgente que un análisis de las innovaciones en el terreno de la adoración religiosa en el siglo XIX, en mi opinión un siglo devastador en este aspecto. Cuanto antes olvidemos el siglo XIX y volvamos al XVIII —y aun al XVII o al XVI—, mejor. El siglo XIX y su mentalidad y visión es responsable de la mayoría de nuestros problemas y dificultades en la actualidad. Fue entonces cuando se produjo un viraje fatal en muchas cuestiones, como hemos visto; y un lugar muy destacado en todos estos cambios lo tuvo el lugar destinado a la música en sus diversas formas. Muy a menudo, y especialmente en las iglesias no episcopales, ni siquiera tenían un órgano antes de esa época. Muchos de los dirigentes se oponían activamente a los órganos e intentaban justificar su actitud con la Escritura; de la misma forma, muchos se oponían a cantar cualquier cosa que no fuera un salmo. No me concierne evaluar las interpretaciones antagónicas de los textos pertinentes o argumentar con respecto a la antigüedad del empleo de himnos; mi idea es que, si bien cantar himnos se hizo popular al final del siglo XVII y particularmente en el siglo XVIII, ese acento completamente nuevo en la música que se introdujo en torno a mediados del siglo XIX formaba parte de la respetabilidad y el seudointelectualismo que ya he descrito.

Pero, de modo particular, a menudo existe un peligro muy real de una especie de "tiranía del organista". Esto surge porque el organista se encuentra en una posición donde él o ella pueden ejercer un dominio considerable. Con un instrumento potente, pueden controlar el ritmo al que se canta el himno y el efecto variará por completo dependiendo de si lo interpretan muy rápido o muy despacio. Muchos predicadores han tenido grandes problemas en sus ministerios a causa de un organista difícil y especialmente del tipo que está más interesado en la música que en la Verdad. Uno debiera ser muy cuidadoso, pues, al nombrar a un organista, y asegurarse de que es cristiano. Y si tienes un coro, debes insistir en lo mismo con cada uno de sus miembros. El primer desiderátum no debiera ser la voz, sino el carácter cristiano, el amor a la Verdad y el deleite en cantarla. Esa es la forma de evitar la tiranía del organista y de su equivalente en los coros. Había una expresión que se solía utilizar mucho en mi tierra natal, Gales. No hacía tanta referencia a los coros como al canto congregacional; se conocía como "el demonio del canto". Lo que quería decir es que esta cuestión de cantar causaba más peleas y divisiones en las iglesias que prácticamente cualquier otra cosa, cantar daba al diablo más oportunidades para entorpecer e interrumpir la obra que cualquier otra actividad en la vida de la iglesia. Pero, completamente al margen de eso, la música en sus diversas formas plantea el problema del elemento espectacular que se insinúa y lleva a las personas a ir a los cultos y escuchar música en lugar de a adorar.

Yo sostengo que podemos establecer como una regla bastante general que, cuanta más atención se dedica a este aspecto de la adoración —esto es, al tipo de edificio, la ceremonia, el canto y la música—, cuanto mayor es el hincapié que se hace en eso, probablemente menos espiritualidad se tendrá y una menor temperatura espiritual, comprensión y deseo espiritual se podrá esperar. Pero quiero ir más lejos y plantear una pregunta, porque creo que es el momento de empezar a plantearla. Como he dicho anteriormente en relación con otra cosa, debemos acabar con ciertos malos hábitos que se han asentado en la vida de nuestras iglesias y se han convertido en una tiranía. Me he referido a las formas establecidas y a las personas que están dispuestas a jugar con la Verdad e intentar modificarla pero que se resisten a cualquier cambio en el culto y en su rígida forma establecida. Pienso, pues, que es el momento de plantear la pregunta siguiente: ¿Por qué es necesario este hincapié en la música? ¿Por qué debe ocupar un lugar? Afrontemos esta pregunta; y, sin duda, al hacerlo llegaremos a la conclusión de que deberíamos buscar y proponernos que la congregación cante unida las alabanzas a Dios; y que la verdadera función del órgano es acompañar eso. Debe ser un acompañamiento; no debe dar órdenes; y jamás debe permitirse que lo haga. Debe estar subordinado. Yo hasta diría que, por lo general, el predicador debiera elegir las melodías además de los himnos, porque en ocasiones puede haber una contradicción entre ambos. Algunas melodías llegan a contradecir el mensaje del himno aunque la métrica sea la correcta. El predicador, pues, tiene derecho a estar a cargo de estas cuestiones; y no debe ceder su derecho.

Quizá no estés dispuesto a darme la razón cuando digo que deberíamos eliminar los coros por completo, pero sin duda todo el mundo estará de acuerdo en que lo ideal es que todo el mundo levante su voz en alabanza y adoración y se regocije al hacerlo. Confío en que también estarás de acuerdo en que los intentos deliberados de "condicionar" a las personas son sin duda completamente negativos. Espero tratar esto en la siguiente sección, por lo que por ahora me conformo con decir que este intento de "condicionar" a las personas, de ablandarlas, por así decirlo, de hecho va en contra de la verdadera predicación del Evangelio. Esto no son meras imaginaciones o teorías. Recuerdo haber estado en una famosa conferencia religiosa en que la rutina invariable en todas las reuniones y para todos los oradores era la siguiente: se te pedía que estuvieras en la tribuna en un momento dado. Luego había cuarenta minutos literalmente de canciones guiadas por el director de la alabanza, con comentarios intercalados presuntamente humorísticos de la susodicha persona. No había lectura alguna de la Escritura, se oraba lo menos posible y luego se te "enchufaba" para que hablaras.

Esto es un ejemplo de lo que quiero decir cuando hablo del elemento espectacular. No he hecho una descripción detallada de la forma que adoptó la alabanza cantada. Recuerdo que hubo un solo de órgano, un solo de xilófono y luego un grupo de personas —hasta recuerdo el nombre: *The Eureka Jubilee Singers*— que más o menos escenificaban lo que cantaban. Todo eso duró cuarenta minutos. Confieso que me costó mucho predicar después. También me sentí obligado a modificar mis mensajes para tratar la situación a la que me enfrentaba. Sentía que el "programa", el patrón establecido, dominaba la situación y uno se convertía en parte de un espectáculo. Por eso debemos tener tanto cuidado. Yo diría, pues, como regla general: mantén la música en su lugar. Es una criada, una sierva, y no debe permitirse que domine o controle en sentido alguno.

Menciono otra cuestión que suena trivial y a la que, sin embargo, algunas personas han prestado mucha atención. Es si debemos manipular las luces del edificio en el que se predica para hacer que la predicación sea más eficaz. Algunos tienen instaladas luces de colores y, a medida que transcurre el sermón, las luces se van apagando gradualmente hasta que al final, en un caso específico en el que estoy pensando, no quedaba ninguna luz salvo una cruz roja iluminada sobre la cabeza del predicador. Todo esto no es más que condicionamiento psicológico y se justifica en términos de facilitar a las personas que crean y acepten la Verdad. Podemos dejarlo así y decir simplemente que la cuestión que surge aquí es la idea que tiene uno de la obra y el poder del Espíritu Santo. ¡Cuán imposible es enmarcar todo esto en la Iglesia del Nuevo Testamento y su adoración espiritual!

Pero eso nos lleva de manera muy natural a otra cuestión más importante, y es todo lo referente a si, al final del sermón que el predicador ha predicado de las formas que hemos estado considerando, debe llamar a tomar una decisión allí y entonces. Se han utilizado diversos términos como "llamamiento al altar", "sala de consultas", "formulario de los penitentes" o "asiento de los angustiados" para describir este procedimiento.

Esta es una cuestión que ha ganado una considerable preeminencia en la actualidad y que, por tanto, debemos tratar. En cualquier caso, es un problema al que se enfrenta todo predicador. A menudo yo mismo he tenido que afrontarlo. En diversas ocasiones, la gente ha venido a mí al final del culto y me ha censurado por no haber hecho un llamamiento a tomar una decisión inmediata. Algunos de ellos llegaron tan lejos como a decir que yo era culpable de pecado, que mi propia predicación había creado una oportunidad pero yo no la había aprovechado. Me dijeron: "Estoy seguro de que si hubieras hecho un llamamiento habrías cosechado una gran respuesta" y esa clase de argumentos.

Además de eso, un buen número ministros me ha dicho en los últimos diez años o así que algunas personas les habían dicho al final de un culto que no habían predicado el Evangelio simplemente porque no habían hecho un llamamiento. Esto les había sucedido tanto en el culto de la mañana como en el de la tarde. Y no solo les había ocurrido en cultos evangelísticos, sino también en otros cultos que claramente no tenían un enfoque evangelístico primordial. Pero se les acusó de no haber predicado el Evangelio porque no había habido "llamamiento". Una vez me encontré con tres hombres, tres ministros, a quienes se había llamado a ministrar en ciertas iglesias y que estaban a punto de aceptar cuando alguien les preguntó si hacían "llamamiento al altar" en cada sermón. Y debido a que estos tres hombres en concreto habían dicho que no lo hacían, no fueron finalmente llamados, se cambió la decisión. Esto se ha convertido en un problema muy agudo como resultado de ciertas cosas que han estado ocurriendo desde la Segunda Guerra Mundial.

Una vez más es importante que tengamos clara la historia de esta cuestión. El enfoque histórico siempre sirve de ayuda. Muchos no parecen ser conscientes del hecho de que todo esto, como muchas otras cosas, entró en la vida de la Iglesia el siglo XIX. Se introdujo bastante temprano en ese siglo, antes que algunas de las cosas que he mencionado, de hecho fue en los años veinte; y fue algo introducido por Charles G. Finney. Fue él quien introdujo el "asiento de los angustiados", esta "nueva medida" que llamaba a las personas a tomar una decisión allí y entonces. Era una parte esencial de su método, su visión y su enfoque; y ocasionó una gran controversia en su época. Es una controversia sumamente importante y muy interesante y fascinante. La recomiendo como tema de lectura. Los dos grandes protagonistas del debate fueron Asahel Nettleton y Finney. Nettleton fue un predicador grandemente utilizado en los cultos de predicación. Viajó mucho y se le invitaba constantemente a predicar en las iglesias de otros hombres. Jamás hizo un "llamamiento al altar" o pidió una decisión inmediata, pero fue grandemente utilizado y muchas personas se convirtieron bajo su ministerio y se añadieron a las iglesias. Era de doctrina calvinista y ponía sus creencias en práctica en esta cuestión. Pero entonces entró Finney en escena con su llamamiento directo a la voluntad para obtener una decisión allí y entonces. Esto condujo a una gran controversia entre ambas ideas y muchos ministros se encontraron en grandes dificultades con respecto a cuál de las dos escoger. Hay un relato muy interesante de esto en la autobiografía del Dr. Lyman Beecher, el padre del Dr. Henry Ward Beecher. Había sido un gran amigo de Nettleton y al principio había estado de su parte: pero llegó un punto en que se pasó al lado de Finney. El Dr. Charles Hodge y algunos otros de los hombres de Princeton se implicaron activamente en el debate, así como J.W. Nevin, el fundador de la *Mercesberg Theology*.

Esa es la historia del origen de esta práctica y es importante que la conozcamos. No es accidental que se introdujera por medio de Finney, porque en última instancia se trata de una cuestión teológica. Al mismo tiempo, no solo es una cuestión teológica; y jamás debemos olvidar que un arminiano como John Wesley y otros no utilizaron este método.

Quizá la mejor forma en que puedo estimular el pensamiento y ofrecer algo de ayuda en cuanto a esta cuestión sea afirmar con franqueza que jamás he seguido esta práctica en mi ministerio. Y quiero dar algunas de las razones que me han influido en ese aspecto. No intentaré declararlas en ningún orden exacto y sistemático, pero más o menos este es el orden. La primera es que, sin duda, es erróneo presionar directamente la voluntad. Permítaseme explicarlo. El hombre está formado por mente, sentimientos y voluntad; y mi opinión es que jamás se debe presionar de forma directa la voluntad. Se debe llegar siempre a la voluntad a través de la mente, del intelecto, y luego por medio de los sentimientos. La acción de la voluntad debiera estar determinada por esas influencias. Mi base escrituraria para decir eso es la Epístola de Pablo a los Romanos, capítulo 6, versículo 17, donde el Apóstol dice: "Gracias a Dios, que aunque erais esclavos del pecado, habéis obedecido de corazón a aquella forma de doctrina a la cual fuisteis entregados".

Observemos el orden de esa afirmación. Han "obedecido", sí; ¿pero cómo? "de corazón". ¿Qué es lo que les hizo hacerlo, qué es lo que movió sus corazones? Fue esa "forma de doctrina" a la que fueron entregados. Lo que se les había comunicado o predicado era la Verdad, y la Verdad está dirigida principalmente a la mente. Cuando la mente la asimila y entiende, los sentimientos se encienden y mueven y así, a su vez, se persuade a la voluntad y se produce la obediencia como resultado. En otras palabras, la obediencia no es el resultado de la presión directa sobre la voluntad, es el resultado de una mente iluminada y un corazón ablandado. Para mí, este es el punto crucial.

Permítaseme desarrollar la importancia de esta idea. En un estudio anterior me atreví a señalar que aun el gran Whitefield caía a veces en el error de apelar directamente a las emociones o a la imaginación, y reprobamos cualquier intento de hacerlo deliberadamente. Tenemos aquí otro aspecto del mismo principio exactamente. Igual que es erróneo apelar directamente a las emociones, así es igualmente erróneo apelar directamente a la voluntad. En la predicación debemos presentar la Verdad y, claramente, esto es algo destinado principal y prioritariamente a la mente. En el momento en que nos apartamos de este orden y de esta regla y abordamos directamente cualquiera de los otros elementos nos estamos buscando problemas; y probablemente los obtengamos.

En segundo lugar, mi argumento es que una presión excesiva sobre la voluntad —toda predicación la incluye inevitablemente, pero me refiero a demasiada presión— o una presión demasiado directa es peligrosa, porque al final puede producir un estado en el que lo que ha determinado la respuesta de la persona que "sale al frente" no es tanto la Verdad en sí misma como, quizá, la personalidad del evangelista o alguna clase de temor vago y general o alguna clase de influencia psicológica. Esto nos recuerda de inmediato el lugar de la música en un culto de predicación. Podemos embriagarnos de música: no cabe duda de eso. La música puede tener el efecto de crear un estado emocional en el que la mente ya no funciona como debiera y ya no discierne. He conocido a personas que cantan para sí hasta entrar en un estado de embriaguez en que no se dan cuenta de lo que están haciendo. Lo importante es que comprendamos que el efecto que se produce en tal caso no procede de la Verdad, sino de alguno de estos otros factores.

Hace unos años me encontré con un ejemplo notable de esto. Simplemente voy a reproducir algo que apareció en la prensa, de modo que no voy a divulgar secreto alguno ni a traicionar confianza alguna. Cierto evangelista en Gran Bretaña fue llamado a dirigir un programa de himnos por la radio el domingo por la noche. El programa se emitía todos los domingos y duraba media hora. Cada domingo se iba pidiendo a distintas iglesias que lo fueran haciendo. En esta ocasión en particular, el famoso evangelista iba a dirigir el programa desde el *Albert Hall* en Londres. Como era habitual, se había planeado con meses de antelación. Cerca de una semana antes de que tuviera lugar el programa, otro evangelista llegó a Londres; y al saber de esto, el evangelista británico le invitó a predicar antes de la retransmisión de media hora de himnos. Lo hizo. Al evangelista visitante se le dijo que debía terminar en un momento dado porque en ese momento estarían "en vivo" para la retransmisión de los himnos. Predicó, pues, y terminó puntualmente y de inmediato se retransmitió la media hora de himnos. Cuando eso hubo terminado y ya no estaban "en vivo", el evangelista visitante hizo su habitual "llamamiento al altar" haciendo una invitación a la gente para que pasara delante. La prensa le entrevistó al día siguiente y, entre otras preguntas, se le planteó si estaba satisfecho con el resultado de su llamamiento. Replicó de inmediato que no, que estaba decepcionado, y que el número era mucho menor del que acostumbraba a ver en Londres y en otros sitios. Luego, uno de los periodistas le hizo la pregunta obvia: ¿A qué achacaba, pues, el hecho de que la respuesta fuera menor en términos comparativos en esa ocasión? Sin titubear, el evangelista respondió que era muy simple, que desgraciadamente la media hora de himnos se había interpuesto entre el final del sermón y el llamamiento. Esa, dijo, era la explicación. Si se le hubiera permitido hacer su llamamiento inmediatamente después del sermón, el resultado habría sido superior en su conjunto.

¿No es una historia esclarecedora e instructiva? ¿No demuestra claramente que en ocasiones lo que produce los resultados no es la Verdad o la obra del Espíritu? Aquí el predicador mismo estaba admitiendo que los "resultados" no podían resistir siquiera la prueba de media hora cantando himnos, admitiendo que media hora cantando himnos puede borrar el efecto de un sermón, sin importar cuál haya sido, y por tanto el resultado había sido decepcionante. Es una ilustración extraordinaria del hecho de que la presión directa sobre la voluntad puede producir "resultados", pero quizá no tenga una relación real con la Verdad.

Mi tercer argumento es que la predicación de la Palabra y el llamamiento a la decisión no debieran estar separados en nuestro pensamiento. Eso requiere una explicación adicional. Fue un gran principio recalcado en la enseñanza reformada que comenzó en el siglo XVI el que los sacramentos jamás debían separarse de la predicación de la Palabra. Los católicos romanos habían sido culpables de esa separación, con el resultado de que los sacramentos se habían divorciado de la Palabra y se habían convertido en entidades independientes de por sí. El efecto y los resultados en las personas no se producían por la predicación de la Verdad sino, según esa enseñanza, por la acción del sacramento que actuaba *ex opere operato*. La enseñanza protestante condenaba eso y recalcaba que el sacramento no debía separarse jamás de la predicación, que esa era la única forma de evitar ideas semimágicas y experiencias espurias.

Mi opinión es que el mismo principio es aplicable en esta cuestión del llamamiento a una decisión y que la tendencia creciente ha sido a hacer hincapié en el "llamamiento" y en la toma de la decisión y a considerarlo algo en sí mismo. Recuerdo haber estado en una reunión evangelística en la que yo, y otros, creímos que el Evangelio no se había predicado verdaderamente. Se había mencionado, pero ciertamente no se había transmitido, no se había predicado; pero, para mi asombro, un gran número de personas salió adelante como respuesta al llamamiento del final. La pregunta que surgía de inmediato era: ¿Qué podía explicarlo? Estaba debatiendo ese asunto al día siguiente con un amigo que me dijo: "No hay dificultad alguna con respecto a esto, esos resultados no tienen nada que ver con la predicación". De modo que pregunté: "Bien, ¿qué es lo que pasó entonces?". Respondió: "Es Dios respondiendo a las oraciones de miles de personas que están orando por estos resultado en todo el mundo; no es por la predicación". Mi opinión es que no debe haber semejante separación entre el "llamamiento" y la predicación igual que no debe haberla entre los sacramentos y la predicación.

Mi cuarto punto es que este método conlleva sin duda la implicación de que los pecadores tienen un poder de decisión y una capacidad de autoconversión inherentes. Pero esto no es conciliable con enseñanzas escriturarias como la de 1 Corintios 2:14: "El hombre natural no percibe las cosas que son del Espíritu de Dios, porque para él son locura, y no las puede entender, porque se han de discernir espiritualmente" y Efesios 2:1: "Él os dio vida a vosotros, cuando estabais muertos en vuestros delitos y pecados", y muchas otras afirmaciones.

Como quinto punto quiero señalar que aquí está implícito que el evangelista está de algún modo en situación de manipular al Espíritu Santo y su obra. El evangelista no tiene más que aparecer y hacer su llamamiento, y los resultados se producirán a continuación de forma inevitable. Si hubiera algún error ocasional, alguna reunión ocasional con poca o ninguna respuesta, no surgiría el problema; pero muy a menudo los organizadores son capaces de predecir el número de "resultados".

La mayoría estará de acuerdo con mi sexto punto, que es que este método tiende a producir una convicción de pecado superficial, si es que crea alguna en absoluto. A menudo, las personas responden porque tienen la impresión de que al hacerlo recibirán ciertos beneficios. Recuerdo haber oído hablar de un hombre al que se consideraba uno de los "conversos estrella" de una campaña. Se le entrevistó y preguntó por qué había salido al frente en la campaña del año anterior. Su respuesta fue que el evangelista había dicho: "Si no quieres 'perder el barco', mejor es que salgas adelante". Dijo que no quería "perder el barco", por lo que había salido adelante; y lo único que pudo sacarle el entrevistador es que de algún modo ahora sentía que estaba "en el barco". No tenía claro lo que eso significaba, ni lo que era, y no parecía que le hubiera ocurrido nada durante el año posterior. Pero allí estaba: puede llegar a ser algo tan superficial como eso.

O pongamos otro ejemplo ilustrativo de mi propia experiencia. En la iglesia en que ministraba en Gales del Sur solía esperar en la puerta principal al final del culto el domingo por la noche y dar la mano a la gente cuando salía. El incidente al que me refiero está relacionado con un hombre que solía venir a nuestro culto todos los domingos por la noche. Era comerciante, pero también un gran bebedor. Solía emborracharse todos los sábados por la noche, pero también se sentaba con regularidad en la galería de nuestra iglesia cada domingo por la noche. En la noche en particular de la que estoy hablando advertí que, mientras predicaba, este hombre estaba resultando obviamente afectado. Podía ver que lloraba copiosamente y estaba deseoso de saber qué le ocurría. Al final del culto me situé en la puerta. Después de un rato vi que este hombre venía y de inmediato tuve un verdadero conflicto mental. ¿Debía, teniendo en cuenta lo que había visto, decirle algo y pedirle que tomara su decisión esa noche o no? ¿Estaría interfiriendo con la obra del Espíritu Santo si lo hacía? Apresuradamente, decidí que no le pediría que se quedara, de modo que simplemente le saludé de la manera habitual y se marchó. Su rostro revelaba que había llorado copiosamente y apenas podía mirarme. La siguiente noche iba de camino a la reunión de oración y, al pasar por un puente ferroviario, vi a ese hombre encaminarse hacia mí. Cruzó la calle y me dijo:

—¿Sabe, doctor?, si anoche me hubiera pedido que me quedara lo habría hecho.

—Bueno —le dije—, se lo pido ahora, venga conmigo ahora.

—Oh, no —respondió—, pero si me lo hubiera pedido anoche lo habría hecho.

—Mi querido amigo —le dije—, si lo que le sucedió anoche no dura veinticuatro horas, no estoy interesado en ello. Si no está tan dispuesto a venir conmigo como anoche, no tiene lo correcto, lo verdadero. No importa lo que le afectara anoche, fue solo algo transitorio y pasajero, sigue sin ver su verdadera necesidad de Cristo.

Esa es la clase de cosa que puede suceder aun cuando no se hace un llamamiento. Pero, cuando se hace, se exagera grandemente y se producen conversiones espurias. Como ya he recordado, ni John Wesley, el gran arminiano, hacía llamamientos a las personas para que "salieran al frente". En sus diarios hallamos muy a menudo algo semejante a esto: "Prediqué en tal y tal lugar. Muchos parecían profundamente afectados, pero solo Dios sabe cuán profundamente". Sin duda, eso es muy significativo e importante. Tenía un discernimiento espiritual y sabía que nos pueden afectar muchos factores. Lo que le preocupaba no eran los resultados visibles inmediatos, sino la obra regeneradora del Espíritu Santo. El conocimiento del corazón humano o la psicología debieran enseñarnos a evitar cualquier cosa que incremente la posibilidad de resultados espurios.

Otro argumento —el séptimo— es que alientas a las personas a pensar que su acto de salir adelante les salva de algún modo. Esto se debe hacer allí y entonces y es este acto lo que verdaderamente les salva. Ese fue el caso del hombre que creía que ahora estaba "en el barco" porque había salido al frente aunque no entendiera nada.

Pero, como ya he señalado, ¿no se basa esta práctica en última instancia en una desconfianza en el Espíritu Santo, su poder y su obra? ¿No implica que el Espíritu Santo precisa de ayuda y apoyo, que su obra debe impulsarse, que no podemos dejarla en manos del Espíritu? No veo cómo se puede evitar esa conclusión.

O, por expresarlo de otra manera —como un noveno punto—, ¿no hace plantearse toda la cuestión de la doctrina de la regeneración? Esto, en mi opinión, es lo más grave de todo. Lo que quiero decir es lo siguiente, y cubre este punto y el anterior: que dado que esta obra es la obra del Espíritu Santo, y su obra únicamente, nadie más puede hacerla. La verdadera obra de convicción de pecado y regeneración y de entrega del don de la fe y de una nueva vida es únicamente obra del Espíritu Santo. Y, como es su obra, siempre es una obra profunda; y siempre es una obra que se manifestará a sí misma. Siempre lo ha hecho. Lo vemos de manera sumamente dramática en el día de Pentecostés en Jerusalén tal como se documenta en Hechos 2. Mientras Pedro aún estaba predicando, la gente clamó bajo su convicción de pecado: "Varones hermanos, ¿qué haremos?". Pedro estaba predicando con el poder del Espíritu. Estaba exponiendo las Escrituras y aplicándolas. No utilizaba técnica alguna y no hubo un intervalo entre el sermón y el llamamiento. De hecho, Pedro no pudo terminar su sermón siquiera. La poderosa obra de convicción estaba en marcha y se manifestaba, como se manifiesta siempre invariablemente.

Recuerdo haber leído una historia sobre un avivamiento en el Congo en un libro llamado *This is That* (Esto es aquello), y particularmente en uno de los capítulos escrito por un hombre al que conocía personalmente. Había sido misionero en el corazón de África durante veinte años y en prácticamente todos los cultos hacía llamamientos a las personas para que salieran adelante en respuesta a su mensaje. Muy pocos habían respondido y estaba casi completamente desanimado. Les presionaba y rogaba, hacía todo lo posible al estilo evangelístico habitual; pero no era capaz de obtener una respuesta. Entonces, en una ocasión tuvo que marcharse a otra parte lejana de la región de la que estaba a cargo. Mientras estaba fuera se desató un avivamiento en la parte central de su región. Su esposa le envió un mensaje detallándole lo ocurrido. Al principio no le gustó. No le agradó oír de ello porque había ocurrido mientras estaba ausente: ese es el orgullo del que todos tendemos a ser culpables. Comoquiera que sea, se apresuró a volver con la intención de controlar lo que consideraba un estallido de "emocionalismo" o un "fuego salvaje". Tras volver, reunió a la gente en la capilla y comenzó a predicar. Para su completo asombro, y antes de haber llegado a la mitad de su sermón, la gente comenzó a caminar a hacia delante bajo una profunda convicción de pecado. Lo que no había logrado que hicieran en veinte años ahora lo estaban haciendo espontáneamente. ¿Por qué? Porque el Espíritu Santo estaba haciendo la obra. Su obra siempre se manifiesta. Debe hacerlo forzosamente y siempre lo ha hecho. Sin duda esto no requiere demostración o argumentos. La obra de Dios siempre se manifiesta ya sea en la Naturaleza y la Creación o en las almas de los hombres.

He tenido muchas experiencias en este sentido. Diré algo más adelante acerca de los atractivos de la obra del predicador y del ministro; y este es uno de sus aspectos. Recuerdo cómo en lo más profundo de la Segunda Guerra Mundial, cuando todo era casi tan desalentador como podía ser —los bombardeos habían diseminado nuestra congregación, etc.— y yo estaba muy desanimado, recibí de pronto una carta de la actual Indonesia. Era de un soldado holandés que me escribía diciendo que su conciencia le había estado punzando y que, finalmente, le había llevado a escribirme para decirme lo que le había sucedido dieciocho meses atrás. Me explicó cómo había estado en Inglaterra con el Ejército Libre Holandés y, mientras estuvo destinado en Londres, asistió a nuestros cultos. Al hacerlo, se había convencido del hecho de que jamás había sido cristiano en absoluto, aunque pensaba que lo era. Luego había pasado por un oscuro período de convicción de pecado y desesperanza, pero finalmente había visto la Verdad y se había regocijado en ella desde entonces. Nunca me lo había dicho por diversas razones, pero ahora lo hacía en esta carta.

Mi reacción a eso es la siguiente. ¿Qué importa si lo sé o no? Importa, por supuesto, desde el punto de vista del ánimo de alguien que está en la obra, pero no importa desde el punto de vista de la obra en sí. La obra se había llevado a cabo, y la obra se había manifestado y se había estado manifestando en la vida de este hombre aun antes de escribirme al respecto. Eso es lo que realmente importa.

Gracias a Dios veo cómo esa experiencia se repite en la actualidad. Tras retirarme de mis ocupaciones pastorales y viajando de un lado a otro y con más tiempo, encuentro a personas en diversas partes de Gran Bretaña que vienen a decirme que se convirtieron mientras me oían predicar. No sabía nada al respecto, pero había sucedido hace muchos años. Estaba predicando en la capilla de cierto predicador solo hace dieciocho meses. Al presentarme a la congregación, hizo un breve relato de su vida espiritual y, para mi completo asombro, oí que yo había desempeñado un papel vital en ella. Este hombre, que era un profesional altamente cualificado, había abandonado su profesión y se había convertido en pastor de aquella iglesia. Contó a la congregación cómo caminaba sin rumbo por una calle de Londres en una calurosa noche de verano del mes de junio y, al oír el sonido de voces cantando proveniente de la iglesia *Westminster Chapel*, entró y se quedó durante el culto. "Salí —dijo— como un hombre nuevo, nacido de nuevo, regenerado". Desconocía estas cosas por completo anteriormente, ciertamente solía despreciarlas y desestimarlas. Esa era la primera vez que yo oía de ello, aunque había sucedido en 1964, ¿pero qué importa eso? Lo importante es que, debido a que es el Espíritu quien hace la obra, es una obra real, es una obra sólida; y se manifestará.

Paso a declarar como mi décimo punto que ningún pecador se "decide por Cristo" realmente. El término "decidirse" siempre me ha parecido completamente erróneo. A menudo he oído a la gente utilizar expresiones que me han disgustado y entristecido mucho. En general lo hacen por ignorancia y con las mejores intenciones. Recuerdo a un anciano que solía utilizar esta expresión: "¿Saben, amigos?, me decidí por Cristo hace cuarenta años y jamás me he arrepentido". ¡Qué expresión tan terrible! ¡"Jamás me he arrepentido"! Pero esa es la clase de cosa que dicen las personas que se han educado bajo esta enseñanza y este enfoque. Un pecador no se "decide" por Cristo; el pecador "corre" hacia Cristo en absoluta inutilidad y desesperación, diciendo:

En la fuente de tu Cruz
lávame, mi buen Jesús.

Ningún hombre va verdaderamente a Cristo a menos que corra hacia Él como su único refugio y esperanza, su única vía de escape de las acusaciones de la conciencia y la condenación de la Ley de Dios. No existe otra cosa satisfactoria. Aunque un hombre diga que, tras pensar acerca de la cuestión y haber sopesado todos los factores, se ha decidido completamente por Cristo y lo ha hecho sin emociones o sentimientos, no puedo considerarle un hombre que haya sido regenerado. El pecador convencido no se "decide" por Cristo más de lo que un hombre ahogándose puede "decidirse" a tomar la cuerda que se le arroja y le proporciona súbitamente la única forma de salvarse. El término es completamente inapropiado.

Pero luego se le confronta a uno con el argumento de los "resultados". "Mira lo que sucede", dice la gente. Ese es un argumento al que, en mi opinión, se puede responder de muchas formas. Una es que los protestantes no debiéramos utilizar el argumento jesuítico de que el fin justifica los medios. Eso es lo que realmente significa ese argumento. Pero debemos ir más lejos y examinar los resultados y las afirmaciones que se hacen. ¿Qué porcentaje de estas "decisiones" es duradero? He oído decir a evangelistas que nunca esperan que se mantenga más de la décima parte. Lo dicen abiertamente. ¿Qué es lo que influyó, pues, a los demás? Y si se dice que solamente la décima parte importa porque son el resultado de la obra del Espíritu, entonces mi respuesta es que eso habría sucedido en ausencia de un "llamamiento al altar".

Yendo aún más lejos, es importante que diferenciemos entre resultados inmediatos y a largo plazo. Aceptemos por un momento que hay un número de resultados inmediatos.

Aún hay que considerar los efectos y los resultados a largo plazo de este procedimiento: el efecto en la vida de la iglesia local y en la vida de las iglesias en general. A pesar de todo, de lo que se nos ha hablado de resultados asombrosos y fenomenales durante los últimos veinte años, difícilmente se puede poner en duda que el nivel general de la espiritualidad verdadera en la vida de nuestras iglesias ha sufrido un grave declive. Ese es el efecto a largo plazo y es exactamente lo contrario de lo que ha sucedido siempre en épocas de avivamiento y despertar espiritual.

Más aún, veo en las reuniones de ministros y en conversaciones privadas con muchos de ellos que, en general, los ministros encuentran que sus problemas han aumentado en lugar de disminuido en los últimos años. Ya he mencionado el caso de hombres que ni tan siquiera pueden conseguir que ciertas iglesias los llamen a causa de esto. He hablado de otros que reciben críticas de sus miembros porque no hacen este "llamamiento" en cada culto. La práctica parece haber introducido una nueva clase de mentalidad, una carnalidad que se expresa en un interés malsano en las cifras. También ha llevado a un deseo de emociones y casi a una impaciencia con el mensaje porque esperan el "llamamiento" del final y ver los resultados. Todo esto es sin duda muy grave.

Hay otro elemento que entra en este punto. Como dije anteriormente, es un hecho que los hombres que organizan esta clase de actividad son capaces de predecir con extraordinaria precisión el número de respuestas y los resultados que van a obtener probablemente. Han llegado a imprimirlo antes de que comience la campaña y no suelen andar muy desencaminados en sus estimaciones. Esto es algo completamente impensable en relación con la obra del Espíritu Santo. Nunca se sabe lo que va a hacer el Espíritu Santo. "El viento sopla de donde quiere". No se puede predecir, no se puede anticipar. Los más grandes predicadores y santos han tenido a menudo cultos duros y estériles en los que no ha sucedido nada y lo han lamentado. Aun en tiempos de avivamiento ha habido días y reuniones en que no ha sucedido nada; y luego al día siguiente quizá ha habido un poder abrumador. El mismísimo hecho de que más o menos se pueda predecir y declarar de antemano lo que va a suceder es indicativo de que esto no se ajusta a lo que siempre ha caracterizado a la obra del Espíritu. Confío en que quede claro en todo esto que no estoy cuestionando los motivos o la sinceridad de los que utilizan este método o el hecho de que haya habido conversiones genuinas; simplemente me preocupa mostrar por qué yo mismo no lo he utilizado.

¿Qué debe hacer uno, pues? Lo expresaría de este modo. El llamamiento debe estar en la Verdad misma y en el mensaje. Al predicar tu sermón debieras aplicarlo constantemente; y especialmente, por supuesto, al final, cuando llegues a la aplicación final y al clímax. Pero el llamamiento es una parte del mensaje; debiera ser así inevitablemente. El sermón debiera conducir a las personas a ver que esto es lo único que se puede hacer. El llamamiento debiera estar implícito en todo el cuerpo del sermón y en todo lo que hagas. Diría sin dudarlo que un llamamiento especial, separado y diferenciado al final, tras una pausa y después de un himno, solo debe hacerse cuando eres consciente de forma abrumadora de que el Espíritu de Dios te manda que lo hagas. Si siento eso, lo hago; pero solo entonces. Y aun entonces la forma en que lo hago no es pedir a las personas que salgan adelante; simplemente hago saber que estoy dispuesto a verlas al final del culto o en cualquier otro momento. Ciertamente creo que el ministro debiera hacer siempre el anuncio de alguna clase o forma de que está a disposición de cualquiera que desee hablar con él acerca de su alma y su destino eterno. Esto se puede poner en una tarjeta en cada asiento —eso es lo que yo hacía— o se puede hacer de alguna otra forma. Ponte a su disposición, haz saber que lo estás, y verás que las personas que han adquirido convicción de pecado vendrán a hablarte porque se sienten infelices. No es raro que tengan miedo de volver a sus hogares en el estado en que se encuentran. He conocido a personas que a medio camino hacia su casa han vuelto a la iglesia para verme porque no podían soportar la sensación de convicción de pecado e infelicidad; la angustia era demasiado grande.

O, si han hallado la salvación y se están regocijando en ella, querrán venir para decírtelo. Lo harán a su debido tiempo; deja que lo hagan. No fuerces estas cosas. Es la obra del Espíritu Santo de Dios. Su obra es una obra profunda, es una obra duradera; y, por tanto, no debes plegarte a esa impaciencia excesiva con respecto a los resultados. No estoy diciendo que sea falta de honradez, digo que es un error. Debemos a aprender a confiar en el Espíritu y en su obra infalible.

Capítulo 15

Los peligros y el encanto

Aún hay una serie de cuestiones aisladas a las que debo hacer referencia. Una es la de repetir el mismo sermón. Esto no es un gran problema, pero he visto que algunos cristianos se sorprenden de que un predicador repita un sermón. Parecen pensar que es casi pecaminoso hacerlo; debemos considerar brevemente, pues, esta cuestión.

Cuando hablo de repetir un sermón, obviamente no estoy pensando en repetir el mismo sermón en la misma iglesia y ante las mismas personas. Me refiero a utilizar un sermón que hayas predicado en tu propia iglesia en otro lugar cuando se te invite a predicar estando de vacaciones o en alguna ocasión especial. Con respecto a la predicación del mismo sermón en la misma iglesia, me cuesta mucho entender que alguien pueda hacerlo. Personalmente, no me atrevería a hacerlo. Pero hay hombres que lo han hecho. Un organista me contó una vez que había oído a cierto predicador predicar su famoso sermón sobre "Balaam y su asna" en siete ocasiones en la iglesia donde era el organista; y podía recitar ciertas partes palabra por palabra. No hace falta que diga nada más. También me han hablado de un famoso predicador en los Estados Unidos que solía repetir un sermón en particular todos los años cuando ministraba en Filadelfia. Todos los miembros de la iglesia sabían que lo iba a hacer y solían aguardarlo. También he oído que esto se ha hecho por previa petición. La gente pide al ministro que predique un sermón en particular en diferentes ocasiones y lo hace repetidamente. No tengo nada que decir a favor de eso; de hecho podría decir mucho en contra.

¿Pero qué sucede con la predicación del mismo sermón en otra iglesia u otras iglesias? ¿Existe un principio en cuanto a esto? Por lo que yo sé de la historia de esta cuestión a partir de la lectura y las conversaciones, solo ha habido un hombre que parece haber sido una excepción en cuanto a esto, y fue Charles Haddon Spurgeon. Debemos prestar, pues, cierta atención a esta cuestión.

Spurgeon no aprobaba la repetición de los sermones; siempre intentaba preparar un sermón nuevo en cada ocasión. Sin embargo, es interesante leer lo que le sucedió en la ocasión en que visitó Escocia por primera vez y predicó en Edimburgo. Siguió fiel a su método habitual y predicó un nuevo sermón aunque sabía que iba a predicar a una congregación numerosa y receptiva. No surtió efecto alguno y fue un fracaso absoluto, ¡Por tanto, Spurgeon envió un mensaje urgente a su casa en Londres pidiéndoles que le enviaran las notas de un sermón que había predicado el domingo anterior en el Tabernáculo! Spurgeon tuvo que apoyarse en esto, pues, en un momento de crisis y dificultad.

Pero aparte de este único caso de Spurgeon, por lo que yo sé, la tendencia de otros grandes predicadores ha sido a repetir sus sermones. Whitefield, por supuesto, lo hacía constantemente, igual que Wesley. Solo hay que leer sus diarios para verlo. Documentan que predicaban un sermón sobre cierto texto y que lo predicaban nuevamente en otros lugares en muchas ocasiones. Me pareció interesante advertir recientemente en uno de los volúmenes de los diarios de Benjamín Franklin que se están reeditando, que afirmaba que siempre sabía cuándo Whitefield estaba predicando un sermón nuevo. Podía saber de inmediato solo con observar y escuchar al predicador si era un sermón nuevo o si se trataba de uno con el que Whitefield estaba familiarizado por haberlo repetido a menudo. No había la misma facilidad y libertad en el caso del sermón nuevo. El predicador era más cuidadoso, especialmente porque era un predicador que improvisaba. ¡Había un gran predicador galés que murió en 1921 que solía decir categórica y deliberadamente que jamás creía haber predicado un sermón apropiadamente hasta al menos la vigésima vez! Si bien puedo entender lo que quería decir, no me satisface mucho. Creo que tenía tendencia a volverse retórico o un recitador dramático.

En relación con esto, también recuerdo una respuesta muy buena que dio una vez otro gran anciano predicador a alguien que se quejó de que acababa de escucharle predicar ese mismo sermón por tercera vez. No era en el mismo lugar, sino en sitios distintos. La persona en cuestión era una de esas que siguen a los predicadores de un lugar a otro; ¡y pueden ser una molestia! Cuando este hombre se quejó, el astuto anciano predicador le miró y preguntó:

—¿Lo ha puesto ya en práctica?

El oyente dudó en decir que lo había hecho.

—Muy bien —dijo el predicador—, seguiré predicándolo hasta que lo haga.

Esa es una respuesta satisfactoria, dentro de sus limitaciones; ¿pero existe una justificación real para esta práctica? Creo que la hay, y la defendería de esta manera. Un sermón, después de todo, no es simplemente la declaración de una verdad o de una serie de verdades. No solo es, como ya hemos definido, una exposición de un pasaje: es más que eso. Si solo fuera una exposición y se quedara en eso, aceptaría de buena gana la postura contraria a repetirlo. Pero si aceptamos la definición de un sermón como un mensaje y un tema principal, como una entidad, un mensaje completo en sí mismo, con una forma en particular, entonces creo que se puede decir mucho a favor de la repetición del mismo sermón en diversos lugares. Mi principal razón para decirlo, y esta es sin duda la experiencia de todo predicador, es que algunos mensajes se reciben de una forma muy especial. Ya he hecho referencia a eso. Algunos sermones vienen al predicador con una claridad inusual; parece como si hubiera recibido el orden mismo en el que deben presentarse los puntos; todo parece un don directo de Dios. Más aún, ve que el Espíritu utiliza y honra este mensaje quizá en la conversión de alguien o como medio de especial bendición para otros. No cabe duda de esto; todo predicador lo atestiguará. Entonces —pregunto—, ¿por qué no se ha de repetir ese sermón? Sin duda el predicador debiera preocuparse siempre de ofrecer lo mejor que tenga, lo óptimo. Es sin duda legítimo, pues, que elija su mejor sermón y lo predique a las personas.

Hay otro argumento adicional. Según la idea que he estado defendiendo con respecto a los sermones y la predicación, vemos que los sermones crecen y se desarrollan al ser predicados. No lo ves todo al prepararlo en tu despacho; verás otros aspectos mientras predicas y tu sermón crecerá y se desarrollará. Esta es una cuestión sumamente fascinante e interesante. Nuevamente estoy hablando de mi experiencia y por lo que he visto en otros. Recuerdo que un predicador me contó una vez cómo se había alarmado grandemente en una ocasión. Aquel hombre era un gran admirador de otro predicador. Él mismo era un buen predicador, mas no era un predicador sobresaliente y popular como el otro hombre. Pero al ser un hombre bueno y humilde, era un admirador sincero del otro predicador. En una ocasión asistió a un gran sínodo y era costumbre que el último día de estos sínodos se dedicara a la predicación. Siempre se invitaba a los grandes predicadores a predicar en semejantes ocasiones. El gran héroe de mi amigo se levantó para predicar. Posteriormente, mi amigo dijo: "Para mi consternación le oí referirse a un texto en particular. Empecé a sentirme verdaderamente triste y mal —dijo—, le había oído predicar sobre ese texto en mi propia iglesia unos tres meses antes en unas reuniones especiales. En aquella ocasión creí que ese sermón no estaba a su altura habitual, por lo que cuando le oí predicar sobre ese texto en esta gran ocasión me sentí angustiado y consternado por su reputación. Pero —dijo— no tenía por qué haberme preocupado. Ese sermón había crecido y se había desarrollado hasta quedar casi irreconocible. Aún podía reconocer la estructura, pero ahora se había convertido verdaderamente en un gran sermón que predicó con gran poder. Lo extraordinario de ese hombre —añadió— es que sus sermones crecen, se desarrollan de manera casi asombrosa". Lo comparó con los suyos, diciendo: "Los míos no". Él mismo los preparaba de manera tan meticulosa y cuidadosa escribiendo cada palabra que, en un sentido, sus sermones no podían crecer. El otro predicador no lo hacía, y así sus sermones podían crecer y desarrollarse. El resultado es que, aunque un hombre semejante esté predicando básicamente el mismo sermón, en muchos otros sentidos no es el mismo; se convierte en un sermón mejor, más completo y mayor.

No solo eso, sino que una vez más surge toda la cuestión de la relación entre el sermón y la predicación. Como ya he confesado, es muy difícil definirla; pero la experiencia me dice que familiarizarte con tu sermón incrementará mucho la eficacia de predicarlo. Sientes una menor tensión, ya no te concentras de la misma forma en recordar lo que tienes que decir. Has alcanzado una cierta libertad porque ahora estás familiarizado con el material de una forma en que no podías estarlo la primera vez que lo predicaste. Por todas estas razones, pues, yo diría que predicar el mismo sermón cuando crees que tiene algo excepcional por lo que a ti se refiere, cuando crees que contiene un verdadero mensaje y cuando Dios lo ha bendecido y utilizado, es profundamente legítimo. Ciertamente, hacerlo será beneficioso para las personas que te escuchen.

Pero quizá alguien pregunte: "¿Cuán a menudo se debe repetir, pues, este sermón?". Aquí, nuevamente, tenemos una cuestión difícil. Mi distinguido y famoso predecesor, el Dr. G. Campbell Morgan, no se avergonzaba de esto. Recuerdo haberle escuchado en una ocasión empezar así: "Se nos dice que la confesión es buena para el alma. Bien puedo decirles antes de predicar, pues, que esta mañana voy a predicar este sermón por centésima decimonovena vez".

¿Cuántas veces se debe repetir el mismo sermón? Lo único que puedo decir es lo siguiente, que no es cuestión de cifras o meras estadísticas. El Dr. Campbell Morgan tenía mucho cuidado de anotar en el sobre donde guardaba las notas del sermón el número de veces que lo había predicado y dónde. Eso era bueno. Pero con respecto al número, no es una cuestión mecánica y creo que solo hay una regla. Deja de predicar ese sermón cuando ya no te absorba, cuando ya no te conmueva, cuando deje de ser un medio de bendición para ti mismo. Déjalo entonces; puesto que de ahí en adelante la predicación que hagas de él será mecánica y, ciertamente, puede llegar a convertirse en una "representación". No hay nada peor que eso.

Una vez oí a un hombre en una gran conferencia bíblica en los Estados Unidos repetir un sermón a petición de muchas personas. Tenía un buen sermón sobre el Señor Jesucristo que se desarrollaba siguiendo las letras del abecedario, comenzando por la "A" y llegando hasta la "Z". Naturalmente era un sermón bastante largo. Al escuchar dicho sermón, debo confesar que el efecto que tuvo sobre mí no fue el de llevarme a ver la gloria del Señor o a estar agradecido; sentí que era una representación que bordeaba lo blasfemo. Lo despachó a toda prisa. Debía hacerlo a fin de terminar a tiempo. Tenía que dejar la conferencia inmediatamente después, de forma que pasó por encima apresuradamente. Verdades grandes y gloriosas se fueron sucediendo mecánicamente. Muchas personas habían escuchado el sermón muchas veces antes y claramente pensaban que era maravilloso. Ciertamente era un sermón muy inteligente, una especie de acróstico; pero para mí fue una pura actuación que dejó a las personas admirando la memoria y la inteligencia del predicador y no admirando y adorando al Señor. Jamás debiéramos hacer una representación; por mucho que lo censuremos, nunca será suficiente.

Quiero hacer también otras advertencias. Si repites un sermón de esta forma, hay ciertas cosas que debes evitar. Se cuenta la historia de un famoso predicador —tan conocido en los Estados Unidos como en Gran Bretaña— que preparaba sus sermones muy cuidadosamente, los escribía por completo y generalmente los leía al predicar, aunque de manera que pasaba desapercibido. Estaba particularmente interesado en las palabras y los matices. Era famoso por ello. La historia dice, y se tiene por cierta, que en una ocasión cierto agente comercial estaba visitando la ciudad donde ministraba este hombre y el domingo por la mañana fue a escuchar al famoso predicador. Creía que había escuchado el sermón más grandioso de toda su vida. Lo que le impresionó particularmente fue algo que sucedió a mitad del sermón. El gran predicador se detuvo con mucho patetismo y dijo: "Ahora bien, ¿qué palabra me va bien aquí?". Luego mencionó una palabra. "No, esa se acerca pero no es completamente correcta". Entonces escogió otra palabra: "No, no es así". Luego, con gran patetismo, dijo: "Ah, aquí está, justo la palabra que muestra el matiz exacto". El visitante pensó que eso era maravilloso. Jamás había oído nada semejante. La semana siguiente, este mismo agente comercial se encontraba en una parte completamente distinta del país. Consultó el periódico vespertino del sábado para ver quién predicaba en la ciudad al día siguiente y, para su gran alegría y deleite, vio que aquel gran predicador estaba programado para los cultos del aniversario de cierta iglesia. Fue a esa iglesia y, cuando llegó el momento del sermón, se mencionó el texto y resultó ser el mismo que el del domingo anterior. Le desanimó un poco, pero pensó que bien podría escucharlo de nuevo. A mitad del sermón se produjo la misma pausa dramática y la pregunta: "¿Qué palabra me va bien aquí?", etc. El hombre se sintió indignado, se levantó y se marchó diciendo que jamás volvería a escuchar a aquel predicador.

Si repites un sermón, pues, evita hacer ese tipo de cosas. Eso es lo que ha hecho un gran daño a la predicación; es fraudulento. El orador sabía la palabra cuando hizo la pregunta y, sin embargo, intentaba dar la impresión de que se le acababa de ocurrir.

Simpatizo mucho más con un anciano predicador al que de hecho conocí, un buen hombre que había servido fielmente en su iglesia local durante muchos años. No era un predicador muy destacado, pero recibió el gran honor, cuando ya estaba muy entrado en años, de predicar en lo que se denominaba una "asociación trimestral". Esa era la ambición más grande de muchos predicadores y ciertamente el honor más grande que podían disfrutar. Este gran honor le había llegado por fin al anciano y, como se acostumbraba en esas ocasiones, formaba un tándem con otro predicador. Los dos predicadores, pues, estaban juntos en el púlpito. Mientras se estaban cantando los himnos, el otro predicador advirtió que este anciano estaba examinando cuidadosamente a la congregación y mirando atentamente a cada persona en los distintos bancos. Durante uno de los himnos, pues, le susurró:

—¿Qué es lo que hace? ¿Está mirando para ver si hay alguien que haya escuchado su sermón anteriormente?

—No —dijo el anciano—, ¡estoy mirando para ver si hay alguien que no lo haya escuchado anteriormente!

Si tu sermón lo han oído ya muchas personas, no lo prediques otra vez.

Recuerdo muy bien la última vez que oí a cierto famoso predicador. Cuando mencionó su texto, el ministro que estaba sentado junto a mí en la congregación me dio un codazo y me dijo:

—Creo que esta noche nos toca un paseo.

—Sí, lo sé.

—¿Cómo —dijo—, ya lo has oído tú también?

—Sí —dije—. Le he oído predicarlo tres veces en lo que antes era su iglesia y también lo he leído varias veces en el periódico que publica.

El hecho era que la mayoría de las personas presentes en esa ocasión —era una conferencia de ministros y diáconos de todos los lugares del país— ya había oído ese sermón y lo había leído probablemente más de una vez.

¿Por qué hacen los hombres este tipo de cosas? Seamos justos con esto. No te apresures a condenar con facilidad a estos hombres, no sea que alguna vez tengas problemas y debas tragarte tus palabras. Hay muchas razones para ello. Un de ellas es, por supuesto, la pereza. Eso nunca es una excusa y jamás debe utilizarse como argumento. Pero a veces se debe al puro pánico. Supe a través del hombre que he mencionado que en aquella ocasión se trataba de una especie de pánico. Nos dijo a algunos de nosotros al final del culto que había preparado un sermón especial para esa gran ocasión. Pero luego no se había sentido muy bien durante el fin de semana, y el resultado fue que cuando subió al púlpito había perdido su confianza en el nuevo sermón y en un momento de pánico había echado mano de su vieja obra maestra. Desgraciadamente era culpable de hacer eso mismo muy a menudo. Por supuesto, no podemos excluir un elemento de orgullo en toda esta cuestión. Un hombre puede estar más preocupado por su reputación como predicador que por transmitir la Verdad a las personas. Es una cuestión sutil; y jamás debemos permitir que el orgullo asuma el mando. Si repites ciertos sermones, pues, toma nota de lo que estás haciendo o de otro modo tendrás problemas casi con total seguridad.

Concluyo esta sección con una historia del mismo hombre que acabo de mencionar y que no tomaba nota. Un día estaba hablando con el pastor de una gran iglesia en una importante ciudad de provincias. Estábamos hablando de este predicador en particular y me dijo: "Sí, le tuve en mi aniversario hace algunos años. Predicó sobre el texto: 'Tú, pues, sufre penalidades como buen soldado de Jesucristo'". Todos pensamos que era lo más grandioso que habíamos oído. Así, pues, cuando al año siguiente surgió la cuestión de quién sería el predicador en nuestro aniversario, no hubo discusión; acordamos unánimemente que debía ser el mismo hombre. Le escribimos y él aceptó la invitación y vino por segundo año. En el gran día se levantó para predicar y mencionó su texto: 'Tú, pues, sufre penalidades como buen soldado de Jesucristo'. Bien, seguía siendo muy bueno y lo disfrutamos mucho, aunque nos decepcionó un poco. Cuando nos tocó decidir cuál sería el predicador de nuestro aniversario el año siguiente hubo un gran debate. Algunos querían al mismo, pero otros se oponían en vista de lo que había hecho. Comoquiera que sea, tras debatirlo mucho, decidimos darle otra oportunidad: todos cometemos errores en ocasiones y no debemos condenar a alguien porque resbale una vez. Por tanto, vino por tercer año y su texto fue: 'Tú, pues, sufre penalidades como buen soldado de Jesucristo'. En ese punto —dijo mi amigo— empezamos a pensar realmente que las estábamos 'sufriendo', ¡por lo que no le hemos llamado de nuevo!". La lección es: toma nota.

* * *

Pasamos ahora a algo que considero extremadamente interesante, esto es, al carácter de los sermones. A lo que me refiero con esto es a que cada sermón tiende a tener un carácter propio. Esta es una cuestión muy misteriosa. Has preparado el sermón, lo has elaborado y, sin embargo, parece tener un carácter propio. Me interesó descubrir durante una larga y fascinante conversación que tuve con un novelista recientemente que a él le sucedía exactamente lo mismo con los personajes de sus novelas. "Tengo muchos problemas con ellos", me dijo. No conseguía mantener a algunos de ellos en su lugar; sentía que tendían a manejarle. Aunque eran sus propias creaciones, tenían tal carácter, tal individualidad y personalidad, que le estaban controlando en lugar de controlarles él a ellos. Exactamente lo mismo sucede con los sermones. No sé cómo explicarlo, pero es un hecho claro. Algunos sermones casi se predican solos y no hay que hacer casi nada; se predican solos y jamás te fallan.

Por desgracia, esto solo es cierto de algunos; hay otros —y no puedo explicar la diferencia entre ellos— que exigen ser manejados muy cuidadosamente; y si no los manejas cuidadosamente te dejarán medio muerto. He conocido sermones que casi me han dejado exhausto en la introducción y me ha hecho falta mucho tiempo para llegar a conocerlos y entenderlos a fin de poder manejarlos correctamente en lugar de que ellos me manejen a mí y se me escapen de las manos. Muchas veces he conocido sermones que me han entusiasmado de tal forma en su introducción que, cuando he llegado a lo verdaderamente importante —y especialmente al clímax—, he descubierto que ya estaba cansado y exhausto y que no podía hacer justicia al asunto.

Cada sermón tiene un carácter muy definido, y debes llegar a conocer tu sermón. Esta es una idea de gran valor. Recuerdo a un viejo predicador —él estaba al final de su vida cuando yo era muy joven— que siempre comparaba los sermones con caballos. Había cabalgado muchos caballos en su juventud como campesino, e invariablemente al hablar de los sermones y de la predicación solía utilizar la analogía de montar a caballo. Recuerdo que en una ocasión dijo tras un mal culto: "Ese viejo sermón me ha derribado, sabía que lo haría; y allí estaba yo, caído". El sermón le había "derribado" como si fuera un caballo. Hay una gran idea en todo esto; mi consejo es, pues, que llegues a conocer tus sermones. Entonces sabrás cuál es el sermón adecuado para cada ocasión en particular y también el sermón adecuado para un determinado estado físico o la situación en que te encuentras. Todos estos factores entran en juego y son de gran importancia. Hablar de esta forma puede sonar muy antiespiritual a algunos; pero te aseguro que es de gran importancia práctica. Seguimos estando "en la carne" y "tenemos este tesoro en vasos de barro". No debe despreciarse ninguna consideración que contribuya a que la predicación sea más eficaz.

Dudaba en hacer alguna referencia al siguiente punto: predicar sermones de otros. Creo que debo mencionarlo porque sé que no es una práctica infrecuente. Solo tengo una cosa que decir al respecto: es completamente fraudulento a menos que reconozcas lo que estás haciendo. Jamás he entendido cómo puede vivir consigo mismo un hombre que predica los sermones de otros hombres sin reconocerlo. Recibe las alabanzas y la gratitud de la gente y, sin embargo, sabe que no lo merece. Es un ladrón; es un gran pecador. Pero, como digo, lo asombroso es que pueda vivir consigo mismo.

Hay algunos aspectos sueltos de esta cuestión que resultan de interés. Está, por ejemplo, la famosa historia sobre Spurgeon y uno de los estudiantes de su universidad que le llevaron en una ocasión para que le reprendiera. Esta es la historia. El joven había estado predicando en diversas iglesias los domingos y la universidad había recibido informes con respecto a su predicación. Algunos decían que la predicación era muy buena, pero comenzaron a llegar críticas muy desfavorables en cuanto a que este joven estaba predicando repetidamente un sermón del Sr. Spurgeon. Por supuesto, el rector de la Universidad debía hacer algo al respecto, de modo que mandó buscar al joven. Le dijo:

—He oído que va por ahí predicando uno de los sermones

del Sr. Spurgeon. ¿Es eso cierto?.

El joven respondió:

—No, señor, no es cierto.

El director le presionó, pero seguía insistiendo en que no era cierto. Esto se prolongó durante un tiempo hasta que el director consideró que lo único que podía hacer era llevar al joven ante el propio Spurgeon.

—Bien —dijo Spurgeon—, no tiene por qué asustarse. Si es sincero no se le castigará. Todos somos pecadores, pero queremos saber los hechos. ¿Ha estado predicando un sermón sobre tal texto?

—Sí, señor.

—¿Y ha dividido el tema de esta forma?

—Sí, señor.

—¿Y dice que no ha estado predicando mi sermón?

—Así es, señor.

El interrogatorio siguió durante un tiempo hasta que el Sr. Spurgeon comenzó a impacientarse, de modo que le dijo al joven:

—Bien, ¿está diciendo, pues, que es su sermón?

—Oh, no, señor —replicó el joven.

—Bien, ¿entonces a quién pertenece el sermón?

—Es un sermón de William Jay de Bath, señor —dijo el estudiante.

Jay fue un famoso predicador en Bath a principios del siglo XIX y algunos de sus sermones se han impreso en dos volúmenes.

—Espere un momento —dijo Spurgeon—, y volviéndose a su biblioteca, sacó uno de los volúmenes y allí estaba el sermón, el sermón exacto: el mismo texto, los mismos apartados, ¡todo igual!

¿Qué había sucedido? El hecho era que el Sr. Spurgeon también había predicado el sermón de William Jay y de hecho lo había impreso junto con otros sermones de los que era autor. La única explicación del Sr. Spurgeon fue que había leído los dos volúmenes de sermones de Jay hacía muchos años y que lo había olvidado todo al respecto. Podía decir con total sinceridad que no era consciente del hecho de que, cuando predicó ese sermón, estaba predicando uno de los sermones de William Jay. Lo había almacenado inconscientemente en su memoria. El estudiante quedó absuelto de la acusación de predicar uno de los sermones del Sr. Spurgeon, ¡pero seguía siendo culpable de hurto!

Hay otra historia muy buena que repito para animar a cualquier predicador necesitado o a cualquier hombre desesperado, especialmente a los predicadores profanos. Es otra historia sobre Spurgeon, quien, como es sabido, solía caer en depresiones. Sufría de gota, y esa enfermedad a menudo va acompañada de un elemento depresivo. Durante uno de esos ataques, Spurgeon estaba tan deprimido que no se sintió capaz de predicar, ciertamente no se encontraba en condiciones de predicar. Se negó, pues, a predicar en el Tabernáculo el domingo siguiente y se marchó al campo, a su vieja casa en Essex. El domingo por la mañana se sentó discretamente en un banco al fondo de la pequeña capilla a la que solía asistir de niño. Esa mañana predicaba un predicador laico y el pobre hombre predicó uno de los sermones impresos del Sr. Spurgeon. En el momento en que el buen hombre hubo terminado, Spurgeon fue corriendo hacia él con lágrimas en los ojos y le dio las gracias efusivamente. El pobre hombre dijo:

—Sr. Spurgeon, no sé cómo mirarle a la cara, acabo de predicar uno de sus sermones.

—No me importa de quién fuera el sermón —dijo el Sr. Spurgeon—, lo único que sé es que su predicación esta mañana me ha convencido de que soy un hijo de Dios, que soy salvo por gracia, que todos mis pecados han sido perdonados, que he sido llamado al ministerio; y estoy dispuesto a volver a predicar de nuevo.

Su propio sermón a través de los labios y la lengua de aquel predicador laico hizo eso por él. Esta es, en mi opinión, casi la única justificación para este tipo de práctica.

Pero quiero advertirte que tengas cuidado. Crucé el Atlántico en 1937 con el viejo y querido santo y evangelista Mel Trotter, de Grand Rapids. Después de una vida de pecado y vergüenza se había convertido de forma gloriosa y había llegado a ser el superintendente de un gran *Rescue Mission Hall* y su obra. Me contó la siguiente historia con gran entusiasmo. Una semana había estado trabajando muy duramente, hablando, organizando el trabajo y aconsejando a personas con problemas. No era un hombre estudioso y no había tenido tiempo para prepararse adecuadamente para el domingo. Había preparado el sermón del domingo por la noche, pero simplemente no se le ocurría nada para el culto de la mañana. Se había acostado el sábado en ese estado, sin un sermón para el domingo. Se levantó, pues, muy temprano el domingo por la mañana, pero seguía sin ocurrírsele nada y no sabía qué hacer. Finalmente, en su desesperación, decidió que tendría que predicar uno de los sermones de su amigo el Dr. G. Campbell Morgan. Subió al púlpito, pues, y dirigió el culto de la manera habitual: el himno, la lectura de la Biblia, la oración, etc. Cuando estaban terminando el himno antes del sermón, Mel Trotter vio cómo se abría la puerta al fondo del edificio, ¡y para su consternación entró Campbell Morgan y se sentó al fondo! No había nada que hacer, y Mel Trotter predicó el sermón. Al final del culto, Campbell Morgan fue a él y le agradeció cálidamente el sermón. "¿Qué —dijo Mel Trotter—, no reconoce a uno de sus propios hijos simplemente porque lleva puesto mi traje?".

En el año 1936, el segundo domingo de agosto, estábamos de vacaciones familiares al oeste de Gales. La única iglesia que había allí era la anglicana, de modo que fuimos junto con el granjero y su esposa que nos alojaban. Cuando finalmente el párroco subió al púlpito para predicar su sermón y leyó su texto, mi esposa me dio un codazo, porque era de hecho el primer texto sobre el que prediqué en la iglesia *Westminster Chapel* con ocasión de mi primera visita allí el último domingo de 1935. Debido a eso, supongo, y debido y que era un extraño para los púlpitos londinenses, ese sermón se había impreso en dos o tres periódicos religiosos; y al haberlos leído, mi esposa lo conocía bastante bien. El párroco leyó ese texto y comenzó a predicar. Lamento decir que intentó predicar mi sermón;

y allí estaba yo escuchándole. No me conocía y jamás me había visto. Hice todo lo posible para evitarle durante la semana siguiente, pero nuestro anfitrión, el granjero, le trajo a nuestra habitación y nos lo presentó. ¡Aunque no me había impresionado demasiado la forma en que había manejado mi sermón, tuve que aplaudir la forma en que manejó la situación! Sin aparente asomo de vergüenza me miró directamente a los ojos y dijo: "Me alegro de conocerle, puesto que he oído hablar de usted a menudo. Si hubiera sabido que estaba aquí le habría pedido que hiciese las lecturas en el culto". "De cierto os digo que ya tienen su recompensa", y no le dejé en evidencia. Pero eso es lo que te puede suceder si predicas el sermón de otro hombre.

Mi esposa tiene una historia que ilustra otro posible peligro. Vinieron dos predicadores en dos domingos sucesivos a la capilla de la que era miembro y ambos predicaron idéntico sermón. La pregunta era: ¿Cuál de ellos era el autor? La respuesta probable era: ninguno. Lo probable es que ambos lo hubieran tomado prestado, o más bien robado. Pero así es cómo te detectan. Otro comentario: ¡Cambiar el texto no es suficiente! Cualquier oyente con discernimiento siempre detectará lo que estás haciendo.

Añadir unas pocas ilustraciones propias no lo disimula tampoco. Conocí a un hombre que decía que su método era leer un sermón de Spurgeon tres o cuatro veces unos pocos días antes del domingo y luego predicarlo. "Como se puede ver —decía—, en realidad no estoy predicando el sermón de Spurgeon; ¡simplemente me ha pasado por la cabeza!". Así intentamos racionalizar nuestro pecado, pero solo conseguimos mostrar la clase de mentalidad que tenemos.

Solamente una cosa más a este respecto. Si tienes que predicar el sermón de algún otro, si estás verdaderamente desesperado en alguna ocasión y crees que no puedes hacer otra cosa por amor a tu congregación, evita hacer lo que hacía un pobre predicador que conocí en Gales del Sur. Probablemente estoy diciendo la verdad literalmente si afirmo que era probable que jamás hubiera salido de Gales, ni siquiera a Inglaterra, y por descontado que hubiera ido a cualquier otro sitio. Este hombre leyó un domingo su texto y luego comenzó el sermón con estas palabras: ¡"El otro día, cuando estaba en el nacimiento del valle del Wyoming [...]"! En otras palabras, aprende lo que debes desechar. Si el eclesiástico que predicó mi sermón hubiera tenido un poco de sentido común no habría comenzado con mi primera frase. De hecho lo hizo. Aún lo recuerdo, porque lo dejó grabado en mi mente. Era: "Un buen asunto para el debate en un culto participativo en la iglesia [...]". El párroco jamás organizaba cultos participativos en la iglesia. Yo lo hacía, y naturalmente introduje el tema de esa forma. Evita cosas como esas si alguna vez crees que debes predicar el sermón de otro. Pero para hacerlo completamente bien, haz saber a la gente tu deuda con el otro hombre.

* * *

Apresurémonos ahora a algo mucho más importante: ¡El encanto de la predicación! No hay nada igual. Es el trabajo más grande del mundo, el más emocionante, el más apasionante, el más gratificador, el más maravilloso. No conozco nada que se pueda comparar con la sensación que tiene uno al subir los escalones del púlpito con un sermón nuevo un domingo por la mañana o un domingo por la noche, especialmente cuando sientes que tienes un mensaje de Dios y anhelas comunicarlo a la gente. Eso es algo indescriptible. Repetir tu mejor sermón en otra parte no llega a darte eso. Por ello defiendo de tal forma un ministerio longevo y regular en el mismo sitio. Me temo que eso no volveré a conocerlo, al haberme retirado del ministerio pastoral. Pero no hay nada que lo iguale. Es posible ser muy feliz predicando en otro sitio, pero esa experiencia especial que resulta de la relación entre tú y la congregación, y tu preparación, y muchos otros factores, es específica del ministerio regular en una iglesia.

Otro aspecto de este elemento encantador son las posibilidades infinitas de un culto. O, si lo prefieres, el elemento de

...bre de un culto. La incertidumbre tiene algo de ...so; porque si eres un verdadero predicador, en realidad ... sabes qué va a suceder cuando subes al púlpito. Si eres un conferenciante, como ya he explicado, sí lo sabes; pero si eres un predicador, ciertamente no. Y tendrás experiencias completamente asombrosas. Quizá subas al púlpito sintiéndote verdaderamente bien, confiado en tu preparación y esperando un buen culto para que al final sea malo. Hay algo maravilloso aun en eso, porque en cualquier caso muestra que no eres la única persona que tiene el control. Tendías a pensar que sí lo eras, pero has descubierto que no, y se te recuerda que estás "bajo el control de Dios".

Pero también ocurre a la inversa, y gracias a Dios por ello; puedes subir al púlpito sintiéndote mal, sintiéndote nervioso, consciente de una preparación inadecuada por varias razones y que de repente todo vaya bien, hasta físicamente. El efecto de la predicación en la salud de uno es bastante extraordinario. Aquellos que hayan leído los diarios de Whitefield habrán advertido que a menudo hacía referencia a eso. Cuando no se había sentido bien últimamente —quizá su corazón le estaba dando problemas, o su excesiva corpulencia en sus últimos años—, en su diario o en una carta a alguien encontramos una afirmación como esta: "No volveré a estar bien hasta haber sudado bien en el púlpito". Y sí le mejoraba a menudo: "Sudar bien en el púlpito". Frecuentemente he dicho que los únicos baños turcos que he conocido han sido los púlpitos. Esto sucede literalmente, la predicación le vigoriza a uno, le restaura la salud y las fuerzas, y casi ni te reconoces a ti mismo. No conozco ninguna otra cosa que lo haga. No importa lo débil y abatido que te encuentres, cuando subas al púlpito quizá salgas como un hombre completamente distinto.

Quisiera añadir otra matización a esto, y una vez más es una cuestión que me ha interesado mucho a lo largo de los años. Había ocasiones en que el sábado sabía lo que iba a suceder el domingo. Adviértase que digo "ocasiones"; ciertamente no es la experiencia habitual. Cuando te sientes emocionado y absorto en la preparación, verás que en general ocurrirá lo mismo en la predicación. Subrayo que es cuando te ha absorbido y emocionado, no cuando lo has concebido bien. Cuando te ha conmovido de esta forma, cuando el mensaje que estás preparando viene a ti con poder y obra en ti es cuando hay más probabilidad de que obre igualmente en la gente. Cuando quiera que me sentía absorto y emocionado en mi despacho, sabía por lo general qué iba a suceder el domingo; y solía ocurrir.

Bajo este apartado del encanto del sermón quiero mencionar una vez más aquello a lo que me he referido anteriormente al hablar de que el tema se desarrolla mientras predicas. Esa, una vez más, es una experiencia sumamente maravillosa y emocionante que le llena a uno de un sentimiento de asombro. Es completamente extraordinario, y parece como si uno no tuviera control alguno sobre ello; simplemente sucede. A menudo he visto cuando subía al púlpito con un sermón preparado que, mientras predicaba, mi primer punto se había convertido en un sermón completo. Muchas veces he bajado del púlpito comprendiendo que tenía una serie de sermones que no había visto previamente. Igual que el primer punto se había convertido en un sermón completo, veía que iba suceder lo mismo con los demás y que, por tanto, tenía una serie. No lo había visto en mi preparación, pero al predicar todo se me había hecho patente.

¿No es verdaderamente encantador? Mientras te suceda este tipo de cosas jamás te quedarás corto de material, nunca estarás buscando un sermón desesperadamente. De hecho, llegarás a una fase en que desearás que llegue el domingo siguiente. Estoy hablando por pura experiencia y para la gloria de Dios. Lo que uno jamás había pensado, ni imaginado siquiera, sucede repentinamente en el púlpito mientras se está predicando, y uno se queda con un sentimiento de asombro, gratitud y gozo inefable. No hay nada semejante.

Luego está, por así decirlo, la otra cara de ese tipo de experiencia. Ha habido ocasiones en que he sentido que se me impedía predicar la totalidad del sermón que había preparado, en que he sido guiado a desarrollar y elaborar el sermón de una manera diferente, de forma que he tenido que reajustar la serie que había planeado. Otras veces —y estoy pensando en una ocasión en particular— he bajado del púlpito habiendo predicado únicamente la mitad del sermón que había preparado. No podía entenderlo muy bien en esa ocasión a la que me estoy refiriendo. Pero, en cualquier caso, había sucedido, de modo que, en un sentido, estaba preparado para la mañana del siguiente domingo. Llegó la mañana del siguiente domingo y prediqué el resto de mi sermón original, que ahora se había convertido en un sermón por sí mismo. Descubrí que recibía una libertad desacostumbrada. Un hombre vino a mí al final y me dijo que había un visitante que deseaba verme. Le parecía que era un ministro. Finalmente vi a aquel ministro cuyo hogar se encontraba a miles de kilómetros de distancia. Estaba tan conmovido que apenas podía hablar. ¿Qué había sucedido? ¿Por qué estaba tan conmovido y afectado? Aquel hombre estaba completamente seguro de que Dios le había llevado allí recorriendo toda esa distancia para escuchar aquel sermón en particular. Ya he hecho referencia a esto en el prólogo de un librito llamado *La fe a prueba*; pero merece la pena repetirlo. Estoy seguro de que aquel hombre estaba en lo cierto. Pero esto es lo que me asombró. Si el domingo anterior no hubiera sido guiado de la forma en que he descrito y no se me hubiera impedido predicar todo mi sermón, habría predicado el domingo anterior lo que este hombre acababa de oír. Pero se me había impedido, solo se me permitió predicar medio sermón el domingo anterior; la otra mitad había sido reservada. Como he dicho, estaba algo trastornado por ello, pero ahora lo tenía perfectamente claro. No controlamos la situación; eso corresponde a Dios. Aquí es donde entra el encanto; no tienes ni idea de lo que estás haciendo. Jamás había oído hablar de aquel hombre y no sabía nada de él en absoluto, pero lo que él había oído aquella mañana bien había podido ser preparado especialmente para él. Lo que había planeado aquel día en mi plan original no habría sido adecuado para su caso en absoluto. ¿Existe algo comparable a esto? ¿Hay algo tan encantador como esto? Esta es la clase de cosas que le ocurren al predicador; y cuanto más experiencia tengas más te asombrarás y darás gracias a Dios por haber sido llamado a un ministerio tan glorioso.

Alguien puede preguntar en el plano práctico: ¿Qué haces, pues, cuando descubres de pronto mientras predicas que esto te está sucediendo? Verás que tienes que pensar muy rápidamente y asegurarte de que redondeas el sermón que estás predicando en realidad y que se ha desarrollado mientras predicabas. Debes convertirlo en una entidad de por sí. Tendrás que reajustarlo en cierto sentido y efectuar ciertas adiciones y elaboraciones para llevarlo a una conclusión y a un clímax. No debes dejarlo inconcluso, sino desarrollarlo hasta su propio final lógico, su conclusión y aplicación. Todo esto implica obviamente el elemento de la libertad mientras predicas; y la capacidad para hacerlo crece con la experiencia.

Otro elemento en este encanto de la predicación es que jamás sabes quién te va a escuchar y nunca sabes lo que les va a suceder a los que te están escuchando. Quizá sea un punto de inflexión en la vida de alguien. Gracias a Dios porque no es muy infrecuente. "Los necios que vinieron para burlarse se quedaron para orar". Hombres que quizá han venido al culto en un estado de completa desesperación se marchan regocijándose: son nuevos hombres y nuevas mujeres, conversos, regenerados. Toda su vida ha cambiado y tú has estado implicado y has desempeñado un papel en ello. ¿Existe algo en el mundo que se pueda comparar con esto? Nada, nada en absoluto. Esto es lo más maravilloso que pueda suceder a un ser humano. Te encuentras entre un alma y Dios. Se han tratado cuestiones eternas, se han determinado destinos eternos.

Otra experiencia muy frecuente es que la gente vendrá a ti al final de un culto y te dirá: "¿Sabes?, esto es asombroso; si hubieras conocido mi —o nuestra— situación, no habrías podido predicar de manera más directa a ella". Era justo lo que necesitaban. Algún problema, alguna confusión, alguna dificultad, alguna tragedia les había estado oprimiendo, y tus palabras han sido exactamente las apropiadas. Tengo un amigo, un excelente pastor en otro país, que había sido perseguido hasta tal punto que había tenido que marcharse. Él y su familia tenían intención de asentarse en otro país. Pero estaban de paso por Londres y sucedió que vinieron a nuestro culto un domingo por la mañana. Nunca había oído hablar de ellos ni sabía nada de ellos; pero fui guiado a decir algo que les habló directamente. Fue solo una parte de la exposición del texto y una aplicación general del mismo. Este hombre se giró hacia su mujer al final y ella se volvió hacia él y se dijeron: "Esa es nuestra respuesta". La respuesta es que no debían ir a establecerse entonces en el nuevo país; debían volver a su propio país, donde se les había perseguido de manera tan terrible, para enfrentarse a ello y luchar. Lo hicieron y se les honró por ello. No supe nada de esto hasta que me lo contaron varios años después. Tales experiencias llevan a "pensamientos a menudo demasiado profundos para las lágrimas".

Permítaseme terminar esta sección contando el que quizá sea el ejemplo más extraordinario de todas estas cosas que he tenido el privilegio de conocer. Esto de hecho me sucedió durante una oración, y no en un sermón. Conocí a un pobre hombre que se había convertido de una terrible vida de pecado y había llegado a ser un excelente cristiano. Eso era cuando me encontraba en Gales del Sur. Pero después, desgraciadamente, por diversas razones, aquel pobre individuo había recaído y se había hundido profundamente en el pecado. Había abandonado a su mujer y a sus hijos para vivir con otra mujer que dejaba mucho que desear. Habían venido a Londres y allí habían vivido una vida de pecado. Había despilfarrado su dinero y de hecho había vuelto a su hogar y había mentido a su mujer para sacarle más dinero. La casa en que vivían estaba a nombre de los dos, pero consiguió cambiarlo y ponerla a su nombre. Luego la vendió a fin de conseguir el dinero. Así, pues, había ido muy lejos en la dirección equivocada, había pecado terriblemente. Pero ahora se le había acabado el dinero y la mujer le había abandonado. Era tan desgraciado y estaba tan avergonzado que había decidido solemnemente optar por el suicidio, sintiendo que en su profundo estado de arrepentimiento Dios le perdonaría. Pero no podía perdonarse a sí mismo y creía que no tenía derecho a volver a acercarse a su familia nunca más. Decidió solemnemente, pues, caminar hasta el puente de Westminster y arrojarse al Támesis. De hecho ya estaba de camino. Justo cuando la pobre alma llegó al puente, el *Big Ben* dio las seis y media. Repentinamente le atravesó la cabeza un pensamiento y se dijo: "Justo ahora él (refiriéndose a mí) estará subiendo al púlpito para el culto vespertino". Decidió, pues, venir y escucharme una vez más antes de acabar con su vida. Recorrió el camino hasta la iglesia *Westminster Chapel* en unos seis minutos, atravesó la puerta principal, subió las escaleras y justo entraba en la galería cuando escuchó estas palabras: "Dios, ten misericordia del que se aparta de Ti". Pronuncié esa petición en mi oración y fueron literalmente las primeras palabras que oyó. Todo se corrigió de inmediato, y no solo fue restaurado sino que se convirtió en anciano en una iglesia a las afueras de Londres y rindió un gran servicio durante algunos años[1].

¿Qué significa eso? Que estamos en las manos de Dios y que, por tanto, puede suceder cualquier cosa. "Nada es imposible para Dios". "Pide grandes cosas a Dios —como dijo William Carey—, y espera grandes cosas de Dios", y Él te llevará de sorpresa en sorpresa. No existe encanto comparable a la obra del predicador. Es un camino jalonado por muchos Bet-el.

1. Entre el momento en que se impartieron estas conferencias y su publicación, murió una muerte gloriosa y triunfante.

Capítulo 16

"Demostración del Espíritu y de poder"

He guardado y reservado para este último estudio lo que considero, al fin y al cabo, lo más esencial con respecto a la predicación, y se trata del ungimiento y la unción del Espíritu Santo. Puede que a algunos les parezca extraño que haya dejado lo más importante para el final en lugar de haber comenzado por ello. Mi razón para hacerlo es que creo que si hacemos, o intentamos hacer, todo lo que he dicho anteriormente, entonces la unción vendrá sobre ello. Ya he señalado que algunos hombres caen en el error de confiar únicamente en la unción y dejar de lado todo lo que pueden hacer en cuanto a la preparación. La forma adecuada de considerar la unción del Espíritu es pensar en ella como algo que desciende sobre la preparación. Existe un incidente en el Antiguo Testamento que proporciona una ilustración idónea para mostrar esta relación. Es la historia de Elías ante los falsos profetas de Israel en el monte Carmelo. Se nos dice que Elías construyó el altar, luego cortó la madera y la puso en el altar y después mató un buey, lo cortó en pedazos y los esparció por encima de la madera. Luego, tras haber hecho eso, oró para que descendiera fuego; y el fuego cayó. Ese es el orden.

Existen muchos otros ejemplos de esto mismo. Uno de los más notables es en relación con el relato del levantamiento del Tabernáculo en el desierto en Éxodo 40. Se nos dice cómo Moisés hizo detalladamente todo lo que Dios le había dicho y que la gloria del Señor descendió sobre el Tabernáculo solamente tras haber hecho eso. Esa es la razón que tengo para reservar para el final en relación con la predicación lo que sin lugar a dudas es lo más importante de todo. Que "Dios ayuda a los que se ayudan a sí mismos" es cierto en relación con esto igual que con muchas otras cosas. La preparación cuidadosa y la unción del Espíritu jamás deben considerarse como alternativas sino como complementarias entre sí.

Todos tendemos a irnos al extremo; algunos confían tan solo en su propia preparación y no buscan nada más; otros, como digo, tienden a despreciar la preparación y confían solamente en la unción, el ungimiento y la inspiración del Espíritu. Pero no se trata de "uno u otro"; siempre es "ambos". Estas dos cosas deben ir juntas.

¿Qué quiere decir esta "unción o ungimiento" del Espíritu? La mejor forma de enfocarlo es mostrar en primer lugar a partir de las Escrituras lo que significa. Pero antes de hacerlo, permítaseme plantear una pregunta a todos los predicadores. ¿Buscas siempre esta unción, este ungimiento, antes de predicar? ¿Ha sido esta tu mayor preocupación? No existe una prueba más profunda y reveladora que se pueda aplicar a un predicador.

¿Qué es? El Espíritu Santo descendiendo sobre el predicador de forma especial. Es un acceso de poder. Es Dios dando poder y capacitando al predicador, a través del Espíritu, a fin de que pueda hacer esta obra de una manera que lo eleva por encima de los esfuerzos y tentativas del hombre hasta una posición en que es utilizado por el Espíritu y se convierte en el canal a través del cual obra el Espíritu. Esto se ve muy clara y manifiestamente en las Escrituras.

Propongo considerar en primer lugar, pues, la enseñanza escrituraria, luego ver la cuestión desde un punto de vista histórico y finalmente hacer algunos comentarios. En las Escrituras queda bastante claro que los profetas del Antiguo Testamento son ejemplos de esta unción, pero propongo limitar nuestra atención al Nuevo Testamento. Comencemos por Juan el Bautista, porque es el precursor del Salvador. En Lucas 1 se nos dice que Zacarías recibió un mensaje a este efecto:

> Porque será grande delante de Dios. No beberá vino ni sidra, y será lleno del Espíritu Santo, aun desde el vientre de su madre. Y hará que muchos de los hijos de Israel se conviertan

> al Señor Dios de ellos. E irá delante de él con el espíritu y el poder de Elías, para hacer volver los corazones de los padres a los hijos, y de los rebeldes a la prudencia de los justos (versículos 15-17).

Ese es un excelente resumen de la posición de los profetas del Antiguo Testamento. Esos hombres eran conscientes de un soplo que descendía sobre ellos; el Espíritu los tomaba y recibían un mensaje y el poder para comunicarlo. Es la gran característica de los profetas. Se nos dice, pues, acerca de él que Dios le dotó de esta manera muy especial con el Espíritu Santo y con su poder para hacer su obra. Y cuando leemos la historia de su ministerio, esto se hace patente. Habló de tal forma que las personas experimentaron una profunda convicción. La predicación de Juan el Bautista convenció aun a los fariseos: esa es la prueba más cierta del poder de un ministerio. Pero Juan era muy consciente de la naturaleza meramente preliminar de su ministerio y siempre subrayó que estaba preparando el camino: "Yo no soy el Cristo —dice—. Yo a la verdad os bautizo en agua; pero viene uno más poderoso que yo, de quien no soy digno de desatar la correa de su calzado; él os bautizará en Espíritu Santo y fuego" (Juan 1:20; Lucas 3:16). Había algo más por venir, algo mucho más grande en su totalidad.

A continuación, observemos lo que sucedió en el caso de nuestro propio Señor. Este es un punto que a menudo se pierde de vista. Me refiero a la forma en que descendió el Espíritu Santo sobre Él en forma de paloma. Él mismo explicó posteriormente lo que esto significaba cuando habló en la sinagoga en su ciudad natal de Nazaret, tal como se relata en Lucas 4:18 ss.: "El Espíritu del Señor está sobre mí, por cuanto me ha ungido para dar buenas nuevas a los pobres [...]". Lo que me preocupa recalcar es que lo que dice es que aquello que le sucedió en el Jordán fue que fue ungido por el Espíritu para predicar ese Evangelio de salvación, para "predicar el año agradable del Señor".

Esta es una declaración extraordinaria. Por supuesto, arroja luz sobre todo el significado y el propósito de la encarnación; pero lo que es significativo es que aun nuestro propio Señor, el Hijo de Dios, no podría haber ejercido su ministerio como hombre en la Tierra sin haber recibido esta "unción" especial y particular del Espíritu Santo para hacer su obra. Es cierto aun de Él.

Luego —y no estoy sino eligiendo lo que considero como los pasajes más importantes que tratan esta cuestión— llegamos al libro de Hechos de los Apóstoles, y en Hechos 1:8 leemos: "Pero recibiréis poder, cuando haya venido sobre vosotros el Espíritu Santo, y me seréis testigos en Jerusalén, en toda Judea, en Samaria, y hasta lo último de la tierra". Eso, por supuesto, debe asociarse siempre al último capítulo del Evangelio según Lucas, donde tenemos un relato de lo que dijo nuestro Señor a los discípulos reunidos en el Aposento Alto. Dijo que les estaba enviando.

> Así está escrito, y así fue necesario que el Cristo padeciese, y resucitase de los muertos al tercer día; y que se predicase en su nombre el arrepentimiento y el perdón de pecados en todas las naciones, comenzando desde Jerusalén. Y vosotros sois testigos de estas cosas. He aquí, yo enviaré la promesa de mi Padre sobre vosotros; pero quedaos vosotros en la ciudad de Jerusalén, hasta que seáis investidos de poder desde lo alto.

Eso nos lleva a Hechos 1:8 y a su cumplimiento, tal como se documenta en Hechos 2.

La importancia de esto, tal como lo veo, es que aquí tenemos hombres a los que imaginaríamos en la posición perfecta y en condiciones de actuar ya como predicadores. Habían estado con nuestro Señor durante tres años, habían oído todos sus discursos y sus instrucciones, habían visto todos sus milagros, habían tenido el beneficio de estar con Él, de ver su rostro y tener una conversación personal y una comunión con Él. Tres de ellos habían presenciado su transfiguración, todos ellos habían testimoniado su crucifixión y su enterramiento y, por encima de todo, eran testigos del hecho de su resurrección física. Habríamos pensado que estos hombres, pues, se encontraban ahora en perfecta situación de salir a predicar; pero, según la enseñanza de nuestro Señor, no lo estaban. Parecen tener todos los conocimientos adecuados, pero esos conocimientos no son suficientes, hace falta algo más, algo esencial. Ciertamente, los conocimientos son vitales, porque no se puede ser testigo sin ellos, pero para ser testigos eficaces necesitamos además el poder, la unción y la demostración del Espíritu. Ahora bien, si esto era necesario para aquellos hombres, ¿cuánto más lo será para todos los demás que intentan predicar estas cosas?

Leemos que el Espíritu vino sobre aquellos hombres reunidos el día de Pentecostés en Jerusalén; y de inmediato vemos la diferencia que supuso para ellos. El Pedro que con ánimo cobarde había negado a su Señor a fin de salvar su propia vida está lleno ahora de valor y de gran confianza. Es capaz de exponer las Escrituras con autoridad y de hablar con tan poderoso efecto que 3000 personas se convierten bajo su predicación. Esta fue la inauguración, por así decirlo, de la Iglesia cristiana tal como la conocemos en esta dispensación del Espíritu, y esa es la gráfica imagen que se nos da de cómo empezó.

Aquí debo llamar la atención con respecto a otro punto que también creo que solemos perder de vista. Esta "adquisición de poder" o, si lo prefieres, esta "efusión de poder" de los predicadores cristianos no ocurre "de una vez por todas"; se puede repetir y se ha repetido en muchísimas ocasiones.

Permítaseme aducir algunos ejemplos de ello. Allí, en el día de Pentecostés, hemos visto a los Apóstoles llenos de este poder y hemos visto asimismo que el verdadero propósito del "bautismo del Espíritu" es capacitar a los hombres para dar testimonio de Cristo y de su salvación con poder. El bautismo del Espíritu Santo no es la regeneración —los Apóstoles ya estaban regenerados—, y no se concede de manera primordial para alentar la santificación; es un bautismo de poder, un bautismo de fuego, o un bautismo que le capacita a uno para dar testimonio. Los antiguos predicadores solían darle gran importancia. Preguntaban con respecto a un hombre: "¿Ha recibido el bautismo de fuego?". Esa era la pregunta importante. No se refiere a la regeneración o la santificación; es poder, poder para dar testimonio.

Los Apóstoles lo recibieron en el día de Pentecostés y Pedro dio testimonio de inmediato de manera muy poderosa; y él y Juan dieron testimonio nuevamente tras sanar al inválido, y lo hicieron al predicar en el Templo. Pero consideremos por otro lado Hechos 4:7. Allí tenemos a Pedro y Juan sometidos a juicio ante el Sanedrín y se les formula la acusación: "¿Con qué potestad, o en qué nombre, habéis hecho vosotros esto?". Pero advirtamos lo que dice el relato a continuación: "Entonces Pedro, lleno del Espíritu Santo, les dijo: Gobernantes del pueblo [...]".

¿Cómo interpretamos eso? ¿Por qué dice: "Entonces Pedro, lleno del Espíritu Santo"? Se podría argumentar: "¿Pero no fue lleno del Espíritu Santo en el día de Pentecostés como lo fueron los demás hombres?". Por supuesto que lo fue. ¿Qué sentido tiene la repetición aquí? Solo existe una explicación adecuada. No es un simple recordatorio del hecho de que había sido bautizado con el Espíritu en el día de Pentecostés. No tiene sentido utilizar esta expresión a menos que recibiera una nueva adquisición de poder. Se encontraba en una situación crítica. Estaba siendo juzgado junto con Juan, ciertamente el Evangelio y toda la Iglesia cristiana estaban siendo juzgados y necesitaba un nuevo poder para dar testimonio con energía y refutar a sus perseguidores: un poder nuevo, y lo recibió. De modo que se utiliza la expresión: "Pedro, lleno del Espíritu Santo". Fue otra llenura para esa tarea especial.

Hay otro ejemplo más de esto en el mismo capítulo 4 de Hechos, en el versículo 31. Todos eran miembros de la Iglesia que oraban con miedo ante la amenaza de las autoridades que intentaban exterminar a la Iglesia. Entonces sucedió esto: "Cuando hubieron orado, el lugar en que estaban congregados tembló; y todos fueron llenos del Espíritu Santo":

las mismas personas de nuevo. Habían sido llenos del Espíritu Santo en el día de Pentecostés, y también Pedro y Juan en ocasiones posteriores; pero aquí se llena de nuevo a toda la congregación con el Espíritu Santo. Es obvio, pues, que esto se puede repetir en muchas ocasiones.

Luego, pasando a Hechos 6, tenemos el relato de cómo se nombró a los primeros diáconos. Adviértanse los términos que se recalcan en los versículos 3 y 5: "Buscad, pues, hermanos, de entre vosotros a siete varones de buen testimonio, llenos del Espíritu Santo y de sabiduría —esto no es cierto de todo el mundo, sino que es cierto de algunos—, a quienes encarguemos de este trabajo. [...] Agradó la propuesta a toda la multitud; y eligieron a Esteban, varón lleno de fe y del Espíritu Santo". "¿Pero —dirás— no estaban todos llenos del Espíritu Santo?". No en este sentido. Hay algo especial allí, hay algo peculiar, hay algo adicional; y se les dijo que lo buscaran. En todos los casos se trata exactamente de la misma idea.

Posteriormente tenemos otro ejemplo en Hechos 7:55: la imagen de Esteban justo antes de ser apedreado hasta la muerte. Esto no solo es memorable sino también de gran importancia. Dice el versículo 54: "Oyendo estas cosas —sus acusadores, los miembros del Sanedrín—, se enfurecían en sus corazones, y crujían los dientes contra él. Pero Esteban, lleno del Espíritu Santo, puestos los ojos en el cielo, vio la gloria de Dios, y a Jesús que estaba a la diestra de Dios". Esta, obviamente, es una investidura especial. Una vez más es un hombre en una gran crisis; y el Espíritu desciende sobre él de forma excepcional y le capacita para afrontar la crisis y dar un tremendo testimonio.

Bastará con otro ejemplo más en relación con el apóstol Pablo, que entró posteriormente en la Iglesia. Está en Hechos 13:9. El apóstol Pablo y Bernabé habían llegado a un país donde había un procónsul llamado Sergio Paulo que deseaba escuchar la Palabra de Dios. "Pero les resistía Elimas, el mago (pues así se traduce su nombre), procurando apartar de la fe al procónsul". Luego, en el versículo 9, dice:

"Entonces Saulo, que también es Pablo, lleno del Espíritu Santo, fijando en él los ojos [...]". Cuando el texto dice "lleno del Espíritu Santo" no se está refiriendo al hecho de que hubiera sido lleno del Espíritu Santo en relación con su conversión y como resultado de su reunión con Ananías. Sería ridículo repetirlo si hubiera sucedido de una vez por todas. Se trata nuevamente de una investidura especial de poder, una crisis especial, una ocasión especial, y recibió este poder especial para esta ocasión especial.

Yo iría más lejos y señalaría que esto les sucedía siempre a los Apóstoles cuando quiera que obraban un milagro o cuando quiera que tenían que afrontar alguna situación en especial. La importancia de esto se manifiesta de la siguiente forma. Hay mucha diferencia entre los milagros obrados por los Apóstoles y los "milagros" que ciertos hombres afirman llevar a cabo en la actualidad. Una gran diferencia es esta: Jamás vemos a los Apóstoles anunciando de antemano que van a celebrar un culto de sanidad en el plazo de unos días. ¿Por qué no? Porque nunca sabían cuándo iba a suceder. No lo decidían y no lo controlaban; más bien lo que sucedía era esto invariablemente. Por ejemplo, Pablo estaba tratando con este hombre —encontramos lo mismo en el caso del hombre en Listra que se relata en el capítulo 14— y de pronto recibió el mandato de sanarle. Pablo no sabía nada de esto hasta que le impulsó el Espíritu y recibió el poder; y así lo hizo. La primera diferencia, pues, entre los presuntos obradores de milagros de la actualidad y los Apóstoles es que los Apóstoles jamás podían predecir o anunciar la ejecución de milagros, y jamás lo hicieron.

Hay una segunda diferencia asimismo. Los Apóstoles —lo advertimos en el libro de Hechos— jamás fallaban. Nunca se trataba de un ensayo; no había un elemento experimental. Lo sabían. Recibían un mandato, de modo que hablaban con autoridad. Emitían una orden y no había fracaso alguno; y no puede haber fracaso cuando es así. Esa es claramente la imagen general que se da en el libro de Hechos de los Apóstoles.

Pero hay algo aún más directo y específico que todo esto:

Capítulo 16

La gran declaración del apóstol Pablo en 1 Corintios 2, la declaración crucial en que describe su propia predicación en Corinto. "Y estuve entre vosotros con debilidad, y mucho temor y temblor; y ni mi palabra ni mi predicación fue con palabras persuasivas de humana sabiduría, sino con demostración del Espíritu y de poder, para que vuestra fe no esté fundada en la sabiduría de los hombres, sino en el poder de Dios" (versículos 3-5). Esa es la afirmación vital y definitoria con respecto a toda esta cuestión. Estamos ante un hombre con grandes dones, con unas excepcionales facultades naturales; pero eligió deliberadamente no utilizarlas de manera carnal: "Me propuse no saber entre vosotros cosa alguna sino a Jesucristo, y a este crucificado"; y entonces se abstuvo deliberadamente del estilo de los retóricos griegos con el que tan familiarizado estaba, tanto en la forma como en el contenido. Como dice más a adelante a estos mismos corintios, se hizo "[insensato] por amor de Cristo", a fin de que quedara claro que el poder no era suyo sino de Dios y que toda su posición no debía basarse en "la sabiduría de los hombres, sino en el poder de Dios".

Viniendo esto de Pablo, de entre todos los hombres, resulta sumamente sorprendente. Recuerda esto a los corintios una vez más en el capítulo 4, versículos 18-20. Algunos de los miembros de la iglesia en Corinto estaban hablando mucho, criticando al apóstol Pablo y expresando sus opiniones libremente con respecto a él y su enseñanza. Por tanto, les desafía y dice: "Mas algunos están envanecidos, como si yo nunca hubiese de ir a vosotros. Pero iré pronto a vosotros, si el Señor quiere, y conoceré no las palabras, sino el poder de los que andan envanecidos. Porque el reino de Dios no consiste en palabras, sino en poder". Hoy día quizá no haya texto que debamos recordar más que precisamente ese. Ciertamente no faltan las palabras; ¿pero hay grandes pruebas de poder en nuestra predicación? "El reino de Dios no consiste en palabras, sino en poder". Esa —dice Pablo— es la prueba, y sigue siéndolo, de la predicación verdadera.

Más adelante vemos que viene a repetir más o menos lo

mismo en 2 Corintios 4. Hablando de su propio ministerio, dice: "Por lo cual, teniendo nosotros este ministerio según la misericordia que hemos recibido, no desmayamos. Antes bien renunciamos a lo oculto y vergonzoso, no andando con astucia, ni adulterando la palabra de Dios, sino por la manifestación de la verdad recomendándonos a toda conciencia humana delante de Dios". Pasa luego a la conmovedora afirmación del versículo 6: "Dios, que mandó que de las tinieblas resplandeciese la luz, es el que resplandeció en nuestros corazones, para iluminación del conocimiento de la gloria de Dios en la faz de Jesucristo". E inmediatamente a continuación: "Pero tenemos este tesoro en vasos de barro, para que la excelencia del poder sea de Dios, y no de nosotros". Es siempre lo mismo, siempre está deseoso de subrayar esta dependencia absoluta del poder del Espíritu. Lo mismo vemos de nuevo en 2 Corintios 10:3-5: "Pues aunque andamos en la carne, no militamos según la carne; porque las armas de nuestra milicia no son carnales, sino poderosas en Dios para la destrucción de fortalezas, derribando argumentos y toda altivez que se levanta contra el conocimiento de Dios, y llevando cautivo todo pensamiento a la obediencia a Cristo". Es siempre la misma idea, "no son carnales", "poderosas en Dios". Es un poder espiritual. Ciertamente hallamos el mismo hincapié en esa extraordinaria afirmación de 2 Corintios 12, donde nos dice que había sido "arrebatado al paraíso, donde oyó palabras inefables que no le es dado al hombre expresar" y cómo entonces le había llegado "el aguijón en la carne" y oró en tres ocasiones para que se le quitara; pero no se le quitó. Al principio estaba perplejo, pero había llegado a comprender el significado cuando Dios le dijo: "Bástate mi gracia; porque mi poder se perfecciona en la debilidad". Ahora puede decir, pues: "Por tanto, de buena gana me gloriaré más bien en mis debilidades, para que repose sobre mí el poder de Cristo [...]; porque cuando soy débil, entonces soy fuerte".

Otra declaración de esto que jamás deja de conmoverme se encuentra al final del capítulo 1 de Colosenses: "A quien anunciamos, amonestando a todo hombre, y enseñando a todo hombre en toda sabiduría, a fin de presentar perfecto en Cristo Jesús a todo hombre; para lo cual también trabajo, luchando según la potencia de él, la cual actúa poderosamente en mí". Ese es el testimonio de Pablo siempre. Estaba haciendo todo lo que podía, pero lo que verdaderamente cuenta es "la potencia de él, la cual actúa poderosamente en mí". Eso es lo que quiere decir "unción". En 1 Tesalonicenses 1:5 encontramos una definición aún más precisa: "Pues nuestro evangelio no llegó a vosotros en palabras solamente, sino también en poder, en el Espíritu Santo y en plena certidumbre". El Apóstol está recordando a los tesalonicenses cómo habían recibido el Evangelio. Tuvo que abandonarles a fin de predicar en otros sitios, y les escribe esta carta, que muchos consideran la primera carta a una iglesia. Es un capítulo de suma importancia, ciertamente como la definitiva y definitoria afirmación concerniente a la predicación y la evangelización. Les recuerda que el Evangelio no les "llegó [...] en palabras solamente". Había llegado "en palabras", y les recuerda el contenido de esas palabras en los versículos 8 y 19, pero no fue "en palabras solamente, sino también [...]". Es este "también", esta adición del poder del Espíritu Santo lo que hace en última instancia que la predicación sea eficaz. Esto es lo que produce conversiones y crea y edifica iglesias: "poder", "Espíritu Santo" y "plena certidumbre".

Pedro enseña exactamente la misma verdad al recordar a los cristianos a quienes escribió en su Primer Epístola cómo se habían convertido en cristianos y la naturaleza del mensaje del Evangelio. Dice en referencia a los profetas del Antiguo Testamento: "A estos se les reveló que no para sí mismos, sino para nosotros, administraban las cosas que ahora os son anunciadas por los que os han predicado el evangelio por el Espíritu Santo enviado del cielo; cosas en las cuales anhelan mirar los ángeles". Así es cómo se predica el Evangelio; dice: "Por el Espíritu Santo enviado del cielo".

Mi última cita proviene del último libro de la Biblia, el Apocalipsis. Es la afirmación de Juan mismo en el capítulo 1, versículo 10: "Yo estaba en el Espíritu en el día del Señor, y oí detrás de mí una gran voz". ¿Cómo interpretamos eso? ¿Significa que Juan, siendo cristiano, estaba siempre "en el Espíritu"? Si ese era el caso, ¿por qué se molesta en decirlo? Claramente no era su estado o situación habitual; era algo completamente excepcional. Dice: Allí estaba yo en esa isla de Patmos en el día del Señor y de pronto me encontré "en el Espíritu". Fue una visitación del Espíritu de Dios. Y fue como resultado de esto como recibió esa gran visión, los mensajes a las iglesias y su conocimiento del futuro de la Historia.

Ese es el claro e inequívoco testimonio y la evidencia de las Escrituras con respecto a la predicación. Pero quizá tu postura sea: "Sí, eso lo aceptamos y no nos ocasiona dificultad alguna. Pero todo eso se acabó con la era apostólica, por lo que no tiene nada que ver con nosotros". Mi respuesta es que las Escrituras también están concebidas para aplicársenos hoy día y que, si limitas todo esto a la era apostólica, estás dejando muy poco para nosotros en la actualidad. En cualquier caso, ¿cómo dirimes lo que estaba destinado a ellos únicamente y lo que también lo está a nosotros? ¿Sobre qué base lo haces? ¿Cuáles son tus cánones de juicio? Yo opino que no son otros que el prejuicio. Toda la Escritura es para nosotros. En el Nuevo Testamento tenemos una imagen de la Iglesia y es pertinente para la Iglesia en todos los tiempos y épocas.

Gracias a Dios, la historia de la Iglesia demuestra lo correcto de esta tesis. Las pruebas de ello son abundantes. La larga historia de la Iglesia muestra repetidamente que lo que hallamos en el Nuevo Testamento ha caracterizado siempre a la Iglesia en períodos de avivamiento y reforma. Por eso he sostenido siempre que, tras la lectura de la Biblia misma, leer la historia de los avivamientos es una de las cosas que más ánimo pueden infundirle a uno. Tomemos la situación a la que nos enfrentamos en la actualidad. Considera la tarea, considera el estado del mundo, considera la mentalidad moderna. Sin creer en el poder del Espíritu y sin conocer algo de él, es una tarea desmoralizadora. Ciertamente, no seguiría adelante un solo día de no ser por él. Si creyera que todo depende de nosotros, de nuestros conocimientos, de nuestra erudición y de nuestras organizaciones, sería el más desgraciado y desesperanzado de los hombres. Pero ese no es el caso. Lo que leemos en el Nuevo Testamento es igualmente posible y está abierto para nosotros en la actualidad; y es nuestra única esperanza. Pero debemos comprenderlo. Si no lo hacemos, nos pasaremos el tiempo estancados y deprimidos, y no lograremos nada.

¿Cuáles son, pues, las evidencias que arroja la Historia? Podríamos comenzar por la Reforma protestante. Hay grandes evidencias de la obra del Espíritu en esa época. Está la gran experiencia que describe Lutero mismo cuando toda la habitación pareció llenarse de luz. Esa es sin duda la clave para entender su extraordinaria predicación. Estamos tan interesados en Lutero el teólogo que tendemos a olvidar al Lutero el predicador. Lutero era un extraordinario predicador. Lo mismo podemos decir también de Calvino.

Pero hubo dos hombres en Inglaterra muy destacados en este aspecto. Uno fue Hugh Latimer, cuya predicación en *St. Paul s Cross* en Londres fue acompañada obviamente por gran unción y poder del Espíritu Santo. Nuevamente tendemos a olvidar esto. Estamos justificadamente interesados en la gran convulsión teológica de la época de la Reforma protestante; pero no olvidemos nunca que también fue un movimiento popular. No estaba restringido a los eruditos y a los maestros; llegó al pueblo gracias a estos predicadores ungidos con el Espíritu.

Hubo un hombre llamado John Bradford que obviamente era un gran predicador en este mismo sentido. Fue uno de los primeros mártires protestantes. Lo mismo se puede decir también de otros países en esa época. A finales del siglo XVI hubo en Escocia un extraordinario predicador llamado Robert Bruce. Recientemente se ha reeditado un pequeño libro sobre él. En dicho libro se puede leer el relato de lo que sucedió en una ocasión cuando se encontraba en una conferencia de ministros en Edimburgo. En esa época las cosas estaban muy mal y ciertamente eran de lo más descorazonadoras. Los ministros hablaban entre sí y conferenciaban al respecto, pero todos estaban muy deprimidos. Cuanto más hablaban más se deprimían, como no es infrecuente en las asambleas generales y otras conferencias religiosas. Robert Bruce intentó que oraran, y estaban intentando orar. Comoquiera que sea, Bruce tenía claro que solo estaban "intentando orar", y no lo consideraba oración. De modo que, como le pasó a Pablo en Atenas, "su espíritu se enardeció" y dijo que iba a "golpearles" con el Espíritu Santo. Comenzó, pues, a aporrear la mesa con los puños, y ciertamente logró algo. Entonces comenzaron a orar realmente "en el Espíritu", y fueron transportados de la depresión hasta las alturas y recibieron gran certidumbre de Dios de que seguía con ellos y jamás los desampararía ni los dejaría. Volvieron a su obra con renovado vigor y con una esperanza y confianza renovadas.

Pero pasemos al que, en muchos sentidos, es mi ejemplo favorito. Trata de John Livingstone, que vivió a comienzos del siglo XVII en Escocia. John Livingstone era también un hombre muy capaz, como la mayoría de estos hombres. Aquellos primeros ministros reformados en Escocia fueron una serie de hombres imponentes con respecto a su capacidad, su cultura y sus conocimientos; pero lo que les caracterizaba por encima de todo lo demás era su conocimiento y experiencia de esta unción y este poder espiritual.

John Livingstone —como digo— era un excelente erudito y un gran predicador. Tuvo que escapar a Irlanda del Norte a causa de la persecución, y estando allí tuvo algunas experiencias de avivamiento. Pero su gran día llegó en 1630. Hubo unos días de comunión en un lugar llamado *Kirk O'Shotts,* a medio camino entre Glasgow y Edimburgo. Estas reuniones de comunión podían durar muchos días y se caracterizaban por las abundantes predicaciones de diversos predicadores visitantes. En aquella ocasión en particular todos habían sentido desde el comienzo hasta el domingo por la noche que había algo inusual. Los hermanos decidieron, pues, celebrar un culto adicional el lunes, y pidieron a John Livingstone que predicara. Ahora bien, Livingstone era un hombre muy modesto, humilde y piadoso, por lo que temía la responsabilidad de predicar en semejante ocasión. Pasó, pues, toda la noche debatiéndose en oración. Salió al campo y allí prosiguió orando. Muchas de las personas también estaban orando. Pero su alma sufría una gran angustia, y no halló paz hasta que, en las primeras horas de la mañana del lunes, Dios le dio un mensaje y a la vez la certeza de que su predicación estaría acompañada por un gran poder. John Livingstone predicó, pues, en aquella famosa mañana del lunes, y como resultado de aquel único sermón se añadieron quinientas personas a las iglesias de esa localidad. Fue un día tremendo, una experiencia abrumadora del derramamiento del Espíritu de Dios sobre una congregación reunida. El resto de la historia de su vida es igualmente significativo e importante. John Livingstone vivió muchos años después, pero jamás volvió a tener una experiencia semejante. Siempre la recordó, siempre la anheló; pero jamás volvió a repetirse.

Se describen experiencias espirituales similares en las vidas de predicadores de los Estados Unidos. Fue de gran provecho para mí leer hace unos años los diarios de Cotton Mather, el autor de *Magnalia Christi Americana.* Estos diarios, y su historia de la religión en América, contienen muchos ejemplos del poder del Espíritu Santo. Como ya he dicho, no hay nada más importante para la predicación que la lectura de la historia de la Iglesia y las biografías. En el propio diario de Cotton Mather encontramos extraordinarias descripciones de estas "visitaciones", como él las llamaba, del Espíritu de Dios y del efecto que tuvieron en su predicación. Por otra parte, quiero recalcar el hecho de que Cotton Mather era un hombre muy capaz y erudito, y no un mero predicador ignorante, crédulo e impresionable. Todos los Mather eran hombres capaces; y él llevaba en la sangre además la influencia de los Cotton, aún más capaces. Era nieto de John Cotton, quizá el más erudito de los primeros predicadores americanos, y también de Richard Mather. Ningún hombre podía tener mejor pedigrí, un mejor árbol genealógico desde el punto de vista del intelecto y la capacidad; sin embargo, no hay nada más sorprendente con respecto a este hombre que su comprensión de que en realidad no podía hacer nada sin esa unción y ese poder del Espíritu Santo, y su sentimiento de absoluta dependencia de ellos.

"El tiempo me faltaría" —como al autor de la Epístola a los Hebreos— para hablar acerca de Jonathan Edwards y David Brainerd. Sus biografías, tanto las nuevas como las antiguas, están a nuestra disposición y debieran ser lectura obligatoria para todos los predicadores. También están Gilbert Tennant y otros miembros de su notable familia. Gilbert Tennant fue utilizado durante un tiempo como una espada ardiente, y luego el poder pareció abandonarle y durante el resto de su ministerio en Filadelfia fue un predicador relativamente "normal".

También tenemos la historia de George Whitefield y de los Wesley. John Wesley es un hombre importante en todo este argumento por diversas razones. Una de ellas, y la más importante en muchos sentidos, es que si alguna vez hubo un hombre típicamente erudito ese fue John Wesley. También era un inglés típico, lo que significa que no era emocional por naturaleza. Se nos dice que el inglés es flemático y no se emociona, no se conmueve fácilmente y no es voluble como las razas célticas y latinas; ¡aunque esto no parece ser cierto en el terreno del fútbol! Ahora bien, John Wesley era el inglés más típico que se pueda concebir: pedante, preciso y exacto. Su educación había sido muy estricta, rigurosa y disciplinada, y tras una brillante carrera académica como estudiante se había convertido en miembro de la junta de gobierno de una universidad de Oxford. Era exacto en su exegesis, preciso en sus afirmaciones, utilizaba cada palabra en su lugar y además era un hombre muy devoto y religioso. Dedicaba su tiempo libre a visitar a los prisioneros en las cárceles; hasta acompañaba a algunos a su ejecución. Entregaba su dinero para alimentar a los pobres. Ni siquiera todo esto le satisfizo; renunció a su puesto en Oxford y cruzó el Atlántico para predicar en Georgia a los pobres esclavos y a otros. Pero fue completamente inútil, un fracaso absoluto, y llegó a la conclusión de que necesitaba el Evangelio tanto como los pobres esclavos de Georgia. Y era cierto. No había poder alguno en su ministerio. Adicionalmente, no tenía claro el camino de la salvación, y esto lo comprendió en una tormenta en medio del Atlántico cuando observó la diferencia entre sí mismo y algunos hermanos moravos cara a cara ante la muerte. Regresó, pues, a Inglaterra.

Tras volver a Inglaterra, lo primero en que se le corrigió fue con respecto a la doctrina de la justificación por la sola fe. Logró verla con claridad en marzo de 1738, pero seguía siendo un fracaso como predicador; de hecho comenzó a sentir que no debía predicar. Al hermano moravo Peter Bohler, que le había ayudado a entender la justificación por la fe, le dijo:

—La veo claramente con la cabeza pero no la siento, y sería mejor que dejara de predicar hasta que la sintiera.

—No —dijo Peter Bohler en esa respuesta imperecedera—, no dejes de predicar, sino predica hasta que la sientas.

Recordemos lo que sucedió. El 24 de mayo de 1738 tuvo aquella experiencia culminante. En una pequeña reunión en Aldersgate Street, en Londres, un grupo de personas se había congregado para estudiar las Escrituras y edificarse mutuamente en la fe. Aquella noche en particular se había elegido a alguien para que leyera el prefacio del comentario de Lutero a la Epístola a los Romanos; no el comentario sino el prefacio. Allí estaba aquel hombre leyendo ese prefacio del comentario de Lutero cuando, mientras lo leía, Wesley dice que su corazón experimentó un "extraño fervor" y sintió de pronto que Dios había perdonado sus pecados: aun los suyos. Al sentir ese calor, algo empezó a derretirse en su interior; y fue a partir de ese momento cuando este hombre comenzó a predicar con un nuevo poder y fue grandemente utilizado por Dios. Todo esto no hace sino confirmar lo que encontramos en las Escrituras. Puedes tener el conocimiento y puedes ser meticuloso en tu preparación; pero sin la unción del Espíritu Santo carecerás de poder y tu predicación no será eficaz.

Whitefield nos cuenta que fue consciente, de hecho en el culto de su ordenación, de un poder que descendía sobre él. Lo sabía. Estaba emocionado por esa sensación de poder. El primer domingo después de su ordenación predicó en su ciudad natal, Gloucester, y fue un culto asombroso. Fue tan extraordinario que la gente escribió al obispo —el obispo Benson— quejándose de Whitefield y aseverando que, como resultado de su sermón, quince personas habían perdido la razón. El obispo no solo era un hombre sabio sino también un hombre bueno; de modo que respondió diciendo que deseaba que todo su clero produjera el mismo efecto en la gente, puesto que la mayoría no causaba efecto alguno. Le alegraba oír de un hombre que causara algún efecto. Por supuesto, aquellas personas no habían perdido la razón; lo que les había sucedido es que habían experimentado una profunda y tremenda convicción de pecado. En aquella época la gente, como muchos médicos y otros en la actualidad, diagnosticaban muy fácilmente el "fanatismo religioso"; pero lo que sucede en realidad es que el Espíritu Santo de Dios lleva a la persona, o personas, a una tremenda convicción de pecado. Los diarios posteriores de Whitefield, y sus diversas biografías, contienen interminables relatos de su conciencia del Espíritu de Dios descendiendo sobre él mientras predicaba y también en otras ocasiones.

En mi tierra natal de Gales hubo dos hombres extraordinarios durante el siglo XVIII: Howel Harris y Daniel Rowland. Sus vidas son igualmente elocuentes en este sentido. Howel Harris era un joven profesor de instituto. Fue convencido de pecado en la Pascua de 1735, y su alma estuvo angustiada hasta el domingo de Pentecostés, cuando recibió la certeza de que sus pecados habían sido perdonados y comenzó a regocijarse en este hecho. En cualquier caso, tres semanas después, mientras estaba sentado en la torre de la iglesia leyendo las Escrituras, orando y meditando, dice: "Dios comenzó a derramar su Espíritu sobre mí". Describe cómo le llegó "ola tras ola" hasta que apenas fue capaz de resistirlo físicamente, y nos dice cómo le llenó el amor de

Dios derramado sobre su corazón. Ahora bien, fue a partir de ese momento cuando Harris comenzó a sentir el impulso de evangelizar a sus vecinos paganos. Al principio solía visitar a los enfermos y les leía buenos libros. No profería una sola palabra propia, simplemente les leía libros. Pero había tal unción y poder en la lectura de esos libros que las personas eran convencidas de pecado y se convertían. Esto prosiguió durante un tiempo. Sentía que era tan indigno que no valía para ser predicador, de manera que, a pesar de que creía que en cierto sentido no estaba siendo del todo honrado, siguió leyendo los libros pero intercalando algunos comentarios propios a medida que le llegaban los pensamientos a la cabeza, mientras mantenía los ojos fijos en el libro. Siguió así durante un tiempo. Finalmente comenzó a exhortar de forma abierta a la gente y las multitudes se congregaban para escucharle. En un sentido, este hombre fue el pionero de un movimiento que sacudió a todo el país y dio a luz a la denominación metodista calvinista galesa, o los actuales presbiterianos: la Iglesia en Gales. Así es como sucedió; fue el resultado directo de esa unción, de ese ungimiento especial del Espíritu Santo. A veces lo perdía durante un tiempo y se afligía por ello; pero luego volvía de nuevo. Siguió así hasta que murió en 1773. Lo mismo se puede decir de muchos de sus contemporáneos, y especialmente del gran Daniel Rowland cuyos diarios personales, por desgracia, se han perdido.

Hallamos lo mismo en la biografía escrita por Andrew Bonar sobre W.H. Nettleton, el predicador grandemente utilizado a quien he hecho referencia anteriormente.

En otras palabras, encontramos exactamente el mismo tipo de experiencia en tipos muy distintos de hombres. La mayoría de los que he mencionado hasta ahora eran hombres muy capaces. Pero además tenemos a un hombre como D.L. Moody, que no era un hombre capaz pero al que Dios utilizó grandemente de todas formas. Fue como consecuencia directa de una experiencia que tuvo mientras caminaba por Wall Street en Nueva York una tarde. Moody había sido pastor de una iglesia en Chicago antes de eso, y un pastor exitoso. Ciertamente había estado haciendo una buena obra, pero eso palidece hasta la insignificancia cuando lo comparamos con lo que se le capacitó para hacer posteriormente.

Pero permítaseme ofrecer un último ejemplo. En 1857 hubo un gran avivamiento en los Estados Unidos que se extendió a Irlanda del Norte en 1858 y a Gales en 1859. En general, los avivamientos han tenido lugar simultáneamente en una serie de países. Esto fue cierto en el siglo XVIII así como en el XIX, un hecho sumamente interesante de por sí. Pero estoy pensando en un hombre en particular al que Dios utilizó mucho en Gales en aquel avivamiento cuyo nombre era David Morgan, y especialmente en un aspecto de su asombrosa historia. Por aquella época había un galés en los Estados Unidos llamado Humphrey Jones que experimentó profundamente la influencia del avivamiento. Tras haber conocido esta nueva vida y estando lleno del Espíritu de gozo y regocijo, se dijo a sí mismo: "Desearía que la gente de mi país pudiera experimentar esto". Esto se convirtió en una carga tal para él que volvió a su hogar en Gales. Tras llegar comenzó a hablar a la gente de su condado natal acerca de lo que había visto y experimentado. Fue hablando por las capillas, a los ministros y a la gente que estaba dispuesta a escucharle. David Morgan había escuchado a Humphrey Jones varias veces y poco a poco empezó a interesarse y a sentir el deseo de un avivamiento. Una noche Humphrey Jones estaba hablando con excepcional poder y David Morgan resultó profundamente afectado. Más adelante diría: "Esa noche me fui a la cama siendo el David Morgan de siempre. A la mañana siguiente me levanté sintiéndome un león, sintiendo que estaba lleno del poder del Espíritu Santo". Para entonces ya llevaba siendo ministro uno cuantos años. Siempre había sido un buen hombre, sin destacar, un predicador verdaderamente normal. No había ocurrido gran cosa como resultado de su predicación. Pero esa mañana se levantó sintiéndose como un león y comenzó a predicar con tal poder que la gente experimentó convicción de pecado y muchos se convirtieron sintiendo gran regocijo; y las iglesias fueron creciendo. Eso continuó durante dos años; dondequiera que iba aquel hombre se producían tremendos resultados.

De entre las muchas historias de conversiones bajo el ministerio de Morgan, ninguna es tan extraordinaria como la de T.C. Edwards, el autor de un famoso Comentario a la Primera Epístola a los Corintios que aún se puede hallar en las estanterías de las librerías de segunda mano. Thomas Charles Edwards era indudablemente un genio. Su padre, Lewis Edwards, fue director de la primera facultad de Teología de la Iglesia calvinista metodista galesa, y su madre era nieta del famoso Thomas Charles, que fue en gran medida responsable de la fundación de la Sociedad Bíblica Británica y Extranjera. T.C. Edwards, estudiante por aquella época, estaba en su casa de vacaciones y oyó que David Morgan y otro predicador iban a predicar en su ciudad natal. Decidió ir a escucharle y posteriormente describiría cómo fue a la reunión con su mente llena de confusión y de dificultades filosóficas. Su fe había resultado sacudida por sus lecturas filosóficas y estaba en apuros. No sabía muy bien dónde estaba y fue con ese ánimo solo por curiosidad, para ver y oír lo que aquellos sencillos predicadores tenían que decir. Había oído hablar mucho acerca del entusiasmo y la emoción en relación con el avivamiento y lo desaprobaba enérgicamente.

Pero esto es lo que sucedió. Tenía un pañuelo rojo de seda en el bolsillo, como acostumbraban los jóvenes de aquellos tiempos; y lo único que sabía era que al final del culto el pañuelo rojo de seda estaba hecho jirones debajo del banco donde estaba sentado en la iglesia. Era completamente inconsciente de haber hecho eso; pero la realidad es que toda su vida cambió, sus dudas filosóficas desaparecieron, todas sus incertidumbres se desvanecieron como la bruma matinal y aquel gran erudito fue lleno del poder del Espíritu Santo y se convirtió en un destacado predicador. Llegó a ser el rector de la Universidad de Aberystwyth y finalmente siguió los pasos de su padre como presidente de la Facultad Teológica. Sir William Robertson Nicol, el editor del famoso semanario religioso *The British Weekly* y un agudo juez de hombres y predicadores, dijo que, de todos los grandes predicadores que había conocido, T.C. Edwards era el único a quien podía imaginar como fundador de una nueva denominación: tal era su poder dinámico.

Ese fue el tipo de ministerio que ejerció David Morgan durante cerca de dos años. ¿Cuál fue el final de su historia? Unos años después dijo: "Me acosté una noche sintiéndome aún como un león, lleno de ese extraño poder que había disfrutado durante dos años. Me levanté a la mañana siguiente y descubrí que me había convertido en David Morgan de nuevo". Vivió unos quince años más, durante los cuales ejerció un ministerio sumamente normal.

El poder vino y el poder se retiró. ¡Así es el señorío del Espíritu! No se puede mandar su bendición, no se la puede ordenar; es un don de Dios por entero. Los ejemplos que he dado procedentes de las Escrituras lo muestran. "Entonces Pedro, lleno del Espíritu Santo, les dijo". El Espíritu le llenó. Hizo lo mismo con David Morgan; y luego, en su inescrutable sabiduría y soberanía, se lo retiró. Los avivamientos no tienen el propósito de ser permanentes. Pero al mismo tiempo sostengo que todos los predicadores debieran buscar este poder cada vez que prediquen.

¿Cómo lo reconocemos cuando sucede? Permítaseme que intente responder. La primera indicación se encuentra en la conciencia del propio predicador. "Nuestro evangelio no llegó a vosotros en palabras solamente —dice Pablo—, sino también en poder, en el Espíritu Santo y en plena certidumbre". ¿De quién era esta certidumbre? De Pablo mismo. Sabía que algo estaba ocurriendo, era consciente de ello. No se puede estar lleno del Espíritu sin saberlo. Tuvo "plena certidumbre". Sabía que estaba investido de poder y autoridad. ¿Cómo lo sabe uno? Da claridad de pensamiento, claridad de discurso, facilidad de habla, un gran sentimiento de autoridad y confianza al predicar, una conciencia de un poder que no es tuyo que llena de emoción a todo tu ser y una indescriptible sensación de gozo. Eres un hombre "poseído", asido, tomado. Me gusta expresarlo de esta forma, y sé que nada en la Tierra puede compararse a esa sensación, que cuando esto sucede tienes la impresión de no estar predicando, eres un observador. Te observas a ti mismo asombrado mientras sucede. No es por tu propio esfuerzo; eres solo un instrumento, el canal, el vehículo; y el Espíritu te está utilizando y tú observas con gran gozo y asombro. No hay nada que se pueda comparar de alguna forma con esto. Eso es lo que percibe el propio predicador.

¿Qué sucede con las personas? Lo sienten de inmediato; pueden advertir la diferencia instantáneamente. Están absortos, se vuelven serios, son convencidos, conmovidos, humillados. Algunos son convencidos de pecado, otros son elevados hasta los cielos, cualquier cosa puede ocurrir a cualquiera de ellos. Saben de inmediato que algo completamente inusual y excepcional está ocurriendo. Como resultado de ello empiezan a deleitarse en las cosas de Dios y desean más y más enseñanza. Son como las personas del libro de Hechos de los Apóstoles, quieren "[perseverar] en la doctrina de los apóstoles, en la comunión unos con otros, en el partimiento del pan y en las oraciones".

¿Qué debemos hacer, pues, al respecto? Solo hay una conclusión obvia. ¡Búscale! ¡Búscale! ¿Qué podemos hacer sin Él? ¡Búscale! ¡Búscale siempre! Pero no te quedes ahí; espérale. ¿Esperas que suceda algo cuando subes a predicar al púlpito? ¿O simplemente te dices a ti mismo: "Bien, ya he preparado mi estudio, ahora voy a transmitirlo; algunos de ellos lo valorarán y otros no"? ¿Esperas que sea el punto de inflexión en la vida de alguien? ¿Esperas que alguien tenga una experiencia culminante? Eso es lo que la predicación debe hacer. Eso es lo que encontramos en la Biblia y en la historia posterior de la Iglesia. Busca ese poder, espera ese poder, anhela ese poder; y cuando el poder venga, cede a Él. No te resistas. Olvida todo lo referente a tu sermón si es preciso. Deja que te libere, deja que manifieste su poder en ti y a través de ti. Estoy seguro, como ya he dicho en varias ocasiones anteriormente, de que nada sino un regreso de este poder del

Espíritu en nuestra predicación nos proporcionará cosa alguna. Esto es lo que constituye la verdadera predicación, y es la mayor necesidad de todas en la actualidad: jamás lo ha sido tanto. Nada puede sustituirlo. Pero, cuando lo tengas, tendrás una congregación deseosa de ser enseñada e instruida y dispuesta a ello y a ser guiada más y más profundamente a "la verdad que está en Jesús". Esta "unción", este "ungimiento", es lo más importante. Búscalo hasta que lo tengas; no te conformes con menos. Sigue hasta que puedas decir: "Ni mi palabra ni mi predicación fue con palabras persuasivas de humana sabiduría, sino con demostración del Espíritu y de poder". Él sigue siendo capaz de hacer "mucho más abundantemente de lo que pedimos o entendemos".